"十四五"时期国家重点出版物出版专项规划项目
智能汽车关键技术丛书

智能汽车编队驾驶总论

张　琳　郭露露　潘　威　著

机械工业出版社

智能汽车编队驾驶技术是实现车辆编队行驶的新一代自动驾驶技术。智能汽车编队驾驶技术可以通过车与车之间的通信大大减小车辆之间的距离，从而减小空气阻力，提高道路交通效率。该技术已在欧美及日本引起重视并进行了试点应用及推广。本书首先介绍了智能汽车编队驾驶研究概述，并着重分析了全球研究现状和我国发展规划；然后，介绍了智能汽车编队驾驶控制、调度、规划等具体技术；再介绍了智能汽车编队驾驶的仿真平台、数据集、工程项目等技术验证过程；最后阐述了智能汽车编队驾驶技术与产业发展态势及技术预见。

本书可为政府部门、制造业企业和研究机构提供参考，也可供高等院校师生及对智能汽车编队驾驶技术感兴趣的读者阅读。

图书在版编目（CIP）数据

智能汽车编队驾驶总论／张琳，郭露露，潘威著.

北京：机械工业出版社，2025. 1. -- （智能汽车关键技术丛书）. -- ISBN 978 - 7 - 111 - 77406 - 8

Ⅰ. U469. 79

中国国家版本馆 CIP 数据核字第 2025YC7736 号

机械工业出版社（北京市百万庄大街 22 号　邮政编码 100037）

策划编辑：孙　鹏　　　　　　责任编辑：孙　鹏　高孟瑜
责任校对：韩佳欣　张亚楠　　　封面设计：鞠　杨
责任印制：刘　媛

北京中科印刷有限公司印刷

2025 年 3 月第 1 版第 1 次印刷

169mm×239mm・14 印张・240 千字

标准书号：ISBN 978 - 7 - 111 - 77406 - 8

定价：119. 00 元

电话服务　　　　　　　　　　网络服务

客服电话：010-88361066　　机　工　官　网：www. cmpbook. com
　　　　　010-88379833　　机　工　官　博：weibo. com/cmp1952
　　　　　010-68326294　　金　书　网：www. golden-book. com

封底无防伪标均为盗版　　机工教育服务网：www. cmpedu. com

前　言

随着智能交通系统和智能网联汽车技术的快速发展，智能汽车编队驾驶成为现代交通研究的热点之一。智能汽车编队驾驶不仅可以提高交通效率，降低交通事故率，还能够减少能源消耗和环境污染。智能汽车编队驾驶的实现需要在车辆控制、通信技术以及多车协调等多个领域进行深入研究与融合。

本书系统地介绍了智能汽车编队驾驶的基本概念、发展现状、标准及技术进展、协同控制与调度技术、相关技术研究以及技术与产业发展态势及技术预见。全书内容涵盖了智能汽车编队驾驶的各个方面，为读者提供了一个全面了解和深入研究的基础。

第1章概述了智能汽车编队驾驶的内涵、典型场景及应用，并介绍了国内外的研究现状和政策及发展规划。通过对国内外现状的比较分析，读者可以清晰地看到智能汽车编队驾驶的发展趋势和未来方向。

第2章详细介绍了智能汽车编队驾驶相关标准及技术进展，包括智能化和网联化总体标准、通信标准、运行标准等内容，以及国内外标准的建设内容对比，为推动智能汽车编队驾驶标准化提供了理论支持。

第3章探讨了智能汽车编队驾驶的协同控制技术，介绍了队列建模及控制目标、各种控制方法以及智能汽车编队的控制策略。通过对各种控制方法的对比和分析，读者可以更好地理解智能汽车编队驾驶的控制机制。

第4章介绍了智能汽车编队驾驶的协同调度与规划技术，包括调度与规划的基本方法及应用场景。调度与规划是实现智能汽车编队驾驶的关键环节，本章为研究者提供了丰富的调度与规划方法及其实际应用的案例分析。

第5章介绍了智能汽车编队驾驶的其他相关技术研究，如通信拓扑、人为因素、空气动力学以及测试和验证方法。这些研究为智能汽车编队驾驶的实现提供了重要的支撑和保障。

第6章对技术与产业发展态势及技术预见进行了分析。通过对传感技术、通信技术、决策与控制技术、安全技术的发展态势分析，以及对法律法规和产业链的发展态势探讨，提供了对智能汽车编队驾驶未来发展的技术预见。

希望本书的出版能为智能汽车编队驾驶领域的学生、研究者、工程师以及相关从业人员提供有价值的参考资料，并促进智能汽车编队驾驶技术的发展和应用。

本书能够顺利成稿要特别感谢周岚琦、张伟洲、陈伟恒、黄安、单策、曾宣霖等研究生所做的大量工作。本书编写过程中参考了大量的国内外相关资料，在此向相关作者表示感谢；同时，也感谢机械工业出版社的大力支持。

由于时间仓促、著者水平和经验有限，书中错漏之处在所难免，敬请读者批评指正。

著　者

目 录

前言

第1章
智能汽车编队驾驶研究概述

1.1 智能汽车编队驾驶概述

随着政策对"5G+车联网"协同发展的提出，智能网联汽车（Intelligent and Connected Vehicle，ICV）蓬勃发展。ICV 是"搭载先进的车载传感器、控制器、执行器等装置，并融合现代通信与网络技术，实现车与人、车、路、后台等智能信息交换共享，具备复杂的环境感知、智能决策、协同控制和执行等功能，可实现安全、舒适、节能、高效行驶，并最终可替代人来操作的新一代汽车"[1]。

根据《智能网联汽车技术路线图 2.0》，智能网联汽车关键技术被划分为"三横两纵"架构，如图 1–1 所示。"三横"指车辆关键技术、信息交互关键技术与基础支撑关键技术。"两纵"指支撑智能网联汽车发展的车载平台与基础设施。在信息交互关键技术中，蜂窝车联网通信技术（Cellular-Vehicle to Everything，C-V2X）实现车辆与车辆、车辆与路旁智能单元实时通信，使得在一定范围内实现多车协同，提高交通系统整体效率和安全性，并从此衍生出一个新技术，即智能汽车编队驾驶。

车辆编队（Platooning）与智能网联汽车之间存在密切的关联，是智能交通系统（Intelligent Transportation System，ITS）领域的关键组成部分。车辆编队可被视为 ICV 技术在高度协同性场景下的一种典型应用，通过先进的通信、感知和控制系统，实现多辆汽车之间的紧密协同操作。这种协同操作的关键在于实现车辆之间的高度同步性，从而实现车队的高效行驶，减少空气阻力，提高燃油效率，降低碳排放，并增加道路容量[2]。ICV 技术为车辆编队提供了必要的基础，包括自动驾驶功能、感知系统、通信协议以及云端支持，以确保车辆之间的实时数据交换和安全性，从而实现高度协同的车队行驶[3]。这对于未来智能交通系统的发展至关重要，可以优化交通流动性，提高道路安全性，并实现更环保的交通运输。

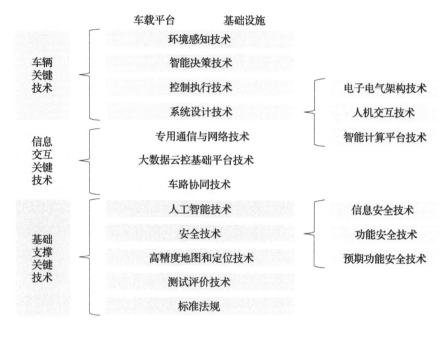

图1-1 智能网联汽车"三横两纵"关键技术架构

1.1.1 智能汽车编队驾驶内涵

智能汽车编队驾驶技术是指一些车辆以某种几何结构，维持一定的速度、方向、车距等，通过无线电或者无线传感器的方式，交互车载信息，保证车辆高速、安全地行驶。

智能汽车编队驾驶涵盖两个关键技术，即编队通信和编队控制。编队通信指信息在编队内部或者不同编队之间传递和获取方式；编队控制指编队的领航车或代理领航车根据特定的几何结构，向编队内部或者外部的车辆发送控制指令，以保持编队内部车辆之间或者编队与其他车辆之间的速度、方向、车距等参数。需要强调的是，编队通信和编队控制并非简单的串联关系，而是需要综合考虑，建立二者之间的相互作用关系。通过优化方法，不仅需要确保编队的安全性，还需要提升其性能，减小控制误差。

智能汽车编队技术的研究使得单车自动驾驶进化为多车协同控制，对我国智能交通系统发展具有重要意义，该项技术相较于单车自动驾驶具有以下优势[4]：

1）提高行车安全性。通过 V2X 信息交互，自车可以获取前车的运动状态信息，从而保证稳定安全车距，信息交流也有助于协同感知，自车可以获取更全面的环境信息，从而提高多车环境下自动驾驶安全性能，降低城市道路场景下交通事故发生概率。

2）提高交通效率。通过 V2X 信息交互，车辆能够与车辆（Vehicle-to-Vehicle，V2V）以及道路交通基础设施（Vehicle-to-Infrastructure，V2I）实时通信，获取最优行驶路线以及行驶速度，缩短行程时间，提高交通效率。

3）降低能耗。智能汽车编队驾驶技术可以保证队列中的车辆加速度基本一致，从而避免因拥堵而频繁起停车辆这种低效能源利用方式，同时在空气动力学方面，编队驾驶中的后车风阻能有效降低，在一定程度上起到节能效果。

4）提高乘坐舒适性。智能汽车编队驾驶技术可以协同控制队列中的车辆，使得车辆的加速度变化率（即颠簸）比较平缓，从而改善了乘坐舒适性。

智能汽车编队驾驶技术的一种典型实现方法是多智能体系统（Multi-Agent System，MAS）方法。MAS 是由多个具有独立自主能力的智能体，通过一定的信息拓扑结构相互作用而形成的一种动态系统[5]，其中一种框架是"四元素"模型，包括队列几何构型、节点动力学、信息拓扑结构和分布式控制器，如图 1-2 所示。

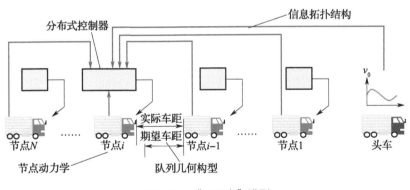

图1-2　"四元素"模型

1.1.2　智能汽车编队驾驶典型场景及应用

智能汽车编队驾驶在节省能源、安全等方面具有很大的优势，其典型应用场景有货车编队、高速公路车辆编队以及城市道路汽车编队等。

1. 货车编队驾驶系统

货车编队驾驶系统（Truck Platooning System，TPS）就是最典型，也是研究最广泛的应用场景，如图 1-3 所示。TPS 可以有效控制车辆之间的距离和车队的行驶状态，降低车队行驶中的空气阻力，从而达到节省能源的目的。同时TPS 也降低商用车驾驶员的工作强度，降低运输成本。

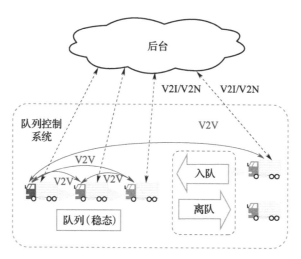

图 1-3　货车编队驾驶系统[6]

商用车编队的早期研究可以追溯到 20 世纪 80 年代的美国加利福尼亚大学 PATH（Partners for Advanced Transit and Highways）项目机构，PATH 项目如图 1-4所示，该机构成立于 1986 年，是 ITS 领域的领导者。目前，PATH 项目组已有三代货车编队系统。前两代基于 Freightliner Century 拖车，第三代基于 Volvo 拖车。第一代 PATH 货车编队系统以两辆货车试验，使用 802.11b 数据调制解调器，每隔 20ms 更新进行一次 V2V 通信，可以进行 20 ~ 30s 的稳态巡航；第二代 PATH 货车编队相较于第一代增加了一辆货车，将无线通信升级至 802.11p 专用短程通信（DSRC），为减小无线通信流量，将通信间隔增大至 100ms，货车保持间距精度控制在了 25cm 均方根误差范围内；第三代 PATH 货车编队系统是一个由三辆 Volvo 拖车组成的协同式自适应巡航控制（Cooperative Adaptive Cruise Control，CACC）系统，基于 Volvo 现有的货车自适应巡航控制（Adaptive Cruise Control，ACC）系统，使用 77GHz 雷达传感器，相较于 ACC 方案，具有更快的响应以及更小的货车间距[7]。

a）PATH 货车编队系统　　　　b）PATH的Freightliner Century拖车

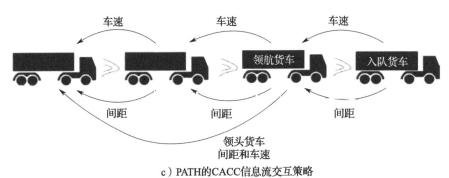

c）PATH的CACC信息流交互策略

图1-4　美国加利福尼亚大学 PATH 项目[8]

2008 年，日本新能源产业技术综合开发机构（The New Energy and Industrial Technology Development Organization，NEDO）启动 Energy ITS 项目，开发了自动化货车车队，如图 1-5 所示，由三辆重型货车（25t）和一辆轻型货车组成的车队以 80km/h 的速度行驶，分别进行了 10m 和 4.7m 间距试验，结果表明，货车满载时，在 10m 间距运行平均节能 8%，在 4.7m 间距运行平均节能 15%。

图1-5　日本 Energy ITS 自动化货车车队

2019 年 11 月，现代汽车公司在韩国京畿道骊州市智能高速公路上进行了该公司首个货车编队试验[9]，采用了两辆连接拖车的 Xcient 牵引车，如图 1-6 所示，间距为 16.7m，并且根据头车的加减速度情况进行动态调整，驾驶员无须踩加速踏板或制动踏板。所展示的编队技术可以无缝管理其他车辆在货车之间切入或者切出，当有车辆切入时，后车与前车的距离将扩大至 25m，当遇到紧急制动的情况，该技术可以让后车减速并停下。

图 1-6　韩国 Xcient 牵引车队列

2019 年 5 月，中国也开展了货车编队试验，如图 1-7 所示，来自北汽福田、东风商用车和中国重汽集团三家汽车企业的 9 辆重型商用车分为 3 组，道路起点设置为西青区泰和路与京福路交叉路口，终点设置为西青区泰和路与津静线交叉路口，全长 4km，道路为双向 6 车道，全程包含 3 个交叉路口，并包含坡道、弯道等，可综合考察车辆的行驶能力。

图 1-7　中国货车编队试验[10]

2. 高速公路车辆编队

1997 年，美国智能高速公路系统协会（National Automated Highway System Consortium，NAHSC）在加利福尼亚州圣地亚哥市 15 号州际高速公路，进行了由 8 辆别克牌乘用车组成的车辆编队试验，每辆汽车保险杠上配有磁传感器以接收公路内所埋的磁道钉的磁场信息，检测车辆的横向位置，防止其偏离车道，通过 V2V 技术和雷达测距，获取车辆纵向信息。经过控制的队列在高速公路上以 6.5m 车距、105km/h 车速高速行驶，如图 1-8a 所示。

　　2018年12月，奥迪中国在延崇高速公路完成了初步的L4级自动驾驶演示，包括高速公路车辆编队的试验，如图1-8b所示。测试编队将C-V2X和高级别自动驾驶（High Automated Driving, HAD）技术集成一身，在最高设计速度80km/h的高速公路上进行演示，此高速公路的隧道和高架路段占比高达94%[11]。

a）　　　　　　　　　　　　　　　　　b）

图1-8　美国NAHSC和奥迪高速车辆编队试验

3. 城市道路汽车编队

　　在城市道路上，车辆可以通过编队的方式，提高交通效率，缓解路口拥堵，如图1-9所示。在一个开放道路上，用交通信号灯调节车流的密度，以车道规范车辆的方向，但缺少车辆行为的规范化方法。即使有交通法规限制驾驶员行为，但是人对环境的误判或者错判很大程度上造成了交通拥堵。车辆编队能使一些车辆听从头车的指挥，安全有序地行驶。

4. 其他应用场景

　　卡特彼勒、小松等公司在澳大利亚、智利、巴西等地的露天矿山，通过智能网

图1-9　城市道路汽车编队驾驶[12]

联矿卡、通信网络以及系统平台等组件，构建了矿卡自动驾驶编队解决方案，实现了矿区自动驾驶的商业应用[13]。无人矿车智慧作业调度协同管理系统利用通信网络，将矿区、车辆和道路端传感器获取的所有数据传输至服务器。结合矿区生产任务计划，在控制系统后台计算中心进行优化的生产作业任务分配和流程设计，并通过控制台向车辆控制器下达指令，统筹管理所有生产设备的运行。无人矿车作业编队如图 1-10 所示。

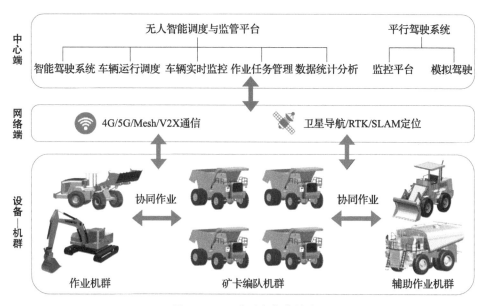

图 1-10　无人矿车作业编队

1.2　国内外研究现状

1.2.1　智能汽车编队驾驶中控制的研究现状

　　智能汽车编队的主要目标是将沿同一方向行驶的相互连接的车辆分组，如图 1-11 所示，通过车载纵向运动控制器和车间通信调整车辆运行速度，缩短车辆之间的距离，以改善交通管理，增加交通容量，减少行驶时间，并避免激烈的加速和减速以提高乘客的舒适度。除纵向运动外，汽车编队驾驶还需要解决变道、分流和合流等横向控制问题，在未编队车辆入队和编队内车辆离队方面存在诸多挑战。

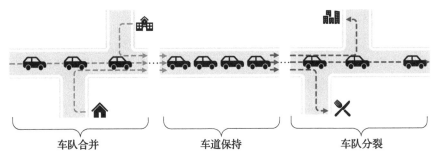

图 1-11　智能汽车编队动态分组控制

为实现智能汽车编队正常运行，PATH AHS[14]提出经典的五层级控制架构，如图 1-12 所示。五个层级分别为：网络层、链接层、协调层、调节层和物理层。网络层和链接层负责优化道路通行能力和每辆车的平均通过时间，从而减少拥堵；协调层决定了编队内不同车辆的意图，比如入队、离队以及跟车等；调节层处理车辆的横向和纵向控制，使用各种反馈控制律控制车辆的执行器；物理层包含车载传感器、车辆各种执行器（驱动、转向和制动）、变速器及动力源等。

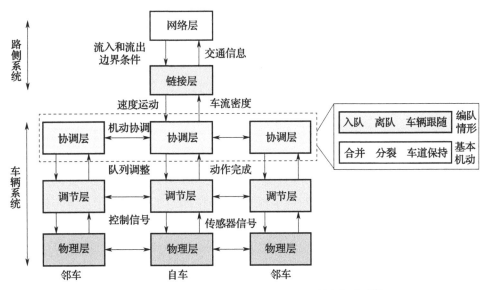

图 1-12　PATH AHS 的车辆编队五层级控制架构[15]

1. 智能汽车编队驾驶中的运动控制

（1）智能汽车编队驾驶纵向控制

编队驾驶纵向控制需要保障车辆在同一车道上保持一定的几何结构，有序地进行编队行驶。在纵向的控制中，需要关注三个问题，即车距策略、传感器和执行器不可控的延时和惯性时滞以及车辆编队的弦稳定性问题。

车距策略的设计直接关系车队的稳定性以及交通效率，因此车间距策略的选择至关重要，常见的策略有固定间距（Constant Distance，CD）策略，固定时距（Constant Time Headway，CTH）策略，可变时距（Variable Time Headway，VTH）策略等。CD是最常用的车距策略，可以实现尽可能优化的车距以充分发挥车辆编队控制的优势，但使用CD策略需要更多地关注信息交互和控制器参数[16]，提高对信息反馈可靠性和实时性需求；CTH是可变间距的策略，只需要和前车保持一个固定的行驶时间距离，因此极大地降低对信息交互的需求[17-18]，设计更加容易，但缺点也是很明显的，无法充分发挥编队对于提高交通效率以及减少能源消耗的优势，Guo等[19]使用修正的CTH策略，减小了车间的间距，从而改善交通效率；VTH能及时优化车距，从而提高道路利用率、节约燃油，保证车队稳定性、安全性和速度响应，但其理论分析较为具体，限制了通用性，于晓海等[20]建立了一种物理意义明确的可变行驶时距计算方法以确定时距界限。

执行器惯性滞后、传感器延时和通信延时是客观存在且不可控的，其影响到编队车辆对控制目标的执行能力，影响车辆编队的性能，过大的惯性滞后和延时甚至会导致编队失去稳定性。对于编队延时上界的确定，通常基于Lyapunov-Razumikhin定理[21-22]。对于通信延时，Yan等[23]采用了一致性控制的算法，设计了一个带有伯努利分布的控制律来解决可变延时和数据包丢失的问题；Tapli等[24]采用了一种分布式模型预测控制（DMPC）算法，认为DMPC是处理通信延时的强有力工具。

编队的弦稳定性是指间距和速度误差等干扰在向队尾传播时不会被放大的特性。Memon等[16]为了保证弦稳定性和对队列的安全控制，除了前置车辆的状态外，领航车辆的信息和间距误差动态也在控制律中考虑；Xiao等[17]设计了一个滑模控制器（Sliding Mode Control，SMC）并采用CTH策略，保证异质化车辆编队的弦稳定性，并且分析了不可控的延时和惯性滞后对车辆编队弦稳定性的影响。Xu等[25]在三阶车辆动力学模型中考虑了外部扰动，设计了一种切换模糊自适应双耦合滑模算法来控制编队的纵向运动，并保证其弦稳定性，给出了相邻车辆滑模面耦合系数的充要条件，保证了编队系统的鲁棒弦稳定性。Kianfar等[26]提出一种兼顾弦稳定性和约束（如物理和安全）的汽车编队预测控制策略。设计 H_∞ 控制器以保证弦稳定性，在可处理时域约束条件的模型预测

控制 (MPC) 框架中制定控制问题，并使用一种匹配控制方法来调整 MPC 的加权矩阵，使其在约束条件不满足时也能保证弦稳定性。

（2）智能汽车编队驾驶横向控制

车辆的横向控制在智能汽车编队驾驶中具有重要作用，根据交通部的数据统计，约有 50% 的交通事故是车辆在行驶过程中偏移正常行驶的车道引起的，根据（美国）联邦公路局的统计数据显示，2002 年美国发生的所有致命交通事故中，有 44% 与车道偏离相关[27]。与此同时，车道偏离也被认为是车辆侧翻事故的主要原因之一。

自 1986 年以来，PATH 计划一直在大力开展自动化高速公路系统（Automated Highway System，AHS）的研究，并在 1997 年 NAHSC 的演示中验证了一个八车编队的纵向及横向控制器[14]。

车辆的横向控制系统有 4 个关键组成部分：定义道路的路标、识别路标的传感器、决定驾驶的智能算法以及操纵车辆的执行器。PATH 项目组采用了带有磁铁的道路参考系统，这些磁铁被放置在每条自动车道的中心线上。磁力仪安装在车辆的前后保险杠下，用于检测磁场强度。然后车载计算机根据磁场强度推导出横向偏差，并根据控制算法计算转向力[28]。此外，为了安全可靠地运行，AHS 必须配备故障管理系统，以适应故障条件。文献 [29] 介绍了为 PATH AHS 架构提出的分层故障管理结构，如图 1-13 所示。在这一结构中，车辆横向控制的容错控制方案使用了两个模块：一个是故障检测模块，用于确定是否发生了某种故障；另一个是故障处理模块，用于实施特殊控制器，以尽量减少故障对系统性能的影响。

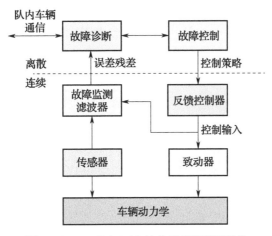

图 1-13　PATH AHS 的分层故障管理结构

车辆横向控制系统的两个基本功能是车道保持和车道变换，目前，车道保持技术已大大改善车辆主动安全性，而车道变换仍需进一步突破，因此在智能汽车编队中需要鲁棒性较强和控制精度高的横向控制器，以下就车道变换方面展开综述。

Petrov 等[30]设计了一个两层自适应非线性转向控制器来跟踪所需的横向轨迹以实现换道。利用 Boltzmann-Hamel 技术，在非完整系统的准坐标系下推导出车辆的动力学模型，所设计的控制律，在车辆动力学模型惯性参数未知的情况下，也能跟踪期望轨迹。

PID 控制器因其简单的特点，在低速、精度要求不高的换道过程使用。Zainal 等[31]提出了一种 PID 控制器来控制二自由度自行车车辆模型的横摆角速度和质心侧偏角，通过控制车辆的航向角度并尽可能减少侧偏，来跟随车道变换的期望轨迹，利用 MATLAB/Simulink 对该控制器进行了仿真，并对该控制器进行了单车道和双车道变道机动的不同车速试验。结果表明，所设计的控制器仅在低速时有效。对于车道变换过程，Mehmood 等[32]采用五次多项式方法生成一个可行的、平滑的轨迹，基于车辆的运动学模型，使用 PID 控制器控制车辆的横向运动，为了保证安全，主控制器中集成了避碰技术。虽然仿真结果展示了一个可行的车道变换过程，但由于 PID 控制器的简单性，因此不能满足需要高跟踪精度的应用。Joshi 等[33]采用 PID 控制器来执行低速行驶的自行车车辆动态模型的换道过程，根据车辆的横向位移和横摆运动来控制转向盘的角度。仿真结果表明，所设计的控制器能够在中等转向盘角度和低速下进行平稳的车道变换。

Norouzi 等[34]为了实现换道操作，设计了一个非线性车辆动力学模型的自适应滑模控制（Adaptive Sliding Mode Control，ASMC），为了避免 ASMC 的抖动，采用了模糊边界层，并根据边界条件，研究不同的换道周期和路径规划。为了生成横向轨迹跟踪的转角目标，Lu 等[35]提出了一个虚拟横摆信号和鲁棒滑模控制器，使用二自由度车辆动力学模型来估计横向轨迹跟踪所需的侧偏角和横摆角速度。经过双移线工况仿真，验证了开发的控制器在侧风扰动下的鲁棒性，但需要先验的干扰边界信息。

Huang 等[36]基于八自由度汽车动力学模型和 Dugoff 轮胎模型，提出一种模型预测控制器（MPC），通过预测车辆在变道时的未来轨迹，最小化实际轨迹与期望轨迹之间的误差。MPC 构建优化问题，在考虑车辆动力学模型的基础上，允许引入系统约束。因此，它可以为控制问题提供一种有效的解决方案，无碰撞换道轨迹是基于凸优化技术生成的。Chen 等[37]提出了一种非线性模型预测控制（NMPC）算法，采用标准二次型代价函数，通过计算车辆的最优纵向力和转向角，使跟踪误差最小，在控制器的设计中还考虑了防侧滑约束和防侧翻速度约束。Wang 等[38]提出一种基于模糊自适应权重控制的 MPC，采用车辆动力学模型作为控制器模型，不仅保证了跟踪精度，而且在跟踪过程中考虑了车辆的动态稳定性，解决了经典 MPC 在车辆偏离目标路径时引起的驾驶舒适性问题，在考虑跟踪精度和操纵平稳性的情况下，该控制器比传统的纯追踪控制器具有更好的跟踪性能。Sun 等[39]开发了一种具有切换跟踪误差的 MPC，在保持车辆在不同速度条件下的稳定性的同时，最小化横向跟踪偏差，但模型不确定性和外部扰动不包括在控制器设计中。

Li 等[40]提出一个结合了 SMC、模糊控制和基于神经网络的控制器，通过仿真结果比较了单个控制器和组合控制器的性能，认为 SMC、模糊控制和基于神经网络的联合控制器在轨迹跟踪方面的性能比每个控制器各自的性能更为平滑和稳健。清华大学的 Ji 等[41]提出了一种结合自适应神经网络（ANN）的鲁棒转向控制器，考虑到轮胎接近或达到附着极限时产生高度非线性的力响应和可能由于驾驶条件的变化而产生的未知外部干扰，控制器可以在驾驶条件的极限情况下保持自动驾驶汽车的横摆稳定性，同时最小化横向路径跟踪误差。文献 [42] 基于模糊 PID 控制理论和基于神经网络的控制器理论，设计了一种用于提升车辆稳定性的控制器，采用了直接横摆力矩（DYC）的方法，这两种控制器都改善了偏航角速度以跟随参考偏航角速度，但相比于使用神经网络控制器，使用模糊 PID 控制器能够为所需的横摆角速度提供更好、更接近的路径。实时长短期记忆（Long Short-Term Memory，LSTM）深度神经网络是一种特殊类型的递归神经网络（Recurrent Neural Networks，RNN），将其用于控制器的设计，并通过仿真结果观察到该控制器相比模糊 PID 控制和基于神经网络的控制器具有良好的跟踪参考轨迹性能，但该控制器需要大量的数据进行训练。

2. 智能汽车编队驾驶中车队合并和分裂编队管理

车队的管理协议有集中式和分散式，集中式协议由队长做决定，而分散式协议由其他车辆决定[43]。

在集中式管理协议中，编队中的队长负责管理车队的合并与分裂动作，队长定期向队内车辆收集信息，并进行决策，任何需要加入或者离开编队的车辆都必须得到队长的许可。如图 1-14 所示，集中式管理协议的运作过程为：

1）需离队/入队的车辆向队长发出离队/入队请求。

2）队长根据当前队伍的配置（如尺寸和车型）、状态和交通环境同意或拒绝请求，如果车队正在执行另一项行动，周围的车流波动较大，车队不稳定，或车队所处位置不适合合并或分裂，则请求很可能会被拒绝。

3）如果接受请求，将为离队/入队的车辆规划和跟踪轨迹。除了离队/入队车辆，最近的前车辆和/或后车辆通常也参与。轨迹规划可以遵循一个集中或分散的结构。如果轨道规划是集中的，队长协调所有参与车辆完成要求行动；如果轨迹规划是分散的，每个合并/分离车辆规划自己的轨迹并控制运动。

4）如果请求被拒绝，离队/入队车辆将寻求另一个机会再次发送请求。

5）当要求的操作完成后，离队/入队车辆通知队长，队长将完成通知传递给其他参与车辆，对原队伍车辆进行协调。

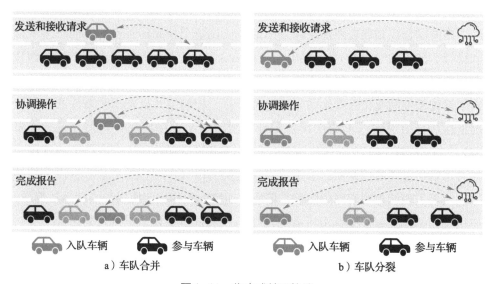

a）车队合并 b）车队分裂

图 1-14　集中式管理协议

对于分散式管理协议，编队没有队长，打算离队/入队的车辆需要获得最近的跟随车辆的许可，以便腾出空间，这是大多数现有研究在分散式管理协议中使用的程序，不需要其他车辆的许可。不过，离队/入队车辆亦可能会通知其他车辆，以方便它们进行所要求的操作。如图 1-15 所示，分散式管理协议的运作过程为：

1）离队/入队车辆将离队/入队请求发送给队中最近的跟随车辆，也可以发送到队里的其他车辆请求帮助。

2）最近的车辆接受或拒绝请求，其他车辆选择帮助或不帮助，这里也考虑了集中协议中考虑的条件。

3）如果请求被接受，则开始规划轨迹，由于管理协议是分散的，轨迹规划过程也必须采用分散的结构。因此，每个参与车辆（即请求车辆、最近的跟随车辆和选择协助的其他车辆）将根据其对环境的感知来规划轨迹，并控制运动以遵循规划的轨迹。

4）如果请求被拒绝，离队/入队车辆将寻求另一个机会请求所需的操作。

5）离队/入队车辆在请求的操作完成后通知参与车辆，随后改造编队形状。

a）车队合并　　　　　　　　　　b）车队分裂

图 1-15　分散式管理协议

在集中式管理协议中，由于车辆之间的协调，编队的完成效率更高，可以改善交通流动性和周围的交通状况，因此大多数现有研究选择集中式管理协议。但是，集中式管理协议意味着需要先进的 V2V 和/或 V2I 通信，这在工程实现中可能具有挑战性，特别是在智能网联自动驾驶汽车（CAV）开发的早期阶段。因为所有车辆的行为都必须由队长决策，计算负担加大。此外，集中式管理协议的系统鲁棒性较低，因为一旦队长出现问题（例如，由于硬件或软件问题），整个编队的秩序和安全就无法得到保证。尽管如此，集中式管理也有一定的好处，只有队长知道编队中所有车辆的信息，而其他车辆无法访问这些信息，降低了隐私风险。分散式管理协议克服了集中式管理协议的局限性。车辆只能通过传感器和/或短距离通信技术感知环境，并根据感知的信息控制其运动，减轻了通信和计算负担，并且通过在车辆之间分布通信和计算，也产生了更高的系统鲁棒性。但是，如果没有集中的车辆协调，分散式管理协议的运行效率就会很差，需要更多的时间。此外，任何车辆都可能访问其他车辆的信息，从而带来更高的隐私风险。

3. 智能汽车编队驾驶中的车流汇入协同控制

在实际交通场景中，路口转向、驶离高速公路等场景常常出现车辆汇入编队的行为，如图 1-16 所示。要成功完成汇入编队动作，不仅需要合理的换道路径规划和横向控制，还需要和编队内其他车辆协同。

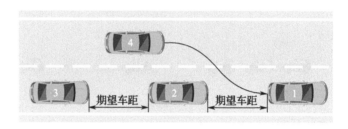

图 1-16　编队外车辆汇入编队

协同式自适应循环控制（CACC）可以通过缩短车距和减轻交通干扰来提升高速公路的通行能力。虽然目前已经取得了一些有效的成果，但还需要考虑更多交通情况，以确保 CACC 系统在实际道路上的可靠性。Milanés 等[44]针对配备和未配备 V2V 通信设备的车辆与 CACC 车辆编队并入交通流的情况，提出一种管理通信异质车辆并线的方法，考虑了多车列队 CACC 车辆的汇入效应，将 CACC 系统分为两个主控制器，即间隙闭合控制器和间隙调节控制器。间隙闭合控制器负责减小初始间隙，以防系统启动时离前一辆车太远。一旦被测车辆与前一辆车足够接近，间隙调节控制器负责根据驾驶员选择的时间间隔设置控制车间距离。当车辆汇入时，车辆间的间隙会发生改变，驾驶员选择的时间间隔将被一个转换函数所取代。

Zeeshan 等[45]对 ACC 车辆汇入过渡时的跟随控制律进行了参数化研究，提出了基于 MPC 的控制方法。首先建立了一个控制车辆纵向动力学的非线性车辆模型，两辆车之间的间距策略采用基于车头时距的控制策略。将基于 MPC 的间距控制策略应用于上层控制中。仿真结果表明，提出的 MPC 可以在各种复杂的交通情况下，有效地应用于非线性 ACC 车辆的过渡操作，保证了安全和顺畅的车辆跟随操作。

邹渊等[46]为解决自适应巡航控制在旁车并线时的控制滞后问题，并最大限度地利用现有的控制功能，设计了一种基于分层结构的旁车并线控制器，利用模糊支持向量机对实际交通环境中的旁车并线数据进行机器学习，从而建立了一个旁车并线意图识别器，用于检测旁车的并线行为。控制器将主车与旁车的纵向相对车距和碰撞剩余时间作为输入，利用模糊控制产生期望加速度，以调节主车的期望运动状态，并通过自适应巡航控制完成主车的动力学控制。

Aramrattana 等[47]针对并线操作的两种不同车队控制器，以保证车队在一辆车从相邻车道并线时的安全性。通过模拟一个由人类驾驶员执行并线操作的真实场景，验证这些控制器的有效性。引入了碰撞时间（Time to Collision，TTC）指标，对 CACC 控制器进行安全性分析。

Tu 等[48]分析车辆汇入导致 CACC 突然降级到 ACC 模式给安全带来的负面影响，引入了时间积分碰撞时间（Time Integrated Time-to-collision，TIT）来量化碰撞风险，以微观模拟为基础，定量评估了 CACC 退化的纵向安全影响。

南洋理工大学的 Lu 等[49]考虑了混合交通流的情况，提出一种基于意图预测的车队控制方法，充分考虑了车队完整性与交通安全之间的平衡，包括并线预测部分（意图和轨迹预测算法）以及基于有限状态机（FSM）的预测控制部分（高层 FSM 和低层预测控制）。

1.2.2　智能汽车编队驾驶中通信的研究现状

在智能汽车编队驾驶中，通信起到了传递车间信息、为控制系统提供关键信息的作用。通过一定的通信周期交换车辆间的信息，使编队内的车辆能够获取其他车辆的运动状态，从而实现特定车距的编队控制策略。对于车辆编队，通信方面的研究主要集中在通信方式、通信质量以及通信拓扑等方面，以下就上述三个方面展开介绍。

智能汽车编队驾驶中的通信方式主要有两个部分：一部分为雷达、传感器这类感知系统，另一部分是无线通信的方式。车载感知系统涵盖的传感器包括毫米波雷达、激光雷达、车载摄像头等，如图 1-17 所示。毫米波雷达的波长在 1~10mm 之间，具有较强的穿透性，可以轻易地穿透塑料等材质，其受到雨雪等天气的影响较小，但探测对象反射界面较小时常出现误报；激光雷达通过发射信号和反射信号构建出点云图，从而实现目标距离、方位、速度、姿态、形状等信息的探测和识别，具有抗源干扰能力强、分辨率和精度高等优点，但其对于颜色、图案的识别能力较为薄弱；摄像头产生的数据是 2D 图像，对于物体的形状和类别的感知精度较高，但受外界光照条件的影响较大，所以在环境感知时常常将各种传感器所测得的数据进行融合。基于雷达和传感器技术，车辆可以形成两种主要的编队模式：CACC 编队和 ACC 编队。常用的无线通信方式是蜂窝车联网 C-V2X。V2X 通信主要划分为四大类：车到车（Vehicle to Vehicle，V2V）、车到路边基础设施（Vehicle to Infrastructure，V2I）、车到网络（Vehicle to Network，V2N）以及车到行人（Vehicle to Pedestrian，V2P）。因此，配备 V2X 设备的车辆、路侧单元和行人，能够通过网络共享各自所收集到的当地环境信息，实现信息共享与交互。

a）毫米波雷达　　　　b）激光雷达　　　　c）车载摄像头

图 1-17　环境感知传感器

在智能汽车编队驾驶中，通信质量指的是信息从编队头车传输至编队尾的通信延时和可靠性。随着对低延时、高可靠性、高精度以及高安全性的要求逐步提升，通信质量的需求也逐步增加。除了需要获取紧邻前车的信息外，还需要获得编队头车的运动状态信息。Cui 等[50]在高速公路环境中进行了关于车辆传递安全信息和娱乐信息的编队直线行进场景的研究，如图 1-18 所示，将可用的频谱划分为专用的资源块，用于车辆通信，并提出了一种称为 BMSS 的频谱共享方案，旨在最小化所有车辆通信的平均延时。Wang 等[51]提出了一种基于近似度的设备间通信（D2D）模式，保证信息高速传输，采用基于时间分割及基于最小速率的编队资源分配机制，分别实现了编队内 D2D 资源的有效分配和蜂窝用户速率优化，显著提高频谱资源的利用率，并且可以保证编队的稳定性。通信质量虽然不会影响编队形成，但是通信质量差会造成编队误差过大，从前面的智能汽车编队控制的综述可以看到，虽然可以在控制律中考虑通信的延时，在一定程度上减弱这种不良因素的影响，但是一个高质量的通信网络可以从本质上解决延时问题，从而降低控制系统的复杂度。

智能汽车编队驾驶中的通信拓扑是指车辆与车辆之间信息传递方向和目标的有向或者无向图。对于信息流的拓扑结构，早期的车辆队列主要依靠雷达来获取相邻车辆的信息，主要采用前置跟随式（Predecessor Following，PF）和双向跟随式（Bidirectional，BD）。V2V 通信技术（如 DSRC、VANET 和 LTE-V）

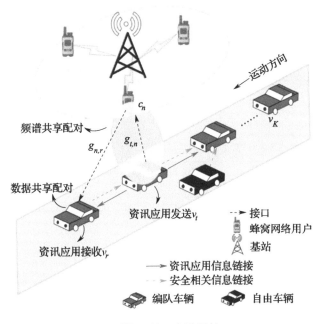

图 1-18　车队通信

的进步使得在编队内所有车辆之间广播车辆信息成为可能，于是在前述两种拓扑结构的基础之上，又发展出了前置领导跟随式（Predecessor Leader Following，PLF）、双向领导跟随式（Bidirectional-Leader，BDL）拓扑、双前置跟随式（Two-Predecessor Following，TPF）和双前置领导跟随式（Two-Predecessor-Leader Following，TPLF）[52]。图 1-19 所示为典型的信息流拓扑结构。Darbha 等[53]在无向信息流图上应用控制器，并且表明车辆的编队存在一个临界尺寸，超出这个尺寸，车辆在编队中的运动不稳定。Yadlapalli 等[54]指出如果要保证编队稳定性与编队大小无关，则最少有一辆车与其他车辆通信。但在一个编队中，相距头车较远的车辆可能不能直接跟头车进行点对点通信。这就意味着，编队的通信拓扑限制了编队扩展性。Hao 等[55]使用 CTH 策略比较了三种拓扑假设（PF、PLF 和 LF）下车辆跟驰和弦稳定性的性能，结果表明，PLF 拓扑性能最好，PF 拓扑性能最差，进一步证明了主导车辆信息的重要性。Dai 等[56]在 6 种典型信息流拓扑结构（PF、PLF、BD、BDL、TPF、TPLF）的假设下，使用 CTH 策略推导编队稳定性的控制器参数区域，结果表明，车辆获得的信息越多，系统的稳定区域越大。此外，利用 NGSIM 数据集中的实车作为主导车辆，对不同信息流拓扑条件下编队的安全性进行评估。结果表明，与其他拓扑结构相比，BD 拓扑在减少追尾碰撞方面具有不利的影响，而 PLF 拓扑可以降低碰撞事故的风险。为了保证编队的稳定性和安全性，作者认为 TPLF 拓扑是首选的信息流拓扑结构。

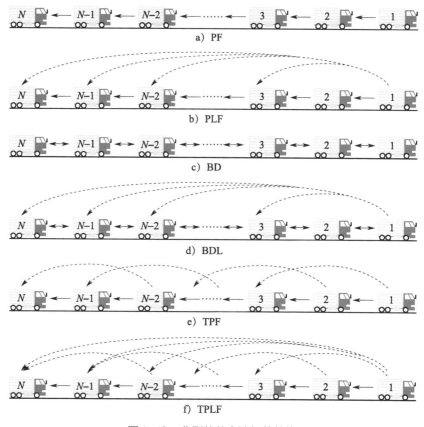

图 1-19　典型的信息流拓扑结构

1.2.3　智能汽车编队驾驶中通信与控制融合的研究现状

编队的性能不仅与通信的方式、拓扑和质量有关，还与间距策略、控制方式有关。所以为了提高智能汽车编队驾驶的性能，需要将通信与控制结合考虑。

在通信拓扑与编队控制融合的过程中，对不同拓扑结构下的编队误差，有两种抑制方式：① 采用某种控制方式防止误差沿着信息流的反方向扩大；②根据编队控制系统所需的其他车辆信息选择合适的拓扑结构。Murillo 等[57]研究 PF 拓扑方式所产生的级联误差，用数值的方法分析了误差是如何沿着弦传播的，提出了一种抑制编队误差扩大的控制方式，保证了编队的弦稳定性。Bian 等[58]提出了一种多前向（Multiple-Predecessor Following，MPF）的拓扑结构，减少车辆编队达到弦稳定性时间。Zhao 等[59]研究基于等时间间隔策略的车队编队问题，利用马尔可夫跳变线性系统理论，给出了以历史最新信息为输入时，车辆内部稳定和编队线性稳定性的充要条件，证明了车辆编队的控制性能取决于信息流拓扑结构和无线通信质量。

在通信质量与编队控制融合的过程中，一个良好通信质量的通信网络，可以给控制系统带来更多的有用信息，从而使得车辆的运动状态更容易达到理想的编队运动状态。在经典编队演化的过程中，从 ACC 编队到 CACC 编队，编队控制中仅仅增加了头车的运动状态信息，就可以控制编队内车辆间距缩小一半[60]。编队中由通信质量差造成的编队误差往往需要更加复杂的控制方法来弥补，从提高通信质量入手，才能从本质上解决问题。在编队控制中如果每辆车都获得头车的运动信息，则会增加车辆之间信息流量，易造成信息拥塞，带来更大的通信延时，为解决这样的问题，分布式控制策略被提出。王靖瑶等[61]构建了通信延时、外部干扰和参数不确定作用下的智能电动汽车队列闭环系统模型，提出一种分布式自适应鲁棒控制方法以应对通信带来的误差。控制除了对通信成本和通信质量有要求，还对通信中的控制任务同步提出了要求。Ramberger 等[62]使用时间触发架构同步通信中的控制任务，保证编队内车辆动作一致。因此通信质量和编队控制方法的有机融合，是提高编队性能的重要手段。

编队拓扑是对编队信息流组织形式的描述。可扩展编队技术具备将多个小型编队有序合并为一个庞大编队，或将一个大型编队有序拆分为小型编队的能力。在此过程中，信息流的拓扑会随着编队的重组或分离而发生相应变化。现有成熟的编队包括 ACC 和 CACC，在多种小编队组合成大编队的过程中，会出现三种组合方式，即 ACC + ACC、ACC + CACC 和 CACC + CACC。ACC + ACC 方式通过雷达传感器共享车辆间的运动状态信息，而其他两种方式则建立在无线通信技术的基础之上。在 ACC + ACC 方式下，可扩展编队的拓扑结构为 PF 拓扑，信息沿着拓扑结构传递，随着编队内车辆数量的增加，编队延时也会相应累积。在 ACC + CACC 方式下，可扩展编队的拓扑结构为 PLF + PF，每次将一个完整的 CACC 编队加入时，编队延时会增加一个传感器的延时。此外，复旦大学的段煜等[63]提出了一种可扩展车路协同编队方法，包含编队车辆、路边单元和边缘云三个组成部分，编队行驶过程中产生的状态信息数据封装后通过接入链路发给路边单元，路边单元将收到的若干编队车辆行驶状态信息数据包通过回传链路传给边缘云，边缘云又对接收的编队数据进行计算并缓存，并在编队发生切换时进行信息交互,如图1-20所示,实现了编队车辆的灵活控制,提高车路协同网络的可扩展性。

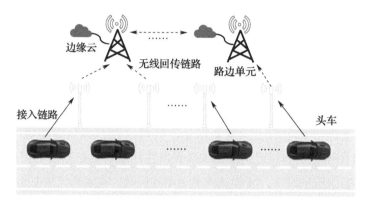

图1-20 一种基于接入回传一体化的可扩展车路协同编队方法

城市道路上的车辆编队与高速公路存在显著差异。为了提升交叉路口的车流吞吐量,通常需要缩小车辆之间的间距[64],但是该种方式会导致编队中的车辆数量增加,进而引发更大的通信延时,从而降低了控制质量或增加了控制难度。因此在交叉路口,必须统筹考虑编队通信质量与车队控制之间的协调问题,将控制策略与信息传输流程融合,以对车辆进行编队管理。此外,要提高大区域的交通效率需要编队与交通信号灯协调,优化交通信号灯的绿信比,实现编队绿波协作,提高整体的交通效率[12]。

1.3 国内外政策及发展规划

1.3.1 国外政策及发展规划

1. 美国

2010年,美国智能交通系统联合计划办公室(ITS JPO)发布2010—2014版本ITS战略方向,便已经开始全面推进多模式车联网综合一体化发展,希望所有类型的车辆"相互看见,相互交流"以减少撞车事故;机动车辆与交通信号灯相互交流以消除不必要的停车;行人和运营商获得关于路线的最新信息;环境可持续的交通方式随时向公众开放。整个项目是通过车辆、道路基础设施、移动设备和负责运输的机构之间的连接来实现的,其目标是使地面交通更安全、更智能、更环保。

2015—2019 版本 ITS 战略方向则侧重于实现交通工具的高级自动化和互通互联。战略中包括 6 个部分：车联连接、自动化、新兴技术、数据管理、互通性和加速部署。通过开发标准和系统架构以及应用先进的无线技术来支持交通连通性，这些技术能够在所有类型的车辆、基础设施和便携式设备之间进行通信。该阶段主要进行 ITS 研发推广，促进信息和通信技术的应用。

2020—2025 版本的 ITS 战略方向更侧重于 ITS 的加速普及。在战略中对 ITS 的组成部分进行了定义，包括自动驾驶、新兴技术、网络安全、人工智能、频谱利用和数据交互六个部分，如图 1-21 所示。美国 ITS 战略规划的发展历程可以用表 1-1 概括。

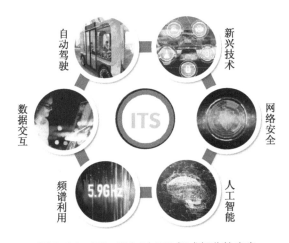

图 1-21　ITS JPO 对 ITS 组成部分的定义

表 1-1　美国 ITS 战略规划的发展历程[65]

战略	2010—2014	2015—2019	2020—2025
愿景	为美国提供一个全国性的互联交通系统	改变社会的运转方式（整合交通与其他社会公共服务）	加快普及 ITS 的应用，以改变社会的前进方向
使命	为国家提供具有互联性的交通基础系统、技术和应用程序	进行 ITS 研发和推广，促进信息和通信技术应用，使社会更加安全有效地前进	推进 ITS 的开发和使用，从而更安全、有效地运送人员和货物
技术生命周期	无	三阶段：研究、发展和应用	五阶段：确认和评估、协调和牵头研发、价值阐述、应用推广和 ITS 应用维护
战略重点	交通的互联性	实现载运工具的高级自动化和互通互联	基于技术生命周期闭环的五阶段策略

此外, 2020 年 1 月美国发布的自动驾驶 4.0 计划还强调, 在车辆信息交互的过程中, 需要保障用户的隐私以及数据安全, 注重信息和网络安全。

2. 日本

日本是世界上率先开展 ITS 研究的国家之一, 早在 1973 年, 日本开发汽车综合控制系统 (Comprehensive Automobile Control System, CACS) 时就已经发起 ITS 研发计划。

1996 年日本出台《推进 ITS 总体构想》, 明确提出了日本 ITS 发展的九大领域, 初步实现 ITS 整合, 加强不同系统间的交互整合和研发。

2006—2010 年, 日本发布了《New IT Reform Strategy》《i-Japan strategy》《New information strategy》等规划, 将 ITS 定位为构建具有高可靠性和耐久性的交通安全系统、创建生态友好型社会、打造无处不在的网络环境。2007 年, 日本将道路交通信息通信系统 (VICS)、辅助驾驶系统车辆 (ASV)、电子不停车收费 (ETC)、DSRC 和自动公路系统 (AHS) 与基础设施一起整合, 推出了"SmartWay"系统, 并在全国范围内开展安全驾驶系统 (DSSS) 试验, 大力开展路边基础设施建设, 到 2011 年实现了 ITS Spot 覆盖整体日本高速公路网[66]。

2013 年, 日本在东京世界大会提出 Cooperative-ITS, 2016 年至今, 日本先后发布《车路协同汽车道路测试指南》《车路协同汽车安全技术指南》等政策, 开展车路协同道路测试工作, 大幅提升道路交通管控和服务能力。

在日本的《ITS 2019》中提到开展车路协同应用示范, 其中推动基于车路协同车辆的物流运输示范是重点工作项目之一, 其目的是在 2021 年实现"商业化后的高速公路载人车辆编队系统", 2022 年之后发展"商业化的高速公路无人驾驶车辆编队系统", 如图 1-22 所示。

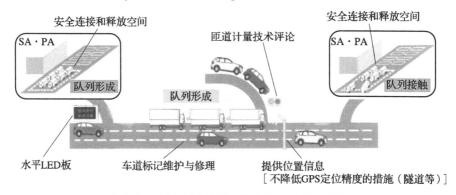

图 1-22 日本无人驾驶车辆编队系统物流运输示范

3. 欧洲

1985 年，西欧国家进行尤里卡计划，ITS 被纳入其中，目的是建立欧洲的智能交通系统。

2000 年，发布欧盟 KAREN 项目，ITS 体系框架就是其中一部分。2008 年，欧盟委员会指定了关于安全应用的 ITS。

2009 年，欧洲标准化机构 CEN、CENLEC 和 ETSI 开始制定一套欧盟层面统一标准、规格和指南来支持合作性 ITS 的实时部署。

2011 年，欧盟提出智能交通等领域快速发展 2020 实施方案。

2014 年，欧盟标准机构 ETSI 和 CEN 已完成车辆信息互联基本标准的制定。

2019 年，在欧盟国家道路上大规模配置合作式 ITS，实现 V2V 和 V2I 通信。欧盟道路运输研究咨询委员会（ERTRAC）发布了《Connected Automated Driving Roadmap》，提出通过云计算、IoT、大数据和 V2X 的网联自动驾驶发展战略。明确提出了自动驾驶的基础设施支持级别（Infrastructure Support Levels For Automated Driving，ISAD），对道路基础设施进行了等级划分，并且启动了大量的示范验证项目，包括 Horizon2020 计划、eSafety 计划等。

4. 韩国

韩国政府正在加速基础设施建设，将自动驾驶发展纳入其战略。根据规划，到 2030 年，L3 级别的自动驾驶汽车预计达到 1.5 万亿的规模。

2019 年 10 月，韩国发布《未来汽车产业发展战略》，计划完成全国主要道路自动驾驶所需的通信设施、高精度地图、交通管制、道路建筑等基础设施建设，制定了包括无人驾驶、电动汽车等在内的汽车产业发展规划，提出了立法程序、投资和基础设施等的具体时间表。

2019 年 4 月，韩国发布《促进和支持自动驾驶汽车商业化法》（2020 年 5 月 1 日起正式实施），允许自动驾驶开展商业化示范，明确了相应的监管和保障措施，构建了一个系统性的自动驾驶汽车商业化推进机制。

2020 年 1 月，韩国国土交通部发布《自动驾驶汽车安全标准》，主要涉及 L3 级自动驾驶车道保持、突发情况下对驾驶员的监控、人类未接管时自动减速、启动紧急制动信号等方面，而韩国也成为全球首个为 L3 自动驾驶制定安全标准与商用标准的国家。

1.3.2　国内政策及发展规划

我国对于智能网联汽车的发展十分重视，近年来所示，5G 技术的出现，极大促进该项技术的落地，我国也陆续推出了相关政策。

我国对于车路协同政策可以分为四个阶段，如图 1 - 23 所示，将其归纳为初级阶段（2010 年前后）、试点推广阶段（2015—2017 年）、标准制定阶段（2017 年后）和应用推广阶段（2020 年后）。"十四五"时期，国家出台新一代基础设施建设规划，大力支持智慧交通建设。许多城市开始全面推广应用车路协同系统，如智能交通灯、车辆与基础设施联网等。未来国家将重点发展车辆自动驾驶等新一代车路协同技术。同时，将加强标准完善，推动车路协同技术在更广泛领域的应用，服务智慧交通建设。

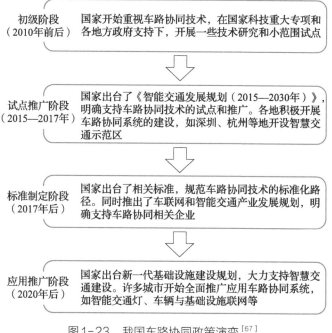

初级阶段（2010年前后） 国家开始重视车路协同技术，在国家科技重大专项和各地方政府支持下，开展一些技术研究和小范围试点

试点推广阶段（2015—2017年） 国家出台了《智能交通发展规划（2015—2030年）》，明确支持车路协同技术的试点和推广。各地积极开展车路协同系统的建设，如深圳、杭州等地开设智慧交通示范区

标准制定阶段（2017年后） 国家出台了相关标准，规范车路协同技术的标准化路径。同时推出了车联网和智能交通产业发展规划，明确支持车路协同相关企业

应用推广阶段（2020年后） 国家出台新一代基础设施建设规划，大力支持智慧交通建设。许多城市开始全面推广应用车路协同系统，如智能交通灯、车辆与基础设施联网等

图 1-23　我国车路协同政策演变 [67]

表 1 - 2 罗列了 2015 年至 2023 年我国车路协同相关政策及规划，从 2015 年国务院发布《中国制造 2025》，明确规划将智能网联汽车列入未来十年国家智能制造发展的重点领域开始，我国对智能网联汽车的通信资源、试验平台等方面展开了部署。近年来，陆续出现一些车路协同示范区，进行了部分货运车辆编队试验，并制定、验证了相关的标准。

表 1-2　2015 年至 2023 年我国车路协同相关政策及规划

时间	发布部门	政策名称	内容
2015 年	国务院	《中国制造 2025》	将智能网联汽车列入未来十年国家智能制造发展的重点领域
2016 年 4 月	交通运输部	《交通运输信息化"十三五"发展规划》	开展智慧交通示范工程，推进智慧公路示范应用，实现路网管理、车路协同和出行信息服务的智能化
2016 年 7 月	国家发展和改革委员会（简称发改委）、交通运输部	《推进"互联网+"便捷交通 促进智能交通发展的实施方案》	要求加强车路协同技术应用，推动汽车自动驾驶，推进制定国家通信标准和设施设备接口规范攻克关键技术
2017 年 1 月	交通运输部	《推进智慧交通发展行动计划（2017—2020 年）》	推进智慧公路车路协同试点示范和提高车载智能终端、车路协同设备等智能化运输装备
2017 年 2 月	国务院	《"十三五"现代综合交通运输体系发展规划》	开展新一代国家交通控制网、智慧公路建设试点，推动路网管理、车路协同和出行信息服务的智能化，示范推广车路协同技术
2018 年 2 月	交通运输部	《关于加快推进新一代国家交通控制网和智慧公路试点的通知》	推进九省市智慧公路试点，试点主题包含路运一体化车路协同、车路协同安全辅助服务、面向城市公共交通及复杂交通环境的车路协同技术应用
2018 年 4 月	工业和信息化部、公安部、交通运输部	《智能网联汽车道路测试管理规范（试行）》	推动汽车智能化、网联化技术发展和产业应用
2018 年 6 月	工业和信息化部、国家标准委	《国家车联网产业标准体系建设指南（总体要求）》	提出车联网产业的整体标准体系结构、建设内容，指导车联网产业标准化总体工作，推动逐步形成统一、协调的国家车联网产业标准体系架构
2018 年 7 月	交通运输部	《自动驾驶封闭场地建设技术指南（暂行）》	国家部委出台的第一部关于自动驾驶封闭测试场地建设技术的规范性文件
2018 年 11 月	工业和信息化部	《车联网（智能网联汽车）直连通信使用 5905－5925MHz 频段管理规定（暂行）》	规划20MHz 带宽的专用频率资源用于 LTE-V2X 直连通信技术
2018 年 12 月	工业和信息化部	《车联网（智能网联汽车）产业发展行动计划》	提出要构建低时延、大带宽、高算力的车路协同环境

（续）

时间	发布部门	政策名称	内容
2019 年 7 月	交通运输部	《数字交通发展规划纲要》	推动自动驾驶与车路协同技术研发,开展专用测试场地建设
2019 年 9 月	国务院	《交通强国建设纲要》	加强智能网联汽车(智能汽车、自动驾驶、车路协同）研发，形成自主可控完整的产业链
2020 年 2 月	发改委、工业和信息化部等 11 个国家部委	《智能汽车创新发展战略》	到2025年，"人－车－路－云"实现高度协同，新一代车用无线通信网络基本满足智能汽车发展需要；到2035 年，我国标准智能汽车体系全面建成
2020 年 4 月	交通运输部	《公路工程适应自动驾驶附属设施总体技术规范（征求意见稿)》	规定了公路工程适应自动驾驶附属设施的总体技术要求
2020 年 8 月	交通运输部	《推动交通运输领域新型基础设施建设的指导意见》	推进车路协同等设施建设,丰富车路协同应用场景。协同建设车联网,推动重点地区、重点路段应用车用无线通信技术，支持车路协同、自动驾驶等
2021 年 3 月	工业和信息化部、交通运输部和国家标准化管理委员会	《国家车联网产业标准体系建设指南（智能交通相关)》	聚焦营运车辆和基础设施领域,建立支撑车联网应用和产业发展的智能交通相关标准体系, 出台关键性、基础性智能交通标准
2021 年 6 月	工业和信息化部	《关于开展车联网身份认证和安全信任试点工作的通知》	构建车联网身份认证和安全信任体系,推动商用密码应用，保障 C-V2X 通信安全，开展车联网身份认证和安全信任试点工作
2022 年 2 月	工业和信息化部	《车联网网络安全和数据安全标准体系建设指南》	标准体系包括总体与基础共性、终端与设施网络安全、网联通信安全、数据安全、应用服务安全、安全保障与支撑等 6 个部分，共20 个标准
2022 年 9 月	工业和信息化部	《国家车联网产业标准体系建设指南（智能网联汽车）（2022 年版)》（征求意见稿)	到2030 年，全面形成能够支撑实现单车智能和网联赋能协同发展的智能网联汽车标准体系

（续）

时间	发布部门	政策名称	内容
2022 年 11 月	工业和信息化部	《关于开展智能网联汽车准入和上路通行试点工作的通知（征求意见)》	旨在进一步提升智能网联汽车产品性能和安全运行水平,推动智能网联汽车产业健康有序发展
2023 年 7 月	工业和信息化部	《国家车联网产业标准体系建设指南（智能网联汽车）（2023 版)》	充分考虑了智能网联汽车技术深度融合和跨领域协同的发展特点,设计了"三横二纵"的技术逻辑架构,构建包括智能网联汽车基础、技术、产品、试验标准等在内的智能网联汽车标准体系

参考文献

[1] 节能与新能源汽车技术路线图战略咨询委员会. 节能与新能源汽车技术路线图[M]. 北京：机械工业出版社, 2016.

[2] LI Q, CHEN Z, LI X. A review of connected and automated vehicle platoon merging and splitting operations[J]. IEEE Transactions on Intelligent Transportation Systems, 2022, 23(12)：22790 - 22806.

[3] WANG B, HAN Y, WANG S, et al. A review of intelligent connected vehicle cooperative driving development[J]. Mathematics, 2022, 10(19)：3635.

[4] 孙亮亮. 城市道路场景下车辆编队运动规划与控制算法研究[D]. 长春：吉林大学, 2023.

[5] 李克强, 戴一凡, 李升波, 等. 智能网联汽车(ICV)技术的发展现状及趋势[J]. 汽车安全与节能学报, 2017, 8(1)：1 - 14.

[6] ISO. Intelligent transport systems — Truck platooning systems (TPS)— Functional and operational requirements：ISO 4272：2022[S]. Geneva：ISO, 2022.

[7] TSUGAWA S, JESCHKE S, SHLADOVER S E. A review of truck platooning projects for energy savings[J]. IEEE Transactions on Intelligent Vehicles, 2016, 1(1)：68 - 77.

[8] NOWAKOWSKI C, SHLADOVER S E, LU X Y, et al. Cooperative adaptive cruise control (CACC) for truck platooning：Operational concept alternatives[R]. Berkeley California PATH Program, 2015.

[9] 盖世汽车. 现代汽车进行货车编队试验 领头货车与后方货车保持16.7 米距离[EB/OL]. (2019 - 11 - 13)[2024 - 08 - 20]. http：//chejiahao. auto home. com. cn/info/5050960/.

[10] 米琪. 东风、重汽、福田同台亮相 国内首次商用车列队跟驰验证完成_货车网[EB]. (2019 - 05 - 07).

[11] 佚名. 华为携手首发集团、奥迪中国实现全国首例实际高速公路场景的车路协同智能驾驶演示[J]. 电子测量技术, 2018, 41(24)：45.

[12] CHEN L, WANG J, GAO Z, et al. Research on traffic adaptability testing and assessment method of connected vehicle under platoon driving scenario[J]. IEEE Access, 2021, 9：121217 - 121239.

[13] 优控. 矿山无人驾驶全栈解决方案——矿车无人作业智慧调度系统[EB]. (2021 - 08 - 10).

[14] RAJAMANI R, HAN S T, BOON K L, et al. Demonstration of integrated longitudinal and lateral control for the operation of automated vehicles in platoons[J]. IEEE Transactions on Control Systems Technology, 2000, 8(4): 695-708.

[15] HOROWITZ R, VARAIYA P. Control design of an automated highway system[J]. Proceedings of the IEEE, 2000, 88(7): 913-925.

[16] MEMON Z A, JUMANI S, LARIK J. Longitudinal control of a platoon of road vehicles equipped with adaptive cruise control system [J]. Mehran University Research Journal of Engineering and Technology, 2012, 31(3): 475-493.

[17] XIAO L, GAO F. Practical string stability of platoon of adaptive cruise control vehicles[J]. IEEE Transactions on Intelligent Transportation Systems, 2011, 12(4): 1184-1194.

[18] YAN M, SONG J, ZUO L, et al. Neural adaptive sliding-mode control of a vehicle platoon using output feedback[J]. Energies, 2017, 10(11): 1906.

[19] GUO X G, WANG J L, LIAO F, et al. CNN-based distributed adaptive control for vehicle-following platoon with input saturation[J]. IEEE Transactions on Intelligent Transportation Systems, 2018, 19 (10): 3121-3132.

[20] 于晓海, 郭戈. 车队控制中的一种通用可变时距策略[J]. 自动化学报, 2019, 45(7): 1335-1343.

[21] DI B M, SALVI A, SANTINI S. Distributed consensus strategy for platooning of vehicles in the presence of time-varying heterogeneous communication delays[J]. IEEE Transactions on Intelligent Transportation Systems, 2015, 16(1): 102-112.

[22] YANG P, TANG Y, YAN M, et al. Consensus based control algorithm for nonlinear vehicle platoons in the presence of time delay[J]. International Journal of Control, Automation and Systems, 2019, 17 (3): 752-764.

[23] YAN M, TANG Y, YANG P. Consensus based control algorithm for nonlinear vehicle platoons in the presence of time delays and packet losses[C]//2018 Chinese Automation Congress (CAC). New York: IEEE, 2018: 3339-3344.

[24] TAPLI T, AKAR M. Cooperative adaptive cruise control algorithms for vehicular platoons based on distributed model predictive control [C]//2020 IEEE 16th International Workshop on Advanced Motion Control (AMC). New York: IEEE, 2020: 305-310.

[25] XU H, LU C. Design of switched fuzzy adaptive double coupled sliding mode control for vehicles platoon[C]//2020 5th International Conference on Automation, Control and Robotics Engineering (CACRE). New York: IEEE, 2020: 422-426.

[26] KIANFAR R, FALCONE P, FREDRIKSSON J. A control matching model predictive control approach to string stable vehicle platooning[J]. Control Engineering Practice, 2015, 45: 163-173.

[27] 阿宝说车. 五万字一文读懂 汽车车道偏离报警系统 LDW[EB]. (2023-09-06).

[28] HUANG J H, TOMIZUKA M. LTV controller design for vehicle lateral control under fault in rear sensors[J]. IEEE/ASME Transactions on Mechatronics, 2005, 10(1): 1-7.

[29] LYGEROS J, GODBOLE D N, BROUCKE M. A fault tolerant control architecture for automated highway systems[J]. IEEE Transactions on Control Systems Technology, 2000, 8(2): 205-219.

[30] PETROV P, NASHASHIBI F. Adaptive steering control for autonomous lane change maneuver[C]// 2013 IEEE Intelligent Vehicles Symposium (IV). New York: IEEE, 2013: 835 – 840.

[31] ZAINAL Z, RAHIMAN W, BAHAROM M N R. Yaw rate and sideslip control using PID controller for double lane changing[J]. Journal of Telecommunication, Electronic and Computer Engineering, 2017, 9(3): 99 – 103.

[32] MEHMOOD A, LIAQUAT M, BHATTI A I, et al. Trajectory planning and control for lane – change of autonomous vehicle[C]//2019 5th International Conference on Control, Automation and Robotics (ICCAR). New York: IEEE, 2019: 331 – 335.

[33] JOSHI A A, PETERS D L, BASTIAAN J M. Autonomous lane change control using proportional-integral-derivative controller and bicycle model[C]//WCX SAE World Congress Experience. New York: SAE, 2020: 2020 – 01 – 0215.

[34] NOROUZI A, KAZEMI R, AZADI S. Vehicle lateral control in the presence of uncertainty for lane change maneuver using adaptive sliding mode control with fuzzy boundary layer[J]. Proceedings of the Institution of Mechanical Engineers, Part 1: Journal of Systems and Control Engineering, 2018, 232 (1): 12 – 28.

[35] LU C, YUAN J, ZHA G. Sliding mode integrated control for vehicle systems based on AFS and DYC [J]. Mathematical Problems in Engineering, 2020: 8826630.

[36] HUANG C, NAGHDY F, DU H. Model predictive control-based lane change control system for an autonomous vehicle[C]//2016 IEEE Region 10 Conference (TENCON). New York: IEEE, 2016: 3349 – 3354.

[37] CHEN M, REN Y. MPC based path tracking control for autonomous vehicle with multi-constraints [C]//2017 International Conference on Advanced Mechatronic Systems (ICAMechS). New York: IEEE, 2017: 477 – 482.

[38] WANG H, LIU B, PING X, et al. Path tracking control for autonomous vehicles based on an improved MPC[J]. IEEE Access, 2019, 7: 161064 – 161073.

[39] SUN C, ZHANG X, ZHOU Q, et al. A model predictive controller with switched tracking error for autonomous vehicle path tracking[J]. IEEE Access, 2019, 7: 53103 – 53114.

[40] LI L, WANG H, LIAN J, et al. A lateral control method of intelligent vehicle based on fuzzy neural network[J]. Advances in Mechanical Engineering, 2015, 7(1): 296209.

[41] JI X, HE X, LV C, et al. Adaptive-neural-network-based robust lateral motion control for autonomous vehicle at driving limits[J]. Control Engineering Practice, 2018, 76: 41 – 53.

[42] AHMED A A, JOMAH O S M. Vehicle yaw rate control for lane change maneuver using fuzzy PID controller and neural network controller[C]//2020 IEEE 2nd International Conference on Electronics, Control, Optimization and Computer Science (ICECOCS). New York: IEEE, 2020: 1 – 6.

[43] LI Q, CHEN Z, LI X. A review of connected and automated vehicle platoon merging and splitting operations[J]. IEEE Transactions on Intelligent Transportation Systems, 2022, 23(12): 22790 – 22806.

[44] MILANÉS V, SHLADOVER S E. Handling cut-in vehicles in strings of cooperative adaptive cruise control vehicles[J]. Journal of Intelligent Transportation Systems, 2016, 20(2): 178 – 191.

[45] ALI Z, JUMMANI S, SHAIKH Y, et al. Analysis of nonlinear adaptive cruise control vehicle model

during cut-in manoeuvre[J]. International Journal of Industrial and Systems Engineering, 2015, 20(3): 263.

[46] 邹渊, 魏守洋, 马国成, 等. 自适应巡航控制系统中旁车道车辆并线控制的研究[J]. 汽车工程, 2016, 38(3): 323 – 329.

[47] ARAMRATTANA M, ENGLUND C, JANSSON J, et al. Safety analysis of cooperative adaptive cruise control in vehicle cut-in situations[J]. 2017.

[48] TU Y, WANG W, LI Y, et al. Longitudinal safety impacts of cooperative adaptive cruise control vehicle's degradation[J]. Journal of Safety Research, 2019, 69: 177 – 192.

[49] LU Y, HUANG L, YAO J, et al. Intention prediction-based control for vehicle platoon to handle driver cut-in[J]. IEEE Transactions on Intelligent Transportation Systems, 2023, 24(5): 5489 – 5501.

[50] CUI H, WEI Q, WANG L. Matching theory based spectrum sharing for V2X communications in platoon scenarios[C]//2018 IEEE International Conference on Communication Systems (ICCS). New York: IEEE, 2018: 326 – 331.

[51] WANG R, WU J, YAN J. Resource allocation for D2D-enabled communications in vehicle platooning[J]. IEEE Access, 2018, 6: 50526 – 50537.

[52] ZHANG Y, XU Z, WANG Z, et al. Impacts of communication delay on vehicle platoon string stability and its compensation strategy: A review[J]. Journal of Traffic and Transportation Engineering (English Edition), 2023, 10(4): 508 – 529.

[53] DARBHA S, PAGILLA P R. Limitations of employing undirected information flow graphs for the maintenance of rigid formations for heterogeneous vehicles[J]. International Journal of Engineering Science, 2010, 48(11): 1164 – 1178.

[54] YADLAPALLI S K, DARBHA S, RAJAGOPAL K R. Information flow and its relation to stability of the motion of vehicles in a rigid formation[J]. IEEE Transactions on Automatic Control, 2006, 51(8): 1315 – 1319.

[55] HAO H, BAROOAH P, MEHTA P G. Stability margin scaling laws for distributed formation control as a function of network structure[J]. IEEE Transactions on Automatic Control, 2011, 56(4): 923 – 929.

[56] DAI Y, YANG Y, ZHONG H, et al. Stability and safety of cooperative adaptive cruise control vehicular platoon under diverse information flow topologies[J]. Wireless Communications and Mobile Computing, 2022: 4534692.

[57] MURILLO A, VARGAS F, PETERS A. Effects of speed saturation in a predecessor-following vehicle platoon[C]//2019 IEEE Chilean Conference on Electrical, Electronics Engineering, Information and Communication Technologies (CHILECON). New York: IEEE, 2019: 1 – 7.

[58] BIAN Y, ZHENG Y, LI S E, et al. Reducing time headway for platoons of connected vehicles via multiple-predecessor following[C]//2018 21st International Conference on Intelligent Transportation Systems (ITSC). New York: IEEE, 2018: 1240 – 1245.

[59] ZHAO C, CAI L, CHENG P. Stability analysis of vehicle platooning with limited communication range and random packet losses[J]. IEEE Internet of Things Journal, 2021, 8(1): 262 – 277.

[60] MASSERA C M, TERRA M H, WOLF D F. Safely optimizing highway traffic with robust model predictive control-based cooperative adaptive cruise control[J]. IEEE Transactions on Intelligent

Transportation Systems, 2017, 18(11): 3193 – 3203.

[61] 王靖瑶, 郑华青, 郭景华, 等. 通信延迟下智能电动汽车队列分布式自适应鲁棒控制[J]. 清华大学学报(自然科学版), 2021, 61(9): 889 – 897.

[62] RAMBERGER S, HERZNER W, SCHOITSCH E, et al. TTIPP3-A fault-tolerant time-triggered platooning demonstrator [C]//2008 International Workshop on Intelligent Solutions in Embedded Systems. New York: IEEE, 2008: 1 – 11.

[63] 段煜, 王礼锋. 一种基于接入回传一体化的可扩展车路协同编队方法: CN 116489590 A[P]. 2023 – 07 – 25.

[64] HIDAYATULLAH M R, JUANG J C. Centralized and distributed control framework under homogeneous and heterogeneous platoon[J]. IEEE Access, 2021, 9: 49629 – 49648.

[65] 智能交通技术. 美国 ITS 战略 2020—2025 解读及未来发展思考[EB/OL]. (2020 – 06 – 02) [2024 – 08 – 20]. http://blog.csdn.net/weixin-55366265/article/details/122207155.

[66] 城市交通研究院. 国际观察丨日本智能交通发展体系梳理及启示 —— 日本《ITS HANDBOOK2019》解读[EB/OL]. (2020 – 12 – 23)[2024 – 08 – 20]. http://mp.weixin.99.com/s/EBPcvp-I-TYmRv9kd.TZLg.

[67] 前瞻产业研究院. 重磅! 2023 年中国及 31 省市车路协同行业政策汇总及解读(全)提升交通体系和城市运行智能化水平 [EB/OL]. (2023 – 09 – 25)[2024 – 08 – 20]. http://finance.sina.com.cn/roll/2023 – 09 – 25/doc-imznxece4383182.shtml.

智能汽车编队驾驶总论

第 2 章
智能汽车编队驾驶相关标准
及技术进展

标准对于产业发展具有基础支撑和规范引领的作用。相比于传统的独立车辆，智能汽车编队驾驶在基础的车辆本身功能需求之外，需更多地依赖于车与外界万物的信息交换（V2X）进行协同和自动化驾驶，共享相同的驾驶目标（如目的地、速度和路径）并通过协同工作来优化整个编队的性能和安全性[1]。高效且安全的智能编队驾驶需要众多的技术标准来支持。

2.1 智能汽车编队驾驶标准概述

2.1.1 智能化和网联化总体标准

智能编队驾驶的实现需要依赖于智能网联汽车。智能网联汽车这个名词本身包含两个重要的方面，即智能化和网联化。在智能化方面，从 20 世纪 80 年代开始，自动驾驶技术在全球的大学和研究机构中得到了初步的探索；到 20 世纪 90 年代，欧洲和美国开始举办大规模的自动驾驶研究项目和比赛，如 EUREKA Prometheus Project 和 DARPA 的自动驾驶挑战赛，为技术的发展奠定了基础；随着 21 世纪初的技术进步，汽车开始配备初级的自动驾驶功能；2004 年的 DARPA Grand Challenge 进一步推动了技术的快速发展，为更复杂的城市驾驶场景设置了更高的标准；2014 年，美国汽车工程师学会（SAE）发布了 J3016 标准，首次为自动驾驶技术明确划分了六个等级（0 ~ 5 级）[2-4]。此外，美国高速公路安全管理局（NHTSA）、德国汽车工业联合会（VDA）、德国联邦交通研究所（BASt）等多个组织机构已经提出了各自的自动驾驶分级方案。我国于 2021 年 8 月发布 GB/T 40429—2021《汽车驾驶自动化分级》，根据在执行动态驾驶任务中的角色分配以及有无设计运行范围限制，基于以下 6 个要素将驾驶自动化分成 0 ~ 5 级，具体详情见表 2 - 1。

1）驾驶自动化系统是否持续执行动态驾驶任务中的目标和事件探测与响应。

2）驾驶自动化系统是否持续执行动态驾驶任务中的车辆横向或纵向运动控制。

3）驾驶自动化系统是否同时持续执行动态驾驶任务中的车辆横向和纵向运动控制。

4）驾驶自动化系统是否持续执行全部动态驾驶任务。

5）驾驶自动化系统是否自动执行最小风险策略。

6）驾驶自动化系统是否存在设计运行范围限制。

表 2 - 1　驾驶自动化等级划分

分级	名称	持续的车辆横向和纵向运动控制	目标和事件探测与响应	动态驾驶任务后援	设计运行范围
0 级	应急辅助	驾驶员	驾驶员及系统	驾驶员	有限制
1 级	部分驾驶辅助	驾驶员和系统	驾驶员及系统	驾驶员	有限制
2 级	组合驾驶辅助	系统	驾驶员及系统	驾驶员	有限制
3 级	有条件自动驾驶	系统	系统	动态驾驶任务后援用户（执行接管后成为驾驶员）	有限制
4 级	高度自动驾驶	系统	系统	系统	有限制
5 级	完全自动驾驶	系统	系统	系统	无限制

在自动化驾驶系统分类中，0 级驾驶自动化系统，也称应急辅助系统，在车辆的横向和纵向运动控制方面不具备持续性的动态驾驶任务执行能力。然而，该系统依旧拥有在某些动态驾驶任务中发现目标与事件并做出响应的功能。0 级驾驶自动化不是无驾驶自动化，它能感知周围环境，并在某些紧急情形下向驾驶员提供警告或暂时介入，以助于规避潜在危险。这包括但不限于车道偏离预警、前向碰撞警告、自动紧急制动以及车道偏离抑制等。那些缺乏目标与事件检测和响应能力的系统，如定速巡航和电子稳定性控制功能等，并不属于驾驶自动化系统的范畴。

1 级驾驶自动化系统，也称部分驾驶辅助系统，在特定设计和运行的条件下负责持续监管和实施动态驾驶任务中车辆的横向或纵向控制，拥有检测和响应横向或纵向控制功能相匹配的特定目标及事件的能力。在 1 级驾驶自动化中，驾驶员与自动化系统共同参与动态驾驶任务，对自动化系统的行为进行监控，确保能够实施必要的响应或操作，如车道保持辅助和自适应巡航控制等。

2 级驾驶自动化系统，也称组合驾驶辅助系统，在特定操作条件下连续地控制车辆的横向和纵向动态驾驶任务，且还具有对应这些控制水平的特定目标和事件进行检测和响应的能力。在 2 级驾驶自动化中，驾驶员与自动化系统共同参与动态驾驶任务，对自动化系统的行为进行监控，确保能够实施必要的响应或操作。2 级驾驶自动化与 1 级驾驶自动化的区别在于 2 级驾驶自动化可以同时控制横向和纵向任务。

3 级驾驶自动化系统，也称有条件自动驾驶系统，在其规定的操作状态下持续完成所有的动态驾驶任务。3 级驾驶自动化系统允许后援用户在系统要求时，以合适的方式接管驾驶任务，即在有条件自动驾驶情况下，已允许驾驶员脱手，只需在系统无法应对某些情况或请求人工介入时由后援用户接管控制权。

4 级驾驶自动化系统，也称高度自动驾驶系统，在其规定的操作条件下自主完成全部动态驾驶任务，且在无法继续安全行驶或系统功能受限时，能够独立地实施最小风险策略。对于这一级别的自动驾驶，当系统请求人工干预时，不要求用户必须响应，系统已被赋予了达到最小风险状态的自主能力。某些 4 级驾驶自动化系统车辆不提供人工驾驶功能，如专为特定场所设计的接驳车辆。

5 级驾驶自动化系统，也称完全自动驾驶系统，在所有可行的驾驶环境条件下均能够无间断地执行整体动态驾驶任务，并能自行实施以最小化风险为目标的策略。对于这一级别的自动驾驶，当系统请求人工干预时，不要求用户必须响应，系统已被赋予了达到最小风险状态的自主能力。5 级驾驶自动化系统能够在任何车辆可行驶的环境中运作，不受设计运行条件的限制（商业和法规等限制因素除外）。

在智能网联汽车的研究领域内，除智能化外，车辆的网联化也是一项关键技术，可以根据功能实现的复杂性和层级细分为网联辅助信息交互、网联协同感知、网联协同决策与控制三个等级[5]。网联辅助信息交互涉及基础的数据传递，使车辆能够传播和接收关键的信息，如交通状况、安全警告。网联协同感知使不同车辆之间或车辆与交通基础设施之间能够共享感知数据，增强对周边环境的理解。网联协同决策与控制不仅合并了感知信息，而且还实现了跨多个实体的决策和执行控制命令的能力。

网联化的三个等级不仅涵盖了车辆间的通信（V2V），还包括车与人（V2P）、车与路基础设施（V2I）以及车与网络（V2N）的广泛交互，见表2-2。由这些交互方式共同构建的多维通信网络强调实时、动态的连接性，支持各类交通参与者的互动。

表2-2　网联化等级

网联化等级	等级名称	等级定义	控制	典型信息	传输需求
1	网联辅助信息交互	基于车-路、车-后台通信，实现导航等辅助信息的获取以及车辆行驶与驾驶员操作等数据上传	人	地图、交通流量、交通标志、油耗、里程等信息	传输实时性、可靠性要求较低
2	网联协同感知	基于车-车、车-路、车-人、车-后台通信，实时获取车辆周边交通环境信息，与车载传感器的感知信息融合，作为自主决策与控制系统的输入	人与系统	周边车辆/行人/非机动车位置、信号灯相位、道路预警等信息	传输实时性、可靠性要求较高
3	网联协同决策与控制	基于车-车、车-路、车-人、车-后台通信，实时并可靠获取车辆周边交通环境信息及车辆决策信息，车-车、车-路等各种交通参与者之间信息进行交互融合，形成车-车、车-路等各种交通参与者之间的协同决策与控制	人与系统	车-车、车-路间的协同控制信息	传输实时性、可靠性要求较高

多级网联化架构为智能交通管理与运营提供了基础。它在提升交通安全性、效率和可持续性方面起着关键作用，同时也促进了新型交通服务的发展，如智能汽车编队、实时交通调控和个性化出行建议。此外，这种互联互通的框架通过数据驱动分析，能够提升交通系统对城市居民的服务质量，进一步促进城市的可持续发展。

2.1.2　智能编队驾驶标准体系

智能编队驾驶相关的标准体系主要包括车辆关键技术标准、信息交互关键技术标准、基础支撑关键技术标准三个部分，如图2-1所示。

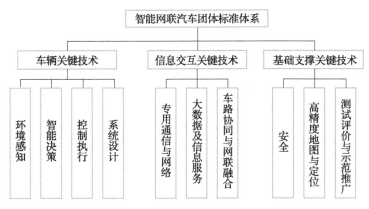

图 2-1　智能网联汽车团体标准体系框架

（1）车辆关键技术标准

车辆关键技术主要涵盖环境感知、智能决策、控制执行、电子电气架构、人机交互、计算平台等基于智能网联汽车整车以及关键系统部件的核心技术和应用的功能、性能要求及试验方法。

（2）信息交互关键技术标准

信息交互是指具备网联功能的车辆通过车载通信装置与外部节点进行信息交换，并在此基础上进行网联化协同感知、决策与控制，实现车辆安全、有序、高效、节能运行。信息交互关键技术标准涵盖专用通信与网络、大数据及信息服务、车路协同与网联融合等相关标准。

（3）基础支撑关键技术标准

基础支撑关键技术标准主要包括安全、高精度地图与定位、测试评价与示范推广等方面。

2.1.3　国内外编队驾驶标准建设内容对比

为了促进车辆编队技术的标准化工作，国内外的标准化机构及产业联盟已开展了广泛研究，并取得一系列进展，表 2-3 为国内外车辆编队标准现状[6]。

表 2-3　国内外车辆编队标准现状

标准组织	标准名称	标准编号
3GPP	Enhancement of 3GPP support for V2X scenarios	3GPP TS 22.186
ISO	Intelligent transport systems-Truck platooning systems（TPS）—Functional and operational requirements	ISO 4272：2022

（续）

标准组织	标准名称	标准编号
SAE	Performance requirements for cooperative adaptive cruise control and platooning	SAE J2945/6
CCSA	增强的 V2X 业务应用层交互数据要求	YD/T 3977—2021
C-SAE	合作式智能运输系统 车用通信系统应用层及应用数据交互标准 第二阶段	T/CASE 157—2020
C-ITS	营运车辆 合作式自动驾驶 货车编队行驶 第1部分：总体技术要求	T/ITS 0113.1—2019
C-ITS	营运车辆 合作式自动驾驶 货车编队行驶 第2部分：驾驶场景和行驶行为要求	T/ITS 0113.2—2019
C-ITS	营运车辆 合作式自动驾驶 货车编队行驶 第3部分：车辆通信应用层数据交互要求	T/ITS 0113.3—2019

　　国外标准化机构或组织主要包括第三代合作伙伴计划（3GPP）、国际标准化组织（ISO）、国际汽车工程师学会以及欧洲电信标准化协会（ETSI）。3GPP关注 C-V2X 通信技术的研究，并在其技术报告 TR 22.886 中描述了不同自动化级别的车辆编队场景，同时 TS 22.186 文档中提出了明确的通信性能需求。ISO 发布了 ISO 4272 标准，旨在提供技术无关的数据交换标准，包括交互流程、数据需求和测试方法。SAE J2945/6 项目目标是区分 CACC 与车辆编队的差异，并定义编队消息集和数据元素，目前尚未发布最终标准。ETSI 虽然未发布正式的车辆编队标准，但其技术报告 TR 103 298 涉及编队交互流程和消息集的研究。

　　国内相关组织包括 CCSA、CSAE 和 C-ITS，参考国外相关内容并结合我国实际情况，制定了适用我国的标准。其中，行业标准 YD/T 3977—2021、团体标准 T/CSAE 157—2020 和 T/ITS 0113 系列标准，均反映了我国在车辆编队标准制定方面的进展。YD/T 3977—2021 和 T/CSAE 157—2020 标准在 3GPP TS 22.186 的基础上进行了本土化的适应性调整，对车辆编队通信参数（如车速、发送频率、延时、通信范围、定位精度等）提出了具体的要求，见表 2-4。T/ITS 0113 系列标准，在系统架构和车辆角色的定义上与 ISO 4272 类似。但与 ISO 4272 不同的是，T/ITS 0113.3—2021 进一步细化了基于通信时序的交互流程，并具体定义了消息格式和数据元素，这为标准的实际应用提供了更明确的指导。

表 2-4 国内外车辆通信参数要求对比

| 标准编号 | 通信场景描述 | | 最大车速/（km/h） | 最小发送频率/Hz | 最大端到端延时/ms | 最小通信范围/m | 最大定位精度/m |
	场景	自动化程度					
3GPP TS 22.186	车辆编队协作驾驶	最低	130	30	25	—	0.5（纵向）
		低	130	50	20	350	0.5（纵向）
		高	130	—	20	180	0.5（纵向）
		最高	130	30	10	80	0.5（纵向）
YD/T 3977—2021	领航车：通常为人工驾驶 跟随车：无人驾驶		120	10	20	300	1
T/CASE 157—2020	领航车：人工驾驶或自动驾驶 跟随车：无人驾驶		120	10	50	400	1（横向）

（1）研究范围对比

国内车辆编队标准化领域主要关注应用层交互流程、通信协议要求、数据交换需求和消息集合等。标准 YD/T 3977—2021 设定了一个多层次的架构，明确了利用直接和蜂窝通信技术的车辆编队应用的系统框架，如图 2-2 所示。该标准识别并定义了若干关键接口，包括：A1 接口，用于车对车通信；A2 接口，用于车辆与路侧单元的通信；A3 接口，用于车辆与多接入边缘计算（MEC）平台之间的互联；A4 接口，负责连接路侧单元与 MEC 平台；A5 接口，处理车辆与中心子系统间的数据交换；A6 接口，管理路侧单元与中心子系统间的通信。这些接口共同协作，不仅确保车队内部信息共享的高效性，而且促进车队与外部环境的通信连通性。

T/CSAE 157—2020 和 T/ITS 0113.3—2021 标准则更侧重于直连通信的应用。两个标准着重描述了 A1 接口下车辆编队内部的通信流程，并制定了相应的消息集内容。而 YD/T 3977—2021 标准确保了与 T/CSAE 157—2020 在 A1 接口使用的消息集合上的一致性，同时针对 A2 ～ A6 接口进一步详细了车队与外部通信的交互过程。

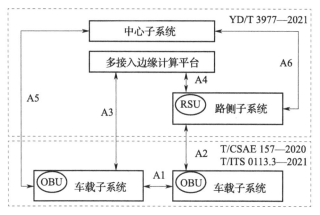

图2-2　国内车辆编队业务应用架构及对应标准组织分工比较

（2）研究方案对比

国内的车辆编队标准研究中，YD/T 3977—2021 和 T/CSAE 157—2020 主要针对乘用车，而 T/ITS 0113.3—2021 则主要针对货车。这些标准在车辆编队的控制流程和消息集的研究上各有侧重点。

在控制过程方面，当车队至少包含一辆跟随车时，领航车不仅会向外发布车队信息，而且会对内发布行驶策略，同时监控所有跟随车辆的行驶状况。不同标准对于控制过程中的异常情形处理有所区别。YD/T 3977—2021 涵盖了车队被无关车辆切入的情景，当出现这种情况时，领航车会立刻向该无关车辆发出警告，并通过 A1 接口对车队成员发出行驶策略调整指令，以确保车队的安全有序行驶。而 T/CSAE 157—2020 并没有详尽定义这类异常处理过程，只是规定了车队形成后由领航车引导进入巡航状态。T/ITS 0113.3—2021 则主要关注状态监控异常，如数据包丢失、连接中断、系统故障或被无关车辆长时间切入等情况，并提出了具体的处理措施。

在消息集方面，YD/T 3977—2021 和 T/CSAE 157—2020 使用了相同的车队消息，这是一种面向无连接通信的车队管理消息（CLPMM），这两个标准在控制过程的消息集方面尚未定义。T/ITS 0113.3—2021 定义了面向连接通信的车队管理消息（COPMM），这种消息更能保证通信的可靠性。在控制过程的消息集方面，T/ITS 0113.3—2021 考虑到通信技术的承载能力，定义了两种类型的消息：编队扩展基本安全消息（PBSMex）和编队控制消息（PCM）。PBSMex 基于已有的 BSM 消息扩展而来，专门针对车辆编队行驶数据设计。

YD/T 3977—2021 详尽规定了基于直连和蜂窝通信的车辆编队业务应用架构及其通信接口。T/CSAE 157—2020 采用了面向无连接的通信方案，并最先定义了用于管理过程的 CLPMM 消息。鉴于面向连接的通信方案能够更好地确保消息交互的可靠性，T/ITS 0113.3—2021 则制定了面向连接的车辆编队标准，并全面考虑了车辆编队过程中的典型问题，如加密通信、车辆防追踪、编队异常情形处理以及通信技术的承载能力等，从而提升了方案的安全性和适用性。

2.2 智能汽车编队通信标准

为了推动车辆编队的标准化进程，各国的标准化机构和产业联盟已经开展了广泛的研究工作，确立一个共同的、国际性的标准框架对于确保车辆编队技术的安全性、互操作性和可靠性至关重要。实现这一目标需要多方的协同合作和技术交流，包括来自政府、制造商、研究机构和行业专家的共同努力。在众多的研究活动中，一些关键领域成为主要的关注焦点，如车辆间的通信技术、编队控制策略，以及在各种驾驶环境下保障编队安全的机制。此外，考虑到车辆编队在不同国家和地区可能面临的法规和技术差异，国际标准化的推进也尤为复杂和具有较大的挑战性。在这一过程中，各方参与者不仅在技术和策略上共享知识和经验，同时也在努力寻求在全球范围内推广和应用这些新标准的可能路径和策略。

在智能汽车编队和现代交通管理中，V2X 发挥着至关重要的作用，它支持广泛的信息交换，通常包括车辆的位置、速度、行驶意图以及路况信息等。V2X 的互联互通不仅提高了道路安全性和流通性，还增强了整个交通系统的协同和协调能力，为实现更加智能和高效的交通管理奠定了基础。目前，国际上主流的车联网无线通信技术有 DSRC 技术[7] 和蜂窝车联网（Cellular Vehicle-to-Everything，C-V2X）技术[8]。

2.2.1 DSRC 标准

DSRC 是一种用于 V2V 和 V2I 通信的无线通信技术。DSRC 使车辆能够与彼此和路边基础设施交换信息，以提高道路安全性和交通效率，并为驾驶员和乘客提供各种服务[9]。在大多数地区，DSRC 在 5.9GHz 的频率带上。这一频段通常被分成若干个信道，用于不同的用途，如控制、安全通信和非安全通信等。DSRC 主要关注短距离通信，其通信范围通常在数百米到 1km 之间。DSRC 支持高数据传输速度，一般为 3~27Mbit/s，取决于通信的范围和环境。DSRC 的应用和发展见表 2-5。

表 2-5　DSRC 的应用和发展

地区	应用和发展
美国	2002 年开始，对利用 V2V 通信进行汽车碰撞的可行性评估
	2010 年，IEEE 工作组完成 DSRC 标准化工作，包括 IEEE802.11p 低层标准和 IEEE1609. x 上层标准
	2011 年，在美国交通部组织下，车厂完成了基于 DSRC V2V 的交通安全应用研究
	2013 年，美国交通部完成基于 DSRCV2V 交通安全应用现场测试
	2014 年，美国《联邦机动车汽车安全标准》立项，研究汽车强制安装 DSRC 联网设备
	2016 年，美国交通部正式发布《联邦机动车安全标准》，要求所有轻型汽车强制安装 V2V 设备，确保汽车间能收发基本的安全信息，V2V 选择 DSRC 作为车-车通信统一标准
	2020 年，美国联邦通信委员会将 DSRC 所属 5.9GHz 频段拨给 C-V2X 和 Wi-Fi 使用，标志美国在车联网技术路线上由 DSRC 转向 C-V2X
欧洲	2014 年 2 月，发布了协作式智能交通标准，通信物理层标准 ITS-G5 采用与美国 DSRC 相同的 IEEE 802.11p，但带宽比美国 DSRC 窄
	2014 年 7 月，欧洲的 C2C 完成了基于 C-ITS 标准的车路协同系统试验
	2018 年，欧盟委员会正式配准并设立 DSRC/ITS-G5 标准草案
	2019 年，由于 C-V2X 的发展，欧洲议会和欧盟理事会没有批准 2018 年的草案，这使得 DSRC 和 C-V2X 之间的竞争变得更加激烈
	2020 年，欧洲多国继续推进 DSRC 技术的应用试点，评估其在实际交通环境中的表现
	2021 年，欧洲委员会发布了有关 C-ITS 部署的更新指导文件，确保 DSRC 和 C-V2X 技术路线的互操作性和安全性，保持技术中立
日本	1997 年，TC204 委员会内完成日本的 DSRC 标准制订工作
	2000 年，日本正式实施 ETC、汽车信息和通信系统（VICS）、先进道路支援系统（AHS）
	2009 年起，日本国土交通省在全日本高速公路上安装基于 DSRC 的路侧单元
	2011 年，日本开始升级或布设路侧单元为 5.8GHz 的 DSRC
	2014 年，日本总务省开始制定先进的安全驾驶支撑系统，通过 V2X 进行数据交换
	2018 年，日本国土交通部宣布 2022 年 3 月停止日版 2.4GHz VICS，且全部转移到 5.8GHz DSRC 技术
	2021 年，日本在多个城市推动了 DSRC 相关的试验项目，验证 DSRC 在提升交通效率、增强道路安全以及促进车辆通信方面的应用潜力

DSRC 技术涵盖了多个通信协议层和相关标准，涉及从物理层到应用层的多个方面，如图 2-3 所示。在 DSRC 的技术构架中，主要有三类标准起着关键作用：①IEEE 1609 标准系列，即车载环境中的无线接入（WAVE），为车辆的

无线网络接入定义了基本的网络结构和操作流程；②标准 SAE J2735 及 SAE J2945 负责明确车辆传感器数据的消息格式，这些数据涵盖了车辆的位置、行驶方向、速度及制动系统信息等关键参数；③IEEE 802.11p 负责构建物理通信层，主要目的是为移动通信设备提供支持，从而扩充了原有针对固定通信设备设计的 IEEE 802.11 系列标准。在 DSRC 协议栈的顶层，基于 IEEE 1609 标准开发的轻量级 WAVE 被广泛应用于 V2V 的信息交换，而 V2I 及车对网络 V2N 的信息交互则主要采用 TCP/IP。

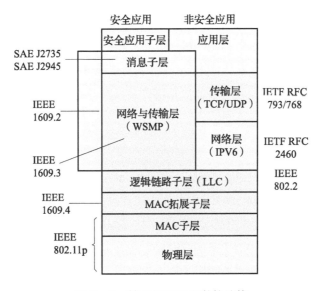

图 2-3　美国 DSRC 通信协议栈

1. IEEE 802.11p

IEEE 802.11p 标准作为无线局域网（WLAN）的一种规范，针对物理层（PHY）和媒介访问控制层（MAC），致力于满足高速移动通信环境下的数据传输需求。该标准在特定的 5.9 GHz 频段内运行，通过划分多个信道来管理各种数据传递活动。在高速移动性的应用场景，如车辆通信中，802.11p 展现了对高速数据传输的支持和低延时通信的优化。此标准为确保在动态变化且复杂的交通系统中维持通信的稳定性，纳入了一系列适应性传输和接收机制。

IEEE 802.11p 是一个由 IEEE 802.11 标准扩充的通信协定。1997 年，IEEE 设立了无线局域网的基础规范，即 IEEE 802.11，确立了媒介存取控制层与物理层的框架。该框架明确了工作在 2.4GHz 工业、科学和医学频段上的扩频调制技术，并规定了红外传输方式，旨在实现总数据传输速度达到 2Mbit/s 的设计标准。在此架构下，两个设备可以通过对等网络或者通过基站（BS）或访问点（AP）进行协调通信，以确保在各种环境下均能保持通信质量。此外，为避免信道冲突，采纳了载波监听多路访问/碰撞避免（CSMA/CA）作为协议的一部分。到 1999 年，IEEE 引入了两个重要的补充规范：802.11a 和 802.11b。802.11a 在 5GHz ISM 频段上实现了最高 54Mbit/s 的数据传输速度；而 802.11b 则在 2.4GHz ISM 频段上实现了高达 11Mbit/s 的数据传输速度。鉴于 2.4GHz 频段的全球普及性，802.11b 标准迅速成为主流选择。此外，苹果公司推出的基于 802.11 标准的 AirPort 系列产品及 Wi-Fi 联盟的成立，进一步推动了符合 802.11 标准产品的生产及设备间的互操作性。IEEE 802.11 标准发展历程见表 2-6。

通过对 IEEE 802.11 系列标准的不断扩展和完善，这一系列规范不仅在技术上得到了发展，也促进了无线通信技术在全球范围内的标准化和应用普及。

表 2-6　IEEE 802.11 标准发展历程

标准	说明
IEEE 802.11	1997 年，原始标准（2Mbit/s，工作在 2.4GHz）
IEEE 802.11a	1999 年，物理层补充（54Mbit/s，工作在 5GHz）
IEEE 802.11b	1999 年，物理层补充（11Mbit/s，工作在 2.4GHz）
IEEE 802.11c	符合 802.1D 的媒体接入控制层桥接（MAC Layer Bridging）
IEEE 802.11d	根据各国无线电规定做的调整
IEEE 802.11e	对服务质量（Quality of Service，QoS）的支持
IEEE 802.11f	基站的互连性（Inter-Access Point Protocol，IAPP），2006 年 2 月被 IEEE 批准撤销
IEEE 802.11g	2003 年，物理层补充（54Mbit/s，工作在 2.4GHz）
IEEE 802.11h	2004 年，无线覆盖半径的调整，室内（indoor）和室外（outdoor）信道（5GHz 频段）
IEEE 802.11i	2004 年，无线网络的安全方面的补充
IEEE 802.11j	2004 年，根据日本规定做的升级
IEEE 802.11l	预留及准备不使用
IEEE 802.11m	维护标准；互斥及极限
IEEE 802.11n	更高传输速度的改善，支持多输入多输出技术
IEEE 802.11k	该协议规范规定了无线局域网络频谱测量规范。该规范的制定体现了无线局域网络对频谱资源智能化使用的需求
IEEE 802.11p	这个通信协定主要用在车用电子的无线通信上。它设置上是从 IEEE 802.11 来扩充延伸，来符合 ITS 的相关应用

（1）IEEE 802.11

IEEE 802.11 标准初步构筑了无线局域网技术的基础框架，为实现在工作环境与教育场所中用户之间的无线数据通信提供了初步的解决方案。该标准初版主要针对数据访问应用，而其最高数据传输速度仅为 2Mbit/s，相对于当时日益增长的数据传输需求，这一速度及其所能支撑的传输距离均显不足。鉴于此，IEEE 工作组继续拓展该系列标准，推出了 802.11a 与 802.11b 这两种扩展标准。802.11b 标准因其较高的兼容性与普及率，迅速成为市场的主流，而802.11a 标准以其更高的数据传输能力在许多制造商中也获得了认可。这两个标准的提出，显著推动了无线通信技术的发展，为后续标准的出现奠定了基础。

（2）IEEE 802.11a

IEEE 802.11a 标准作为对 IEEE 802.11 原始协议的修正，在 1999 年得到了正式批准，旨在满足无线局域网络中对更高数据吞吐量的需求。该标准在 5GHz 的频段中工作，采用了 52 个正交频分多路复用（OFDM）副载波，其中 48 个用于数据传输，4 个用作引导副载波。其理论最高数据传输速度为 54Mbit/s，而实际网络吞吐量大约为 20Mbit/s。不过，802.11a 也允许在不同情境下，降低数据传输速度至 48Mbit/s、36Mbit/s、24Mbit/s、18Mbit/s、12Mbit/s、9Mbit/s或 6Mbit/s。802.11a 提供了 12 个不重叠的频道，其中 8 个用于室内，另外 4 个适用于点对点传输。然而，它并不与 802.11b 标准兼容，除非使用了同时支持这两种标准的设备。

由于 2.4GHz 的频段已广泛使用，5GHz 带来的是较少的信号冲突。尽管如此，较高的频率也意味着更大的传播损失，使得 802.11a 的覆盖范围较 802.11b更小，需部署更多的接入点以保持网络的连续覆盖。

全球不同地区对 802.11a 的接受程度不一。如美国和日本较早地支持了802.11a，而欧盟则考虑使用其自身的 HIPERLAN 标准，并在 2002 年中期限制了 802.11a 的使用。不过，随着 2003 年的世界无线电通信会议召开，802.11a在全球范围内的应用变得更加方便，而美国联邦通信委员会的一些决策可能为802.11a 提供了更多的频谱资源。

在技术实现方面，每个 OFDM 副载波的带宽为 0.3125MHz（即 20MHz 总带宽除以 64），并采用多种调制技术，如 BPSK、QPSK、16-QAM 或 64-QAM。总带宽为 20MHz，而有效带宽为 16.6MHz。符号周期为 4μs，带有 0.8μs 的保护间隔。信号的产生和解码是在基带中通过数字信号处理（DSP）完成的，随后发射器将信号升频至 5GHz。接收端则将信号降频至基带，并通过快速傅里叶变换恢复出原始的数据。OFDM 的优点在于它能够减轻多径传播效应，并提升频谱利用率。

然而，由于早期 5GHz 组件的研发进度缓慢，以及 802.11b 已经广泛普及，802.11a 在市场上的普及程度并没有预期的那样广。面对这样的市场挑战，设备制造商对 802.11a 技术进行了改进，并开发了能够支持 802.11a/b/g 多标准的设备，这些设备能够自动选择最佳的无线标准以进行连接。现在，市场上已经有了支持多模式的无线网卡和设备，能够更灵活地适应不同无线网络标准。

（3）IEEE 802.11b

IEEE 802.11b 标准是一种广泛应用于无线局域网技术的规范。它在 2.4GHz 的工业、科学和医疗（ISM）频段内操作，并能够支持 1Mbit/s、2Mbit/s、5.5Mbit/s 以及 11Mbit/s 的数据传输速度。作为 IEEE 802.11 系列标准中知名度较高且应用最广泛的成员，IEEE 802.11b 因其良好的设备兼容性和低成本得到了快速普及。有时人们会不严格地将 IEEE 802.11b 等同于 Wi-Fi，但实际上 Wi-Fi 是无线局域网联盟所管理的认证标志。Wi-Fi 认证的目的是确保符合该标志要求的设备之间能够互相兼容，而不是指向任何特定的无线标准本身。

在 IEEE 802.11b 规定的 ISM 频段内，存在 14 个宽度为 22MHz 的通道，但并非所有的通道在全球都是可用的，这取决于地区的法规限制。此外，IEEE 802.11b 的继任者，即 IEEE 802.11g，数据传输速度增加至 54Mbit/s，并且与 802.11b 在物理层向下兼容，使得用户能够在不牺牲现有设备投资的情况下享受更快的传输速度。

（4）IEEE 802.11g

IEEE 802.11g 标准在 2003 年成为正式的无线通信协议，并在 2.4GHz ISM 频段内进行操作，与其前身 IEEE 802.11b 相同。该标准规定的理论最高传输速度为 54Mbit/s，实际可达的吞吐量大约在 24.7Mbit/s，与 IEEE 802.11a 标准的实际性能相当。IEEE 802.11g 的设计保证了与早先发布的 IEEE 802.11b 标准的向后兼容性，使得 802.11g 设备能够与基于 802.11b 的设备交互，确保了已部署设备的投资保值。

为满足市场对更高速度的无线连接需求，部分无线路由器制造商在 IEEE 802.11g 的基础上进行了创新，推出了非官方的增强模式。这些模式通过信道捆绑等技术提高了数据传输速度，理论上能够达到 108Mbit/s 或 125Mbit/s 的传输速度。这些私有标准虽然提高了速度，但由于它们不是 IEEE 正式认可的标准，因此可能在不同厂商的设备间存在兼容性问题。

（5）IEEE 802. 11i

IEEE 802. 11i 标准是对无线网络安全性的一项重要补充，旨在改进先前的 WEP 加密机制所暴露出的安全漏洞。2004 年 7 月，经过全面审议和测试，IEEE 802. 11i 获得了正式批准。它引入了高级加密标准（AES）为基础的计数器模式 CBC-MAC 协议（CCMP），提供更为坚固的加密方法。同时，它还包含了临时密钥完整性协议（TKIP），这是一种设计上兼容老旧 RC4 加密算法的中间过渡方案，以确保早期设备的向前兼容性。

在 802. 11i 标准最终确定之前，为了缓解 WEP 明显的安全弱点，以及回应市场对于更安全无线解决方案的迫切需求，Wi-Fi 联盟制定了 WPA（Wi-Fi Protected Access）。该协议基于 IEEE 802. 11i 的草案，并在 802. 11i 标准正式发布之前提供了一种临时的、更安全的加密机制。随着 IEEE 802. 11i 的正式批准，支持新标准的设备被指定为兼容 WPA2，以区分那些只支持原始 WPA 标准的设备。WPA2 实施了 802. 11i 的全部规范，确保了无线网络传输的高度安全性，而 WPA 作为过渡方案，在兼容性和安全性方面提供了一个较好的平衡点。

（6）IEEE 802. 11n

IEEE 802. 11n 是无线网络传输标准的一次显著进步，它致力于极大地增加数据的传输速度以及传输距离。该标准的开发始于 2004 年初，由 IEEE 新成立的专门小组负责推进，目前仍处于草案阶段。据预测，802. 11n 标准将能支持高达 540Mbit/s 的峰值数据传输速度，这一速度将显著超越先前的 802. 11b 和 802. 11g 标准，分别提速约 50 倍和 10 倍。

在物理层上，802. 11n 标准预期通过增强的传输技术实现这些目标，其主要通过增加频宽、引入高级调制技术和多流传输等手段来实现速度提升。此外，802. 11n 的服务范围也预计将超越前代无线技术，提供更广泛的服务覆盖区。

该标准在开发过程中出现了两个主要的技术提案，分别为 WWiSE 和 TGn Sync。WWiSE 提案由 Broadcom 领头的一些厂商提出，而 TGn Sync 则由 Intel 和 Philips 等公司支持。这两个提案在技术细节和实现方面存在竞争，但最终目标均为制定一个统一的 802. 11n 标准。

802. 11n 标准的一大创新在于对多输入多输出（MIMO）技术的支持。MIMO 利用多个发射和接收天线来同时发送和接收数据信号，从而大幅度提高数据吞吐量。此外，802. 11n 还采用了 Alamouti 编码方案，这是一种空间编码技术，能够改进信号的可靠性并扩大传输距离。通过这些先进的技术，802. 11n 旨在为用户提供更快速、更可靠的无线网络体验。

（7）IEEE 802.11k

IEEE 802.11k 标准制定了无线网络在进行频谱测量时的相关规定，旨在为无线局域网提供精确的频谱资源信息服务。这一协议详细规定了进行测量的具体类型和数据传输的结构。它引入了一种请求与报告的机制，这一机制让无线终端能够就测量数据进行互相通信。制订小组的宗旨在于赋予无线设备通过对频谱信息的分析来优化其传输策略的能力，因而确立了多种测量数据类型。

在 IEEE 802.11k 协议下，无线终端可以执行多种测量任务，包括收集周围接入点的信标报告，以及对临近终端的链路特性进行分析（包含帧信息报告、隐藏终端问题的报告以及终端统计数据报告）。这些终端也能够提供频道的噪声水平（如噪声柱状图报告），以及频道的使用情况（如信道负荷报告和媒介接入柱状图），这些信息对于管理和优化无线网络的性能至关重要。

（8）IEEE 802.11p

IEEE 802.11p 标准，作为 IEEE 802.11 标准的一个关键扩展，专门针对 V2X 进行了若干关键性的更新。802.11p 整合了 WAVE 功能，支持在 5.9 GHz ITS 频段进行高速车辆间及车辆与路边基础设施之间的数据交换，从而实现 V2X 通信。802.11p 构成了 DSRC 的基础，为各种车辆相关应用提供了网络架构。

技术上，802.11p 采用 OFDM 技术，设定信道带宽为 10 MHz，并采用 8 种调制编码方案（MCS）。这使得其最大比特率达到 27 Mbit/s。在 MAC 层，它采用了增强型分布式通道访问（EDCA）协议，这是在 CSMA/CA 标准的基础上增加了 QoS。在无线信道数据负载超过总容量时，需要在 ITS-G5 站点中引入分散拥塞控制机制，以有效控制信道负载。这些机制的设计目标是满足 ITS 应用对高可靠性和低延时的要求，尤其是在道路安全应用方面。

802.11p 实现了在不建立基本服务集（BSS）的情况下进行数据交换的能力，通过在帧头部使用通配符 BSSID，实现了快速的数据传输。此外，该修订增加了一种时间广告管理帧，使站点能够与 UTC 等公共时间参考同步，从而提高了时间敏感通信的准确性。为了增强系统对频道外干扰的抵抗力，还引入了增强的频道拒绝要求。

（9）IEEE 802.11bd

IEEE 认为有必要对专用于 V2X 通信设计新的协议并进行标准化，以满足未来车辆多样化应用的需求。这要归功于 Wi-Fi 标准从 802.11a 到 802.11ax 的演进。新推出的 802.11bd 标准，是在其前身 802.11p 的媒体访问控制 MAC 和物理层的基础上进行改进的。这些新机制使 802.11bd 在车辆速度达到 500km/h 的高移动性场景下实现的数据速度和通信范围是 802.11p 标准的两倍。同时，802.11bd 保持了与 802.11p 的向后兼容性和互操作性。在物理层，802.11bd 实现了以下关键技术的部署：

1）MCS 的应用，支持高达 256 正交幅度调制（QAM）。

2）多输入多输出技术。

3）支持高达 20MHz 的信道带宽。

4）在 Wi-Fi 6 中引入双载波调制（DCM），允许在两个不同子载波上传输相同的符号。

5）采用低密度奇偶校验（LDPC）替代传统的二进制卷积码（BCC）。

6）为获得更精确的信道估计，采用中间线而非传统的前导线，这些中间线在整个帧中分散于 OFDM 符号之间。

802.11p 和 802.11bd 间的比较见表 2-7。

表 2-7　802.11p 和 802.11bd 间的比较

特征	802.11p	802.11bd
支持的相对速度/（km/h）	252	500
子载波间隔/kHz	156.25	78.125、156.25、312.5
信道编码	BCC	LDPC
中间码	No	Yes
射频带/GHz	5.9	5.9、60

2. SAE J2735

SAE J2735 标准是为 V2V 以及 V2I 通信制定的，确立了数据传输的具体格式和元素。这一规范涉及消息层面的结构和编码方法，它确切规定了用于传递基本安全信息的消息格式，包括车辆位置、速度、行驶方向及轨迹等关键信息。此外，它还包括对特定事件响应的消息传递机制，这些消息包含事件的类别和详情。

在 SAE J2735 的框架下，消息结构被定义为消息、数据帧、数据单元的层级结构，并采用了抽象语法表示法 1（ASN.1）编码标准。该标准共识别了 17 种主要的消息类型，涉及基本安全信息（BSM）、交通地图数据（MAP）、信号相位与时间信息（SPAT）等方面，见表 2-8。除此之外，它还详细列出了 155

种数据帧和 230 种基础数据单元，以及一些特定区域使用的额外数据帧和数据单元。这些精细的定义为车联网通信提供了必要的数据交互标准，以促进道路安全和交通效率。

表 2-8 SAE J2735 基本消息类型

英文名称	中文名称
MessageFrame	信息帧
BasicSafetyMessage	基本安全消息
CommonSafetyMessage	通用安全请求
EmergencyVehicleAlert	紧急车辆报警
IntersectionCollisionAvoidance	路口碰撞避免
MapData	地图数据
NMEAcorrections	修正
ProbeDataManagement	探针数据管理
ProbeVehicleData	探针车辆数据
RoadSideAlert	路边报警
RTCMcorrections	修正
SignalPhaseAndTimingMessage	信号相位和定时消息
SignalStatusMessage	信号状态管理
SignalRequestMessage	信号请求管理
TraveLerInformationMessage	旅行者信息消息
VulnerableRoadUserSafetyMessage	行人安全消息
TestMessage	测试消息

每种标准和协议在 DSRC 体系中都起到不同的作用。例如，IEEE 802.11p 关注的是如何确保在高速运动的车辆之间进行可靠的数据传输，而 SAE J2735 则集中在确保交换的信息格式统一和可理解性上。其他协议和标准通常聚焦于确保不同的系统和设备能够通过共同的语言和方法进行通信，此外，还有 ISO 15628 定义了用于道路交通和运输的通信访问；ISO 21217 确定了通信体系结构和网络层定义；ISO 21215 描述了网络协议，以支持通过不同无线技术进行通信等。

2.2.2 C-V2X 通信标准

相比于 DSRC，我国主导推动 C-V2X 技术，包括蜂窝网络通信（Uu）和直通通信（PC5）两种接口，可支持多类型的车联网基本应用和增强应用。以下详细介绍 C-V2X 技术及其标准。

C-V2X 是一种基于蜂窝网络技术的通信方法,用于 V2V、V2P、V2I 以及 V2N 在内的各种元素的交流,见表 2－9。C-V2X 的发展与蜂窝技术(尤其是 5G)的推进密切相关,其旨在提高道路安全,推动 ITS 的发展,并为未来的自动驾驶车辆创造条件[10]。通过 V2X 将"人、车、路、云"等交通参与要素有机地联系在一起,一方面能够获取更为丰富的感知信息,促进自动驾驶技术发展;另一方面通过构建智慧交通系统,提升交通效率、提高驾驶安全、降低事故发生率、改善交通管理、减少污染等。如今,车载网络正在向高可靠性和低延时要求发展。LTE-V2X 不能真正满足未来应用的需求。为此,标准化机构已经认识到开发新技术的必要性。3GPP 在 Release 16(R16)及 Release 17(R17)中对 NR-V2X 进行了标准化,以支持先进的 V2X 应用,如车辆编队、扩展传感器、远程驾驶应用。

表 2－9　C-V2X 技术组成

名称	备注
V2V(Vehicle-to-Vehicle)	允许车辆之间直接通信,传递关键信息来提高道路安全性和协同驾驶
V2I(Vehicle-to-Infrastructure)	车辆与交通基础设施(如信号灯和交通标志)通信,提高交通效率和安全
V2P(Vehicle-to-Pedestrian)	增强车辆与行人的互动,增强安全性
V2N(Vehicle-to-Network)	连接车辆与云端服务器和数据中心,以获取实时的交通、天气等信息

如同 IEEE 802.11p 技术基于 Wi-Fi 标准改进,在 IEEE 进行标准化工作,C-V2X 标准工作在 3GPP 开展。2022 年 6 月 9 日,3GPP RAN#96 会议正式宣布 5G R17 第三阶段功能性冻结,标志着 5G 技术演进第一阶段(R15、R16、R17)的圆满结束,也预示着 C-V2X 标准演进逐步走向成熟。2013 年 5 月,大唐在国内外首次提出 LTE-V(即 LTE-V2X)的概念与关键技术,确立了 C-V2X 的系统架构和技术路线,2015 年开始在 3GPP 推动制定国际标准。3GPP C-V2X 标准包括 LTE-V2X 及其演进的 NR-V2X。从 3GPP R14 到 R17,3GPP 定义了 C-V2X 通信技术规范[11],各版本主要内容简介见表 2－10。在此基础上,各国及地区根据实际情况制定适合本国家/地区的应用层标准。

表 2-10 3GPP C-V2X 标准内容简介

3GPP 版本	完成时间	主要特点	C-V2X 相关内容说明
R14	2017 年 3 月	LTE-V2X	R14 给出了 C-V2X 的定义，引入工作在 5.9GHz 频段的 LTE-V2X 直连通信方式（即 PC5 接口），支持面向基本的道路安全业务需求的 V2X 广播通信，并对移动蜂窝通信的 Uu 接口进行优化
R15	2018 年 6 月	5GeMBB + LTE-V2X	R15 是第一个完整的 5G 标准，侧重于增强移动宽带（eMBB）场景（高传输速度），面向 5G 初期个人和行业的基本需求。在 C-V2X 方面对 LTE-V2X 进行了功能增强，包括在 PC5 接口引入载波聚合、64QAM 高阶调制、发送分集和延时缩减等新技术特性，进一步增强了 PC5 接口在传输速度、可靠性、低延时方面的性能，但并没有对 V2X 业务进行针对性设计和优化
R16	2020 年 7 月	5G URLLC + NR-V2X	R16 标准面向 eMBB 和高可靠低延时（URLLC）场景，尤其是垂直行业应用的增强，如高可靠低延时（URLLC）物理层增强、5G 车联网（NR-V2X）、工业物联网（IIoT）等，实现 ToC 向 ToB 的业务拓展 R16 首次引入了 NR-V2X，针对 PC5 接口定义了全新的帧结构、资源调度、数据重传方式等，支持单播、组播和广播三种模式；在 Uu 接口引入了 V2X 通信切片、边缘计算、QoS 预测等特性，满足车联网低延时、高可靠性和大带宽等需求。R16 引入了车辆编队行驶、高级驾驶、传感器扩展和远程驾驶四类应用，定义支持 25 个 V2X 高级用例
R17	2022 年 6 月	Uu Multicast + SL enhancement	R17 侧重研究弱势道路参与者的应用场景（V2P），研究直通链路中终端节电机制、节省功耗的资源选择机制以及终端之间资源协调机制，以提高直通链路的可靠性和降低传输的延时。R17 还将 NR Sidelink 直接通信的应用场景从 V2X 扩展到公共安全、紧急服务，乃至手机与手机之间直接通信应用。R17 的完成也标志着 5G 技术演进第一阶段（R15、R16、R17）的圆满结束
R18	2024 年	—	5G-Advanced 的第一个版本，主要研究 Sidelink 增强、Sidelink 中继增强、LTE V2X 与 NR-V2X 共存等

针对基站无法覆盖的区域，C-V2X 技术提供了两种资源分配模式：集中式覆盖下模式和分布式覆盖外模式。在 LTE-V2X 框架中，这两种模式分别被指定为模式 3 和模式 4。而在 NR-V2X 中，这些模式被重新命名为模式 1 和模式 2。

为支持 V2X 通信，LTE 核心网架构增加了两个关键元素：V2X 控制功能和

V2X 应用服务器。V2X 控制功能负责向终端提供必要的 V2X 通信参数，而 V2X 应用服务器处理 V2X 通信数据。在 LTE-V2X 中，模式 3 和模式 4 分别由升级后的节点 B（eNB）调度无线电资源和车辆自主预留无线电资源（通过基于感知的半持久调度算法）。值得注意的是，模式 3 依赖于蜂窝网络，而模式 4 则可以在无蜂窝网络的情况下运行。

3GPP 对 NR-V2X 进行了标准化，以支持包括车辆编队、扩展传感器以及远程驾驶在内的高级 V2X 应用，这些应用程序要求低延时和高可靠性。NR-V2X 支持这些新应用及与 LTE-V2X 支持的基本安全服务相关的应用。配备了 C-V2X 技术的车辆可同时使用 LTE-V2X 和 NR-V2X 无线接入技术，根据应用需求选择周期性或非周期性消息交换。此外，NR-V2X 支持广播、单播和组播模式，可在蜂窝网络覆盖范围内外运行。在特定场景（如队列调度）中，可通过组播和广播模式进行有效的车辆间通信。

LTE-V2X 在物理层采用 OFDM 技术，在 MAC 层采用 SC-FDMA。可用带宽在时域和频域中细分为正交资源。信号在时域中组织成 10ms 帧，每帧包含 10 个子帧，每个子帧包含 2 个时隙。频域信号由资源块对（RBP）组成，每个 RBP 包含 12 个子载波和 14 个 OFDM 符号。LTE-V2X 中，子通道由一组 RBP 定义。每辆车可使用一个或多个子通道传输数据，且每个子通道可以配置为 4~50 个 RBP。子通道被定义为最小的资源单元，用于车辆传输 CAM 数据包。C-V2X 中使用 QPSK 和 16QAM 调制传输数据，副链路控制信息（SCI）始终使用 QPSK 传输。LTE-V2X 采用 Turbo 编码和普通循环前缀，PSSCH 承载数据，而 PSCCH 承载 SCI。SCI 提供了关键信息，如 MCS 信息、RB 占用、消息优先级和资源保留间隔，以确保接收端能成功解码消息。

NR-V2X 遵循与 LTE-V2X 相同的 10ms 无线电帧和 1ms 子帧结构。物理资源块（PRB）由 12 个频域连续子载波定义，时隙由 14 个 OFDM 符号定义。资源元素（RE）是最小的资源单元，既在频域有定义，也在时域有定义。一个资源元由频域的一个子载波和时域的一个 OFDM 符号持续时间定义。与 LTE-V2X 相似，NR-V2X 也支持两种资源分配方式。3GPP 讨论了 NR-V2X 模式 1 和模式 2 之间的资源共享，这两种模式可以使用单独的资源，也可以共享同一个资源。资源共享的主要优势是提高资源使用效率，但也可能导致运行在模式 1 和模式 2 的车辆间发生碰撞。为解决这一问题，运行模式 1 的车辆通过使用 SCI 字段通知运行模式 2 的车辆其未来传输分配的资源。

在致力于推进 C-V2X 的相关标准化工作中，SAE 在 2017 年组建了 C-V2X

技术委员会，旨在拟定如 J2945.1 般的标准，这些标准明确了车辆间 V2V 通信的技术要求。在 2018 年 4 月的 5GAA 华盛顿会议中，福特联合大唐和高通公布了一项联合测试结果，对比了 IEEE 802.11p（DSRC）与 C-V2X（LTE-V2X）在实际道路条件下的性能。结果显示，在 400~1200m 的通信距离内，LTE-V2X 相比于 IEEE 802.11p 呈现出更低的误码率，表现出在可靠性和稳定性方面的显著优势。

在选择技术路线方面，美国和日本等在车联网领域较早启动的国家，初期由于 DSRC 技术的成熟，多采用该技术进行部署。相较之下，C-V2X 以其先进性、性能优越性及可持续发展的潜力赢得了行业的广泛支持。如我国企业推动 LTE-V2X 技术，美国的电信运营商和福特等车企，以及欧洲的奥迪、宝马、标致雪铁龙等也已转向支持 C-V2X 技术。日本 ITS 行业标准和产业组织 ITS-forum 已宣布对技术持中立态度，将 LTE-V2X 列为候选技术之一。随着 C-V2X 技术的不断进步，全球范围内对其的采纳和部署也在增加。2020 年底，美国联邦通信委员会将 DSRC 所属 5.9GHz 频段拨给 C-V2X 和 Wi-Fi 使用，标志美国在车联网技术路线上由 DSRC 转向 C-V2X[12]。而欧洲也在修改其 5.9GHz 频段的使用规定，将 ITS 道路安全应用的频段扩展到 5875~5925MHz，并采取技术中立的方式，不限制具体技术类型。

各国在频率资源的分配上也体现了它们的技术路线选择策略。无论是 DSRC 技术还是 3GPP 定义的 LTE-V2X 技术，均已完成了技术研究和标准化工作，为车联网产业化提供了技术基础。全球范围内，车联网技术和应用被认为是未来的重要产业方向，因此，频谱资源的分配和支持也在相应地推进。

在我国，汽车制造、通信信息技术以及道路基础设施领域已取得迅速发展。在汽车制造方面，我国的汽车工业在规模上维持着全球领先地位，本土品牌市场份额逐年攀升，核心技术也在不断取得重大突破。在通信领域，继经历了 3G、4G 技术的发展后，我国的通信企业已位居世界前列，并在 C-V2X、5G 等新一代通信标准的制定中扮演着日益重要的角色。基础设施建设上，我国的宽带网络和高速公路网络迅速扩展，规模全球领先，北斗导航系统提供的高精度时空服务已覆盖全国。

目前我国已全面布局车联网领域的相关政策规划、标准化制定、技术研发和产业应用，并已获得初步成果。我国政府已将车联网提升到国家战略高度，国务院及相关部门进行了顶层设计、战略布局和发展规划，建立了系统的组织保障和工作体系。我国成立的国家制造强国建设领导小组车联网产业发展专项委员会，由多个部门和单位组成，承担制定车联网发展规划、政策和措施的任务，解决车联网发展中的重大问题，并推动产业发展。

此外，为了促进车联网产业发展，国务院与工业和信息化部（简称工信部）、交通运输部、科学技术部、发改委、公安部等部门，联合制定了一系列规划及政策。C-V2X 应用涉及汽车、通信、交通、建筑等多个行业领域，依照《国家车联网产业标准体系建设指南》，在国家制造强国建设领导小组车联网产业发展专项委员会的指导下，工信部联合交通运输部、公安部、住房和城乡建设部（简称住建部）和国家标准化管理委员会等部门，协同各领域相关标准化技术委员会、科研机构、产业联盟、企业等共同开展标准制定工作[13]。这一过程中，建立了国家标准、行业标准、团体标准协同配套的新型标准体系，共同推动车联网产业的发展。我国相关标准研究组织如图 2-4 所示。我国的相关标准研究组织已开展对标准的研究和制定工作，这将支持国内 C-V2X 技术的产业化进程，以及在全球范围内对该技术的应用推广。

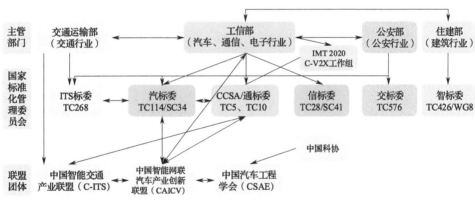

图2-4　我国相关标准研究组织

1.3GPP 标准

3GPP 是一个包括 7 个不同电信标准开发组织的合作伙伴计划，它制定了一套全球统一的蜂窝移动通信系统规范[14]。这些规范分为技术报告（TR）和技术规范（TS），并且按照其内容和目的的不同进行了编号。在 TR 22.886 中给出了不同自动驾驶等级车辆编队的场景描述，同时在 TS 22.186 中给出了明确量化的通信性能需求指标，其中车辆编队的需求见表 2-11。车辆驾驶编队性能要求见表 2-12。C-V2X 基于 3GPP 标准，在全球范围内具备更佳的兼容性。

在 TS 22.186 中在以下 6 个方面增强 3GPP 对 V2X 场景支持的服务要求：

1）互通、通信相关要求适用于所有 V2X 场景。

2）车辆编队。动态的组成编队行驶，所有的车辆都接受编队中领航车辆定期的数据，进行编队操作，允许车辆之间的距离非常小，允许编队中跟随的车辆自动驾驶。

3）半自动/全自动驾驶。每辆车和路侧单元（RSU）与附近的车辆共享从其本地传感器获得的数据，从而允许车辆协调其轨迹或机动。此外，每辆车都与附近的车辆分享其意图。此用例的好处是更安全的旅行、避免碰撞和提高交通效率。

4）传感器扩展。在车辆、RSU、行人设备和 V2X 应用服务器之间交换通过本地传感器收集的原始或处理数据或实时视频数据。这些车辆可以增强对其环境的感知，超出其自身传感器所能检测到的范围，并对当地情况有更全面的了解。

5）远程驾驶。使远程驾驶员或 V2X 应用程序能够为无法自行驾驶的乘客或位于危险环境中的远程车辆操作远程车辆。对于变化有限且路线可预测的情况，如公共交通，可以使用基于云计算的驾驶。此外，此用例组还可以考虑访问基于云的后端服务平台。

6）QoS 更改。使 V2X 应用程序能够在实际更改发生之前及时通知预期或估计的服务质量更改，并使 3GPP 系统能够根据 V2X 应用程序的服务质量需求修改服务质量。基于服务质量信息，V2X 应用程序可以根据 3GPP 系统的条件调整行为，用于提供更流畅的用户服务体验。

表 2-11 3GPP TS 22.186 车辆编队的需求

标准序号	内容
R.5.2-001	3GPP 系统应能够为支持 V2X 应用的一组终端用户设备（User Equipment, UE）支持多达 5 个 UE
R.5.2-002	对于车辆编队，3GPP 系统应能够支持支持 V2X 应用程序的特定 UE 与最多 19 个支持 V2X 的其他 UE 之间的可靠 V2V 通信。 注意：对于重型货车车队，由于通信范围、货车长度、货车间距离等原因，一个车队中的 UE 数量可能较小
R.5.2-003	对于支持 V2X 应用程序的 UE，3GPP 系统应支持小于 0.5m 的相对纵向位置精度，以便编队

表 2-12　车辆驾驶编队性能要求

通信场景表述		标准序号	有效负载	传输速度（报文/s）	最大端到端延时/ms	可靠性[1]（%）	数据传输速度/（Mbit/s）	最小通信距离[2]/m
方案	程度							
用于支持 V2X 应用的一组 UE 之间的车辆排班信息交换的协同驱动	自动化程度最低	R.5.2-004	300~400③	30	25	90	—	—
	自动化程度低	R.5.2-005	6500④	50	20			3500
	自动化程度最高	R.5.2-006	50~1200⑤	30	10	99.99		80
	自动化程度高	R.5.2-007			20		65④	180
支持 V2X 应用的 UE 之间以及支持 V2X 应用的 UE 与 RSU 之间的队列需要报告	不适用	R.5.2-008	50~1200	2	500			
支持 V2X 应用程序和 RSU 之间的信息共享	自动化程度低	R.5.2-009	6000④	50	20			350
	自动化程度更高	R.5.2-0010			20		50④	180

① 即使本表中没有数值要求，也应提供足够的可靠性

② 这是在 UE 速度为 130km/h 的情况下获得的。一个车队中的所有车辆都朝着同一个方向行驶。

③ 此值适用于数据包的触发传输和周期传输。

④ 本 V2X 场景中考虑的数据包括协同操纵和协同感知数据，这些数据可以在同一时间段内使用两条单独的消息进行交换（如所需延时 20ms）。

⑤ 此值不包括与安全相关的消息组件。

2. PC5 接口与 Uu 接口

PC5 接口是用于 C-V2X 通信中直接通信（Device-to-Device，D2D）的一个接口，它允许终端设备如车辆直接彼此通信，而无须通过蜂窝网络基站。

作为 C-V2X 通信的核心组成部分，专注于实现侧链或 D2D，提供了一种独立于蜂窝网络核心基础设施的通信方式[15]。在 V2V 的交互应用场景中，PC5 接口发挥着至关重要的作用，例如，在车辆智能驾驶、路由选择和交通安全中。通过利用 LTE 物理层技术和特有的信道访问机制，它能在密集和高速的交通环境下提供可靠、高效的通信，而这些都在延时敏感的应用中至关重要。进一步而言，PC5 接口能够支持广播通信、多点到多点通信，并以一种机制来调整通信范围，以满足多种 V2X 应用场景的需求，从而推动智能交通系统向前发展。虽然 PC5 接口主要支持 V2V 通信，它也可以用于 V2I、V2N 和 V2P 的场景。

PC5 接口使用 LTE 中定义的物理层协议，利用不同的子载波间隔和帧结构来支持多种传播环境和速度。PC5 接口支持灵活的资源分配机制，可以动态调整传输参数以适应不同的通信场景和要求，其允许设备调整其发射功率，以控制通信的范围和减小相邻信道的干扰。利用加密和身份验证机制，PC5 接口能够保证数据交换的安全性和真实性，通过使用临时身份和地址，PC5 接口支持在保护用户隐私的同时进行通信。使用 PC5 接口，终端设备可以交换多种类型的消息，例如基本安全消息（BSM）、环境感知消息、合作感知消息等。PC5 接口支持不同级别的服务质量，以满足不同 V2X 应用的要求。

Uu 接口，作为用户设备与无线网络（尤其是 LTE 的 eNodeB 或 5G 的 gNodeB）之间的基本通信通道，扮演着至关重要的角色，在 3GPP 蜂窝网络标准中得到了精细的定义和规范。它涵盖了从物理层的无线传输技术，如 OFDMA 和 MIMO，到高层的网络接入和移动性管理等多个方面。在 Uu 接口上，上行和下行链路的通信通过一系列复杂的协议和过程进行管理[16]，例如 RRC 协议用于处理连接管理和移动性，PDCP 和 RLC 层提供数据传输的可靠性和效率，以及多种 QoS 管理和安全保护机制，确保网络服务的多样性和通信的安全。不仅如此，Uu 接口还涵盖了资源分配、调度、测量报告以及与核心网络的 NAS 信令传递等功能，全面支撑蜂窝网络在各种场景下的高效、可靠通信和移动性管理。

二者的联系：PC5 直连通信接口是车、人、道路基础设施之间的短距离直接通信接口，通过直连、广播、网络调度的形式实现低延时、高容量、高可靠性的通信。蜂窝网络通信接口是终端和基站之间的通信接口，实现长距离和更大范围的可靠通信。值得注意的是，PC5 和 Uu 接口可以共存，PC5 不需要蜂窝网络覆盖，可以点对点通信，Uu 通信必须要有基站参与，蜂窝网络覆盖。

2.2.3　DSRC 与 C-V2X 标准对比

在 ITS 和车联网 V2X 通信技术的研究领域中，DSRC 和 C-V2X 两种主要技术常常是研究和讨论的核心。这两种技术各自基于独特的技术架构和通信协议，具有各自的特性和优势，因此在实际应用的选择和部署过程中需要细致考量。DSRC 依托于 IEEE 802.11p 标准，是一种成熟的短距离通信技术，主要用于支持车辆之间以及车辆与路边基础设施间的直接通信。相比之下，C-V2X 是基于 3GPP 标准的较新技术，利用现代蜂窝网络实现车辆通信，目标是提供更高的数据传输速度和更广泛的覆盖范围。DSRC 和 C-V2X 的比较见表 2-13。

表 2-13　DSRC 和 C-V2X 的比较

特征	DSRC	C-V2X
调制	OFDM	SC-FDM
重传	无 HARQ	HARQ
连接性	混合模式	混合模型
网络通信	有限制	全面支持
资源选择	CSMA-CA	基于比较能量选择的半持久传输
线路编码	卷积码	涡轮码
未来发展	向后兼容和可互操作升级到 802.11bd	C-V2X 基于 5G NR，在不同信道上运行
延时	V2V 通信的低延时	往返延时小于 1ms，由于集中通信，延时较小
范围	适用于短无线电范围	适用于扩展通信
高移动性支持	配备先进的接收器相对速度可达 500km/h	最低速度可达 500km/h
高密度支持	高密度环境下的数据包丢失	保证高密度环境下无数据包丢失
V2V/V2I/V2P 的安全与隐私	是	是
V2N 的安全与隐私	不适用	是
演进路径	向 802.11bd 发展	与 R14/R15 兼容

IEEE 802.11p 标准是在 IEEE 802.11a 无线局域网标准的基础上于 2010 年推出的。在车辆密度较低的情况下，DSRC 的性能通常足以满足大部分需要约

100ms 端到端延时的车辆安全应用。然而，随着车辆密度的增加，DSRC 在可扩展性和性能方面的局限性开始显现，主要是由数据包碰撞和隐藏节点问题导致的。

为了解决这些局限性，IEEE 802.11 为 V2X 通信引入了新的和改进的 IEEE 802.11bd 标准。这一标准是现有 802.11p 的高级形式，融合了 802.11n/ac/ax 的 MAC 和 PHY 选项。802.11bd 旨在克服 802.11p 在 MAC 吞吐量、互操作性、多普勒频移等方面的问题。表 2-14 总结了 802.11bd 相对于 802.11p 的改进。

此外，802.11bd 还需满足以下要求：

1）802.11bd 标准必须与 802.11p 共存，即 802.11bd 应能检测到 802.11p 的数据传输并遵从信道访问，反之亦然。

2）802.11bd 和 802.11p 标准必须是可互操作的，使得设备、信息系统或应用程序能够相互检测和解码至少一种传输模式。

3）802.11bd 和 802.11p 必须在同一信道配置中保持公平的通信和访问能力。

4）802.11bd 必须向后兼容，至少有一种 802.11bd 模式必须与 802.11p 互操作。

表 2-14　802.11bd 和 802.11p 比较

特征	802.11bd	802.11p
频带	5.9 GHz/60 GHz	5.9 GHz
子载波间隔	312.5 kHz/156.25 kHz/78.125 kHz	156.25 kHz
信道编码	LDPC	BCC
循环前缀	1.6 us 和 3.2 us	1.6 us
空间流	多个	一个
相对车速	500 km/h	252 km/h
多普勒频移对策	高密度中间导频	无

V2N 通信的发展中，移动网络提供商的参与将有助于利用 ITS 以外的频率，在低频段提供高质量的服务，并在 5G 中实现毫米波传输。此外，这还为辅助驾驶提供了低延时的广域网支持。NR-V2X 的引入，并不是为了取代已经标准化的 C-V2X 技术，而是作为其商业部署的一部分。LTE-V2X 和 NR-V2X 可以在同一地理区域内共存。NR-V2X 技术的发展不仅包括对先进 V2X 应用的支持，而且还涵盖了 LTE-V2X 所提供的基本安全应用。该技术的设计目标是为不同水平

和需求的 V2X 应用提供支持，这些应用涉及延时、可靠性和吞吐量的多个层面。在表 2-15 中，给出了 5G NR 相对于 4G LTE 的进展总结。尽管一些用例依赖于周期性的流量传输，但 NR-V2X 的众多应用场景主要基于非周期性消息的高效传输。

表 2-15　5G NR 相对于 4G LTE 的进展总结

特征	4G LTE	5G NR
频带	高达 6 GHz	高达 5.9 GHz；毫米波（高达 52 GHz）
PHY 层	SC-FDMA	SC-FDMA、OFDM
载波聚合	最多 32	最多 16
数字波束成形	最多 8 层	最多 12 层
信道编码	数据：涡轮编码 控制：卷积编码	数据：LDPC 编码 控制：Polar 编码
MCS	QPSK、16-QAM	QPSK、16-QAM、64-QAM
控制与数据复用	FDM	TDM
调度间隔	一个子帧	时隙、迷你时隙或多时隙
侧链模式	模式 3 和模式 4	模式 1 和模式 2
频谱占用	高达频道带宽的 90%	高达频道带宽的 98%

2.3　智能汽车编队运行标准

智能汽车编队的运行涉及汽车、信息通信、交通、地理信息、大数据等多领域技术，需要多方面的技术标准支撑。

2.3.1　编队驾驶场景与行为标准

1. 编队驾驶场景定义

目前的车辆车队协作自动驾驶领域，货车的运用居多，参照 ISO 团体标准 T/ITS 0113.2—2019《营运车辆 合作式自动驾驶货车编队行驶第 2 部分：驾驶场景和行驶行为要求》，将编队驾驶场景分为编队行为类和编队行驶类两大类具体场景，见表 2-16，涉及的驾驶场景信息集和要求见表 2-17，包括气候环境、公路类型及路况等，适用于所有常规驾驶情境。

表 2-16　编队驾驶场景分类

场景类型	序号	场景名称
编队行为类	1	编队创建
	2	车辆加入
	3	车辆离开
	4	编队解散
编队驾驶类	5	匀速行驶
	6	加速行驶
	7	减速行驶
	8	紧急制动
	9	弯曲道路行驶
	10	变道行驶

表 2-17　驾驶场景信息集和要求

信息集	类别	要求
气候环境信息	天气	天气晴朗，能见度良好，无雨雪
高速道路信息	满足公路工程技术标准 JTG B01-2014 对于高速公路道路结构、道路曲率、道路坡度等方面的要求	
路面状况信息	路面干燥	
本车状态信息	行驶车道	结合场景
	速度	结合场景
	加速度	结合场景
	数量	结合场景
	类型	结合场景
交通参与者信息	行驶车道	结合场景
	速度	结合场景
	加速度	结合场景
	相对横向距离	结合场景
	相对纵向距离	结合场景
	相对运动方向	同向

（1）场景 1：编队创建

编队创建场景是指在未激活编队模式的条件下，一个潜在的引领车辆设立一个初始编队，该编队初始时仅包含引领车本身，并向后续车辆敞开加入的可能性。

动态规范要求：①潜在的领航车辆需对自己的编队驾驶能力进行基本检查，仅当符合所有预设条件时，方可成功建立编队，否则将不予建立；②通过车载通信，领航车辆向周边车辆播报编队信息，以便这些车辆在接收到信息后能够提出加入请求。

（2）场景 2：车辆加入

在编队行进或停止时，潜在跟随车辆向编队提出加入请求，并在获得领航车辆或云平台的许可后，自编队末尾开始加入并逐步缩减与前车的距离。在这一过程中，不允许其他车辆介入或编队中的车辆离队。稳定维持目标间距后，编队恢复常态行进。车辆加入的先决条件包括：①领航车辆必须已经启动编队模式，并进行了信息播报；②潜在跟随车辆必须激活编队模式，且能够收到编队信息。

动态规范要求：①潜在跟随车辆必须能够对自身进行基本编队功能检查，仅在满足所有要求的情况下才能提交加入请求；②领航车辆或云平台应对申请加入的车辆进行审核，只有在不影响编队整体功能的前提下，才允许其加入；③加入车辆应维持与前车的合理距离和速度；④跟随车辆前方无障碍车辆，且应在车道内行驶；⑤编队中暂无其他车辆加入的情况。

（3）场景 3：车辆离开

车辆离开是指在编队行进中，位于队尾的车辆请求退出编队，并在得到批准后逐步增加与前车的距离。在此过程中，不允许其他车辆介入或编队中的车辆离队。跟随车辆的间隔达到安全距离并得到接管后，车辆离开动作完成。

动态规范要求：①离队车辆需在退出前保持与前车的合理距离和速度；②离队车辆在提交离队申请时，领航车辆或云平台需有能力对申请进行审核，确保安全且不影响编队功能；③在车辆退出过程中，禁止其他车辆加入；④跟随车辆应在车道线内行驶；⑤跟随车辆与前车达到安全间隔和被接管后，完成退出。

（4）场景 4：编队解散

编队解散的场景是指当道路条件或编队内部车辆状态不再适合维持编队时，不符合条件的车辆应通知领航车辆，领航车辆将发出解散指令，使车队解散并

恢复独立行驶状态。

动态规范要求：①解散信号由领航车辆或云平台发起；②各随行车辆需对本车状况进行自我检查，并将信息上报至领航车辆；③仅当领航车辆确认所有成员车辆状态正常，车队方可解散；④随行车辆在离队之前，必须保持与前车适宜的安全距离及速度。

（5）场景5：匀速行驶

匀速行驶的场景涉及领航车辆引导跟随车辆以匀速直线行驶。

动态规范要求：①行驶速度需平稳，不超过车道限速，速度偏差需控制在目标速度的10%以内；②所有车辆必须在同一行车道内行驶；③车辆间需保持预定的稳定间隔，间隔偏差不得超过10%。

（6）场景6：加速行驶

加速行驶的场景是指车队在领航车辆的带领下开始加速至预定速度。

动态规范要求：①车队行驶速度不得超越当前车道限速；②所有车辆必须在同一车道内行驶；③车辆间需保持预定的稳定间隔，间隔偏差不得超过20%。

（7）场景7：减速行驶

减速行驶的场景是指车队在领航车辆的指挥下开始减速直至目标速度的过程。

动态规范要求：①所有车辆应行驶于同一行车道；②车辆间需维持预定的稳定间隔，间隔偏差不得超过20%。

（8）场景8：紧急制动

紧急制动的场景是指当车道上的领航车辆或中间车辆需进行紧急制动时，车队将遵循此场景，相邻车辆之间的纵向距离不超过100m。

动态规范要求：①确保所有车辆在紧急制动时避免相互碰撞；②所有车辆必须维持在同一车道内。

（9）场景9：弯曲道路行驶

弯曲道路行驶的场景是指在弯道中，车队在领航车辆的引导下进行曲线行驶。

动态规范要求：①弯道行驶速度应符合当前车道限速，且速度误差应控制在目标车速20%以内；②所有车辆必须稳定行驶在同一车道内，避免越线；③车辆间应保持预定的稳定间隔，间隔偏差不得超过20%。

（10）场景 10：变道行驶

变道行驶的场景是指当领航车辆判定有变道需求时，车队将执行从当前车道至邻近车道的变道操作，过程中所有行驶行为均在领航车的引领下完成。

动态规范要求：①在变道过程中，领航车辆根据车速、邻近车道车辆的速度和距离及车队长度，适时进行提速或减速以确保所有车辆安全变道；②变道行驶速度不得超过车道限速，速度误差应控制在目标车速 20% 以内；③所有车辆在变道前后应稳定保持在同一车道内；④变道前后，车辆间应保持稳定的间隔距离，间隔距离误差应在 20% 以内；⑤变道时车辆编队应开启转向灯。

2. 规范性引用

车辆编队能够实现车辆间的高效能量利用和空间占用最小化，同时确保安全距离，然而，要实现这一技术，需要一系列严格的技术标准和规范来指导其发展。在编队驾驶的实施中，需要综合考虑多个关键技术和因素。其中包括高精度的车辆定位技术、实时的车辆间通信系统、自动驾驶算法以及对复杂交通环境的快速响应能力等。此外，确保编队驾驶过程中的数据安全和隐私保护，也是实现这一技术的关键挑战之一。

表 2-18 列出了卡车编队相关标准。这些标准覆盖了从车辆间通信系统到自动驾驶行为的多个方面，确保车辆编队技术的安全、有效和兼容。它们不仅为车辆编队技术的实施提供了明确的指导，还为未来在这一领域的研究和发展奠定了基础。

表 2-18　卡车编队相关标准

标准编号	标准名称
GB/T 917—2017	公路路线标识规则和国道编号
GB/T 35645—2017	导航电子地图框架数据交换格式
YD/T 3709—2020	基于 LTE 的车联网无线通信技术 消息层技术要求
YD/T 3957—2021	基于 LTE 的车联网无线通信技术 安全证书管理系统技术要求
JT/T 132—2014	公路数据库编目编码规则
JT/T 1324—2020	营运车辆 车路交互信息集
JT/T 697.1—2013	交通信息基础数据元 第 1 部分：总则
JT/T 697.2—2014	交通信息基础数据元 第 2 部分：公路信息基础数据元
T/CSAE 53—2020	合作式智能运输系统 车用通信系统应用层及应用数据交互标准（第一阶段）
T/CSAE 157—2020	合作式智能运输系统 车用通信系统应用层及应用数据交互标准（第二阶段）

（续）

标准编号	标准名称
T/ITS 0113.1—2019	营运车辆 合作式自动驾驶货车编队行驶 第1部分：总体技术要求
T/ITS 0113.2—2019	营运车辆 合作式自动驾驶货车编队行驶 第2部分：驾驶场景和行驶行为要求
T/ITS 0135—2020	基于车路协同的高等级自动驾驶数据交互内容
SAE J2735—2023	V2X Communications Messages Set Dictionary

2.3.2 ADAS 功能标准

在车辆编队中，高级驾驶辅助系统（ADAS）为其关键一环，因为它使车辆能够自动响应环境的变化和前车的行为，如跟随前车的速度和轨迹、在必要时自动进行制动等。高级驾驶辅助系统与车辆编队之间存在着密切而协同的关系，两者共同为提高道路交通安全性和效率做出贡献。ADAS 主要集中于单一车辆层面，提供一系列功能，如自适应巡航控制、车道保持辅助和自动紧急制动，来辅助驾驶员更安全地驾驶车辆，或在特定场景下实现部分自动化驾驶功能[17]。而车辆编队则是通过车辆之间的通信和协同控制，实现一组车辆按照紧密的间隔安全、高效地行驶，通常是在高速或半封闭的道路环境下。

这样的协同旨在优化交通流，减少交通拥堵，并提高能源利用效率。因此，ADAS 和车辆编队虽然关注点有所不同，但它们共同支撑了更加安全、高效的交通体系的发展，且在未来的自动驾驶技术进一步发展中，这两者将进一步融合，共同打造更加智能和可靠的道路交通环境。

高级驾驶辅助系统是为了提高驾驶员及乘客安全性而设计的技术功能，这些系统使用人机界面，通过早期预警和自动化系统来提高驾驶员的安全性，并增加反应时间[18]。一些高级驾驶辅助系统功能已经成为汽车的标准配置，如自动紧急制动（AEB）系统和自适应巡航控制（ACC）。另外也有一些附加组件可以使用，如自动泊车、盲点监视器和防撞监视器等。

TC114/SC34 是智能网联汽车标准化的国家专业标委会，负责驾驶辅助、汽车驾驶环境感知与预警、自动驾驶及车载信息服务专业领域的标准化工作，致力于为智能网联汽车行业的技术进步和产业发展提供标准化支撑，根据《国家车联网产业标准体系建设指南（智能网联汽车）》[19]等政策性文件指导，完成了一系列关于智能网联汽车的基础与应用标准。其中包括高级驾驶辅助系统、汽车功能安全、信息安全、数据交互协议等关键技术和测试方法的标准。TC114/SC34 中 ADAS 和自动驾驶相关国家标准见表 2 – 19。

表 2 - 19 TC114/SC34 中 ADAS 和自动驾驶相关国家标准

分类	标准名称	状态
ADAS	GB/T 38186—2019《商用车辆自动紧急制动系统（AEBS）性能要求及试验方法》	发布
	GB/T 39265—2020《道路车辆 盲区监测（BSD）系统性能要求及试验方法》	发布
	GB/T 39901—2021《乘用车自动紧急制动系统（AEBS）性能要求及试验方法》	发布
	GB/T 39323—2020《乘用车车道保持辅助（LKA）系统性能要求及试验方法》	发布
	GB/T 44174—2024《乘用车夜视系统性能要求及试验方法》	发布
自动驾驶	GB/T 40429—2021《汽车驾驶自动化分级》	发布
	GB/T 41798—2022《智能网联汽车 自动驾驶功能场地试验方法及要求》	发布
	GB/T 41630—2022《智能泊车辅助系统性能要求及试验方法》	发布
	《智能网联汽车 自动驾驶系统设计运行条件》	立项
	《智能网联汽车 自动驾驶系统通用技术要求》	立项
	《智能网联汽车 自动驾驶功能道路试验方法及要求》	立项

2.3.3 车辆运行安全性标准

1. 功能安全标准

随着智能汽车电气化程度的进一步提升，电子电气系统越来越集成和复杂，其安全性的要求就尤为突显。在这种背景下，一些更严苛的汽车安全标准就应运而生了，要求智能汽车的研发过程按照正确的功能安全和安保标准进行开发。目前主要的标准总结见表 2 - 20。

表 2 - 20 智能汽车功能安全标准现状

标准或组织名称	标准编号
Road Vehicles — Functional Safety	ISO 26262
Road Vehicles—Safety of the Intended Functionality	ISO 21448（SOTIF）
Road Vehicles — Cybersecurity Engineering	ISO 21434
Computer Emergency Response Team	CERT C
Motor Industry Software Reliability Association	MISRA
Automotive Open System Architecture	AUTOSAR

（1）ISO 26262

ISO 26262 是一项基于风险的功能安全标准，适用于车辆中的电气和电子系统，包括 ADAS 组件。该标准概述了汽车设备和系统生命周期每个阶段的具体步骤，以确保从早期概念开始就保持安全性。该标准是预先计算出汽车电控方面的故障风险，并把降低该风险的机制作为功能的一部分预先植入系统中，从而实现"功能安全"的标准化开发工艺。ISO 26262 标准的对象涵盖从车辆的构思到系统、电子控制单元（ECU）、嵌入式软件、元器件开发及相关的生产、维护、报废等整个车辆开发生命周期。ISO 26262 概览如图 2 - 5 所示。

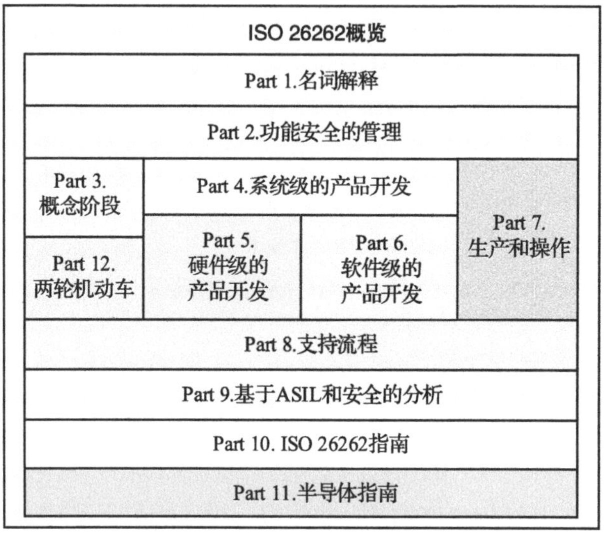

图 2 - 5　ISO 26262 概览

该标准提供了汽车生命周期（管理、研发、生产、运行、服务、拆解）和生命周期中必要的改装活动；提供了决定风险等级的具体风险评估方法［汽车安全完整性等级（ASIL）］使用 ASIL 方法来确定获得可接受的残余风险的必要安全要求；提供了确保获得足够的和可接受的安全等级的有效性和确定性措施。

其中，ASIL 是 ISO 26262 的关键组成部分，因为该等级衡量了汽车设备和系统组件的风险水平。设备或系统越复杂，发生系统性或硬件故障的风险就越大。ASIL 等级越高，对系统的安全性要求越高，为实现安全付出的代价越高，意味着硬件的诊断覆盖率越高，开发流程越严格，相应的开发成本增加、开发周期延长，技术要求更严格。

（2）ISO 21448

ISO 21448 标准针对预期功能安全（Safety of the Intended Functionality, SOTIF），旨在为汽车系统内预期功能的安全性提供设计、验证和确认措施的指导。这一标准体系专注于因非系统故障而受到威胁的安全相关功能。该标准适用于对正确感知事态关键的系统，这些系统是维护车辆安全的核心。它涵盖了紧急情况下设计用于即刻介入的系统，如自动紧急制动系统，以及 ADAS 的第一级和第二级。SOTIF 仅考虑了那些尚未被其他标准所覆盖的潜在故障，并且不适用于动态稳定控制（DSC）系统或安全气囊等现有功能。

ISO 21448 作为 ISO 26262 的补充，填补了后者未覆盖的领域，包括由非系统故障引起的失效情况，以及由初始设计中的技术缺陷所引发的故障。ISO 21448 中的某些措施还适用于对已有功能进行创新更新的情况。这标志着汽车安全领域对于功能完整性和可靠性认知的深化，反映了安全标准随着技术进步而不断进化的趋势。

（3）ISO 21434

ISO 21434 重点关注道路车辆电子系统中的网络安全风险。该标准将有助于确保将网络安全考虑因素纳入每个汽车设备和产品中。ISO 21434 致力于规范化整个汽车产业链在车辆的网络安全方面的实践和要求。这一标准的重点是在整个汽车的生命周期内实现和保持网络安全，包括开发、生产、运营和维护阶段，旨在通过建立一个包括风险评估、定义安全要求、验证和确认等一系列过程和准则的网络安全框架，来强化和保护车载网络系统及其数据的完整性、可靠性和机密性。这个标准不仅包括对车辆内部网络的安全实践，也延伸至车辆与外部系统（如 V2X 通信、云服务等）的交互过程中的网络安全。ISO 21434 为汽车制造商和供应商提供了一条关于如何识别和管理网络安全风险、确保连续的风险管理以及确保车辆网络系统在其整个生命周期中的安全性的明确道路。

（4）CERT C

CERT 是一种安全编码标准，支持 C、C++ 和 Java，所有的这些语言都用于汽车软件开发。该标准有助于在编写代码时就识别和消除软件安全漏洞。在汽车行业中，CERT C 安全编程标准在确保嵌入式系统和车载软件的安全性方面发挥着关键作用。由于现代汽车愈加依赖于复杂的电子系统和软件来实现各种功能，其中包括 ADAS，因此保障这些系统的安全性和可靠性至关重要。CERT C 提供了一系列关于 C 语言的安全编程准则，帮助开发者在创建车辆应用和系统时避免常见的编程错误和漏洞。这在车辆系统中是尤为重要的，因为这些错误和漏洞可能危及车辆的安全运行，并导致严重的安全事故。通过遵循 CERT C 的准则，开发者能够最小化软件中的缺陷，防止潜在的攻击和威胁，确保车载系统在复杂的实际运行环境中的稳定性和安全性，同时也为符合相关行业标准（例如 ISO 26262 和 ISO 21434）提供坚实的基础。

（5）MISRA

MISRA 为开发安全关键系统（包括用 C 和 C++ 语言编写的汽车软件）提供了编码指南。强烈建议遵守这些标准，因为它有助于确保汽车安全可靠。在全球范围内，MISRA 规则被广泛采用，并成为多个汽车项目和平台的基础，为制造商和供应商提供关于软件开发和验证的最佳实践，进而确保车辆系统的安全、可靠运行。

（6）AUTOSAR

AUTOSAR 为网联和自动驾驶汽车的 AUTOSAR 自适应平台提出了 C++14 编码标准。这有助于确保汽车软件的安全、稳固和可靠。AUTOSAR 为汽车制造商和组件供应商提供了一个共享的平台和方法，以便于实现不同子系统之间的高效协作，降低复杂性，增强可靠性，并确保各类车辆功能的安全和稳定运行。在电动化、网络化和自动化快速发展的当下，AUTOSAR 极大地推进了汽车行业的创新和发展，支持了高级驾驶辅助系统关键技术领域的研发和应用。

2. 车辆性能安全标准

（1）新车评价规程（NCAP）

中国汽车技术研究中心有限公司负责的中国新车评价规程（C-NCAP）现已将主动安全特性纳入新车的评估体系中。自 2006 年 C-NCAP 启动以来，它已经进行了多次重大更新，每次都提高了评估的严格性和复杂性。2018 年的评价规程修订中，一个显著的改变是包含主动安全系统的评估，特别是车辆电子稳定控制系统（ESC）。此外，还扩充了 AEB 系统的测试，增设了包括前车静止（CCRs）、前车慢行（CCRm）以及前车制动（CCRb）等三种追尾碰撞测试工况。为确保从 2021 年的评价规程顺畅过渡到 2024 年的标准[20]，中汽测试选择了若干车型进行比较研究，在专项测评工作中识别不同版本间的性能差异，并据此发布了研究报告，旨在提高行业对新评价体系中关键点和难点的认识与理解。2021 版 C-NCAP 主要变化见表 2-21。

表 2-21　2021 版 C-NCAP 主要变化

评价项目	C-NCAP 2024 版修改内容
乘员保护版块	正面 100% 重叠刚性壁障碰撞试验，碰撞速度由 2021 版的 50_{-1}^{+1} km/h 提升到 55_0^{+1} km/h；修正了二排儿童假人胸部评价指标
	侧面壁障碰撞试验，碰撞速度由 2021 版的 50_0^{+1} km/h 提升到 60_0^{+1} km/h；更换了移动壁障前端蜂窝铝型号，由 AE-MDB 壁障更换为 SC-MDB 壁障
	增加了车辆侧面碰撞试验项目。对于所有车型，均需进行侧面壁障碰撞试验和侧面柱碰撞试验
	增加侧面柱碰撞远端乘员评价和二排儿童评价
	增加侧面柱碰撞远端乘员保护虚拟测评项目
	优化了鞭打试验测评方法
	增加主动安全带加分项设置
	增加儿童遗忘提醒功能测评项目
	完善了保压气帘性能评价方法
	增加电动汽车刮底试验与评价要求
	增加主被动安全融合的乘员保护虚拟测评项目
VUR 保护版块	合并行人保护头型试验、腿型试验和 VRU 自动紧急制动（AEB VRU）系统试验为 VRU 保护版块，进行融合式评价
	VRU 自动紧急制动（AEB VRU）试验在 2021 版基础上新增了交叉路口场景，同时对 2021 版已有场景进行了优化升级，修改更新了测试参数，增加障碍物和儿童目标物
	车辆自动紧急制动系统（AEB C2C）在 2021 版基础上新增了交叉路口场景、高速公路追尾场景和 AEB 误作用场景
主动安全版块	车道支持部分增加了弯道偏离预警场景和紧急车道保持（ELK）场景，优化修改了盲区监测场景参数
	增加车辆开门预警系统（DOW）评价项目
	增加后方交通穿行提示系统（RCTA）评价项目
	增加驾驶员监控系统（DMS）测评项目
	增加交通信号识别（TSR）可选审核项目
	增加了自适应远光灯测评项目

随着时间的推进，未来在对新车所获星级的最低得分率要求中，主动安全部分的最低得分率会逐年提高。同样地，自 2013 年开始，欧盟新车安全评鉴协会（E-NCAP）已经将更多的驾驶辅助功能纳入评分体系，要求到 2017 年，速度辅助系统（SAS）、AEB、车道偏离预警/车道偏离辅助（LDW/LKD）的加分设定为系统装机量达到 100%。我国自 2018 年起对中型及大型客车、中型及

重型货车、牵引车等分阶段强制应用车道偏离预警（LSW）、前方碰撞预警（FCW）、AEB 等高级辅助驾驶技术[21-23]。美国在 2023 年宣布草案，拟要求所有乘用车和轻型货车需安装 AEB。可见，汽车的高级驾驶辅助功能已逐渐成为汽车必备的功能，也将进一步提升编队驾驶的安全性。

（2）防抱死制动系统（ABS）

ABS 与车辆编队之间有一种协同作用和依赖关系，共同提升车辆行驶的安全性和效率。在车辆编队中，一系列车辆通过 V2V 通信相互联系，并尽可能保持一个相对较小和稳定的车距，来优化交通流、提高道路运输效率及降低能耗。在这样的配置中，ABS 显得尤为重要，因为它能防止在紧急制动情况下轮胎抱死，保持车辆的操控性，从而确保车辆编队中的每辆车在遇到需要紧急制动的情况时能够安全、迅速地减速或停车，避免碰撞。在编队驾驶的环境下，ABS 不仅保证了单一车辆的安全，而且也是保障整个车队系统稳定运作的关键要素，因为它确保了在紧急制动过程中车辆的可控制性和驾驶安全，最小化了连锁碰撞的风险。

美国 NHTSA 通过 FMVSS 第 121 号和第 136 号标准规定了商用车辆和乘用车的 ABS 的要求。欧盟要求新生产的所有车辆必须配备 ABS，其中 EU Regulation No. 78/2009 和 Regulation No. 13-H 规定了车辆 ABS 的要求。我国 GB 7258—2017《机动车运行安全技术条件国家标准》规定，多种车辆，包括大型客车和货车等需要配备 ABS，新型乘用车通常也需要配备 ABS。

参考文献

[1] WANG Z, BIAN Y, SHLADOVER S E, et al. A survey on cooperative longitudinal, motion control of multiple connected and automated vehicles[J]. IEEE Intelligent Transportation Systems Magazine, 2020, 12(1): 4-24.

[2] LI Q, CHEN Z, LI X. A review of connected and automated vehicle platoon merging and splitting operations[J]. IEEE Transactions on Intelligent Transportation Systems, 2022, 23(12): 22790-22806.

[3] WANG B, HAN Y, WANG S, et al. A review of intelligent connected vehicle cooperative driving development[J]. Mathematics, 2022, 10(19): 3635.

[4] BADUE C, GUIDOLINI R, CARNEIRO R V, et al. Self-driving cars: A survey[J]. Expert Systems with Applications, 2021. DOI: 10.1016/J. ESWA. 2020. 113816.

[5] 中国汽车技术研究中心有限公司. 智能网联汽车技术[M]. 北京: 社会科学文献出版社, 2019.

[6] 邓辉, 张学艳, 胡金玲, 等. 基于车联网的车辆编队标准现状及展望[J]. 移动通信, 2022, 46 (8): 86-91.

[7] DANIAL M M A, MOHD Y D, SHAMSUL J E, et al. A review: Standard requirements for internet of

vehicles（IoV）safety applications［C］// 2020 5th IEEE International Conference on Recent Advances and Innovations in Engineering（ICRAIE）. New York：IEEE，2020.

［8］ 中国通信学会. C-V2X 车联网技术发展与产业实践白皮书（2022 年）［R］. 北京：中国通信学会，2022.

［9］ ARENA F，PAU G，SEVERINO A. A review on IEEE 802. 11p for intelligent transportation systems ［J］. Journal of Sensor and Actuator Networks，2020. DOI：10. 3390/jsan9020022.

［10］ KIELA K，BARZDENAS V，JURGO M，et al. Review of V2X-IoT standards and frameworks for ITS applications［J］. Applied Sciences-Basel，2020. DOI：10. 3390/app0124314.

［11］ 陈山枝，葛雨明，时岩. 蜂窝车联网（C-V2X）技术发展、应用及展望［J］. 电信科学，2022，38（1）：1 - 12.

［12］ 国家智能网联汽车创新中心. 智能网联汽车蓝皮书：中国智能网联汽车产业发展报告（2021）［M］. 北京：社会科学文献出版社，2022.

［13］ 中华人民共和国工业和信息化部办公厅. 车联网网络安全和数据安全标准体系建设指南：工信厅科［2022］5 号［A/OL］.（2022 - 02 - 25）［2024 - 8 - 20］. http://www. gov. cn/zhengce/zhengce ku/2022 -03/07/content_5677676. htm.

［14］ SHIN C，FARAG E，RYU H，et al. Vehicle-to-everything（V2X）evolution from 4G to 5G in 3GPP：Focusing on resource allocation aspects ［J］. IEEE Access，2023，11：18689 - 18703.

［15］ MIAO L，VIRTUSIO J J，HUA K L. PC5-based cellular-V2X evolution and deployment ［J］. Sensors，2021. DOI：10. 3390/s21030843.

［16］ FENG W，LIN S，ZHANG N，et al. Joint C-V2X based offloading and resource allocation in multi-tier vehicular edge computing system ［J］. IEEE Journal on Selected Areas in Communications，2023，41（2）：432 - 445.

［17］ NIDAMANURI J，NIBHANUPUDI C，ASSFALG R，et al. A progressive review：Emerging technologies for ADAS driven solutions ［J］. IEEE Transactions on Intelligent Vehicles，2022，7（2）：326 - 341.

［18］ RAOUF I，KHAN A，KHALID S，et al. Sensor-based prognostic health management of advanced driver assistance system for autonomous vehicles：A recent survey ［J］. Mathematics，2022，10（18）：3233.

［19］ 工业和信息化部，国家标准化管理委员会. 关于印发《国家车联网产业标准体系建设指南（智能网联汽车）（2023 版）》的通知：工信部联科［2023］109 号［A/OL］.（2023 - 07 - 18）［2024 -08 - 20］. http://www. gov. cn/zhengce/zhengceku/202307/content_6894735. htm.

［20］ 中国汽车技术研究中心有限公司. C-NCAP 管理规则［R］. 天津：中国汽车技术研究中心有限公司，2021.

［21］ 中华人民共和国交通运输部. 营运客车安全技术条件：JT/T 1094—2016 ［S］. 北京：中国标准出版社，2017.

［22］ 中华人民共和国国家质量监督检验检疫总局，中国国家标准化管理委员会. 机动车运行安全技术条件：GB 7258—2017 ［S］. 北京：中国标准出版社，2017.

［23］ 中华人民共和国交通运输部. 营运货车安全技术条件 第 1 部分：载货汽车：JT/T 1178. 1—2018 ［S］. 北京：中国标准出版社，2018.

智能汽车编队驾驶总论

第 3 章
智能汽车编队驾驶
协同控制技术

当我们探讨智能汽车编队驾驶协同控制技术时，对协同控制的深刻理解是至关重要的。协同控制在这一背景下被定义为一种先进的技术，其目标是通过车辆之间的密切合作和信息共享，实现整个车队的高度协同性。这种协同性涵盖了多个层面，包括但不限于车辆之间的实时通信、数据传输，以及智能算法的应用。

首先，协同控制旨在提高道路交通系统的整体安全性。通过车辆间的实时通信，车队能够共享实时数据，如车辆位置、速度和驾驶意图。这种实时信息交流使得每一辆车都能更准确地预测其他车辆的行为，从而降低潜在的事故风险。协同控制系统可以通过集成先进的传感器技术，如雷达和摄像头，实现对车辆周围环境的全面感知，为驾驶者提供更全面的决策支持。

其次，协同控制旨在提高道路交通的效率。通过协同，智能车辆之间可以实现更紧密的编队行驶，减少车辆之间的空隙，最大限度地利用道路空间。这种优化的车辆布局可以显著减少交通阻塞和拥堵，提高道路的通行效率。协同控制系统还能够优化车队的速度和加速度，以确保整体行驶的平稳性，进一步减少能源消耗和排放，实现更为环保的交通运输。

此外，协同控制还有助于推动自动驾驶技术的发展。通过车辆之间的紧密合作，协同控制系统可以实现更高级别的自动驾驶功能，如自动超车、自动变道，以及自动避让障碍物等。这不仅提升了驾驶的舒适性，还为驾驶员提供了更多的自由时间，使驾驶过程更加安全和便捷。

综上所述，深入研究智能汽车编队驾驶协同控制技术不仅是对交通系统的一次技术升级，更是对未来智能出行方式的全面革新。通过实现车辆之间的协同与协调，我们有望构建更为安全、高效、智能的交通系统，为社会交通领域的可持续发展奠定坚实基础。

3.1 队列建模及控制目标定义

考虑一个在平坦道路上运行的异构车辆队列，如图 3 – 1 所示，该队列由 $N+1$ 车辆（或节点）构成，其中包括领航车（Leading Vehicle，由 0 索引）和 N 个跟随车辆（Following Vehicles，索引范围为 $1 \sim N$），并具有任意的单向通信拓扑选择，如前置跟随、前置领导跟随、双前置跟随和双前置领导跟随等，分别如图 3 – 1a ~ d 所示。每个节点的非线性动力学都具有输入约束，但其所需的相对于领导者的设定点可能未知。只有直接与领导车通信的节点知道所需的设定点。

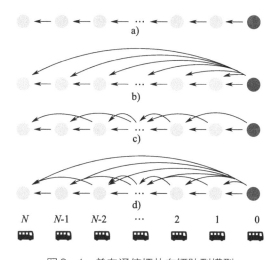

图 3 – 1 单向通信拓扑车辆队列模型

3.1.1 车辆纵向动力学

仅考虑车辆纵向动力学，任何跟随车节点 i 的离散时间动力学模型可以写成

$$
\begin{cases}
s_i(t+1) = s_i(t) + v_i(t)\Delta t \\[2mm]
v_i(t+1) = v_i(t) + \dfrac{\Delta t}{m_{\mathrm{veh},i}}\left\{\dfrac{\eta_{\mathrm{T},i}}{R_i}T_i(t) - F_{\mathrm{veh},i}\big[v_i(t)\big]\right\} \\[2mm]
T_i(t+1) = T_i(t) - \dfrac{1}{\tau_i}T_i(t)\Delta t + \dfrac{1}{\tau_i}u_i(t)\Delta t
\end{cases}
\tag{3.1}
$$

$$
F_{\mathrm{veh},i}\big[v_i(t)\big] = C_{\mathrm{A},i}v_i^2(t) + m_{\mathrm{veh},i}gf_i
\tag{3.2}
$$

式中，Δt 为离散时间间隔；$s_i(t)$ 和 $v_i(t)$ 分别为节点 i 的位置和速度；$m_{\mathrm{veh},i}$ 为车辆质量；$C_{\mathrm{A},i}$ 为空气动力阻力系数；g 为重力常数；f_i 为滚动阻力系数；$T_i(t)$ 为集成的驱动/制动转矩；τ_i 为纵向动力学的惯性滞后；R_i 为轮胎半径；$\eta_{\mathrm{T},i}$ 为传动系统的机械效率；$u_i(t)$ 为控制输入，表示所需的驱动/制动转矩，$u_i(t) \in \mathbb{R}$。控制输入受到约束：

$$u_i \in U_i = \{u_{\min,i} \leqslant u_i \leqslant u_{\max,i}\} \tag{3.3}$$

式中，$u_{\min,i}$ 和 $u_{\max,i}$ 分别为边界。对于每个节点，其状态表示为 $\boldsymbol{x}_i(t) = [s_i(t), v_i(t), T_i(t)]^{\mathrm{T}} \in \mathbb{R}^{3 \times 1}$，输出表示为 $\boldsymbol{y}_i(t) = [s_i(t), v_i(t)]^{\mathrm{T}} \in \mathbb{R}^{2 \times 1}$。可以将原状态方程重写为紧凑的形式：

$$\begin{cases} \boldsymbol{x}_i(t+1) = \boldsymbol{\varphi}_i[\boldsymbol{x}_i(t)] + \boldsymbol{\psi}_i \cdot u_i(t) \\ \boldsymbol{y}_i(t) = \boldsymbol{\gamma} \cdot \boldsymbol{x}_i(t) \end{cases} \tag{3.4}$$

式中，$\boldsymbol{\psi}_i = [0, 0, (1/\tau_i)\Delta t]^{\mathrm{T}} \in \mathbb{R}^{3 \times 1}$；$\boldsymbol{\gamma} = \begin{bmatrix} 1 & 0 & 0 \\ 0 & 1 & 0 \end{bmatrix} \in \mathbb{R}^{2 \times 3}$；$\boldsymbol{\phi}_i[\boldsymbol{x}_i(t)] \in \mathbb{R}^{3 \times 1}$ 被定义为

$$\boldsymbol{\phi}_i = \begin{bmatrix} s_i(t) + v_i(t)\Delta t \\ v_i(t) + \dfrac{\Delta t}{m_{\mathrm{veh},i}} \left\{ \dfrac{\eta_{\mathrm{T},i}}{R_i} T_i(t) - F_{\mathrm{veh},i}[v_i(t)] \right\} \\ T_i(t) - \dfrac{1}{\tau_i} T_i(t)\Delta t \end{bmatrix} \tag{3.5}$$

3.1.2　队列控制目标

车辆队列控制的目标是使所有车辆跟随领导车的速度，同时保持任何连续车辆之间的所需间隔，由此来制定所需的间距策略，用以约束车辆速度和位置等状态，即

$$\begin{cases} \lim\limits_{t \to \infty} \|v_i(t) - v_0(t)\| = 0 \\ \lim\limits_{t \to \infty} \|s_{i-1}(t) - s_i(t) - d_{i-1,i}\| = 0 \end{cases}, \quad i \in \mathcal{N} \tag{3.6}$$

式中，$d_{i-1,i}$ 为跟随车 $i-1$ 和跟随车 i 间的所需间距。$d_{i-1,i}$ 的选择决定了车辆排列的编队几何学。在这里采用常量间距策略：

$$d_{i-1,i} = d_0, \quad i \in \mathcal{N} \tag{3.7}$$

以上条件可以保证多车队列的一致性和安全性，除此，还需要考虑乘客舒适性以及燃油经济性。燃油经济性将在控制问题中进行设计，乘客舒适性可以

通过加速度的约束来进行满足，使得加速度在恒定范围内波动，以免剧烈的车身冲击，即

$$-a_{\max,i} \leqslant a_i \leqslant a_{\max,i}, \quad i \in \mathcal{N} \tag{3.8}$$

3.2 智能汽车编队控制方法

在本节中，将总结车辆编队控制中的常见技术。首先将概述这些方法，然后将详细介绍它们在研究中的应用。

3.2.1 自适应 PID 控制方法

PID 控制器是一种通过误差的比例、积分与微分对系统进行控制的算法。该算法具有原理简单、适用性广等特点，在工业界得到了广泛的应用，存在于各式各样的系统之中，比如：CD 与 DVD 播放机、汽车巡航系统等。该控制器原理图如图 3-2 所示。

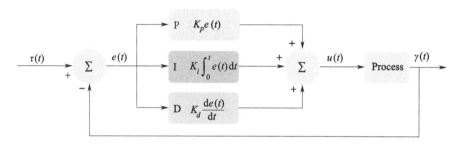

图 3-2 PID 控制器原理图

误差 $e(t)$ 是期望设定值 $\tau(t)$ 与测量过程变量 $y(t)$ 之间的差值，$u(t)$ 为 PID 控制器产生的控制信号，K_p、K_i 和 K_d 分别是比例增益、积分增益和微分增益。积分控制可以消除稳态误差，微分控制则可以缩小超调量，PID 控制系统结合了 PI 与 PD 的优点，通过积分控制系统的低频部分，从而提高系统的稳态性能；通过微分作用于系统的中频部分，以此来改善系统的动态性能。

自适应控制是一种适应参数变化或者初始不确定性的控制方法，自适应控制系统往往需要提供当前状态的信息，将当前系统性能与期望系统性能进行比较并做出及时的调整。

PID 控制中，参数的整定是一个关键性问题，传统的方法通常是在数学模型的基础之上确定系统参数。但是，实际工业生产的过程中，系统机理较为复

杂，扰动干扰较多，参数与模型结构也可能会实时变化。因此，引入自适应控制的概念成为解决这些问题的途径之一。相比于传统的 PID 控制，自适应 PID 控制具有自动调整参数、辨识并适应被控过程参数的特点，除此之外，自适应 PID 控制与传统的 PID 控制一样结构简单、稳定性能与鲁棒性较强。

自适应 PID 控制的分类方式有很多种，根据依赖参数不同，可以被分为两大类[1]：一类是参数自适应 PID 控制，该方法依赖于被控过程中模型参数的估计；另一类是非参数自适应 PID 控制，该方法依赖于被控过程中特征参数。

按照参数设计原理分类，自适应 PID 控制可以分成极点配置自适应 PID 控制、相消原理自适应 PID 控制、基于二次型性能指标的自适应 PID 控制、基于经验规则的自适应 PID 控制、基于神经网络的 PID 控制、基于遗传算法的 PID 控制和基于模糊算法的 PID 控制。

下面介绍几种常用的方法：

（1）极点配置自适应 PID 控制

该方法可分为确定期望系统闭环极点信息、估计系统参数、计算控制器参数、得到本次控制信息四个步骤。该方法适用于二阶或二阶以下的非最小相位系统，但控制器动态性能依赖于极点位置，而位置的配置有具有试凑的性质，因此该方法适用范围较小。

（2）相消原理自适应 PID 控制

该方法通过控制器零极点对消控制对象零极点的方式，使系统趋于理想状态。这种控制器的被控系统必须是二阶加纯滞后系统，且其传递函数的分子项中有非零常数项。用相消原理得到的控制器具有计算量小、工程简单等特点，但是该方法依赖于被控过程的模型，难以适用于复杂控制系统。

（3）基于二次型性能指标的自适应 PID 控制

通过极小化一个二次型指标函数来获得优化参数的 PID 控制器。该方法理论性和实时性能强，但很难应用于非最小相位系统的控制。

（4）基于经验规则的自适应 PID 控制

利用经验和规则来调整 PID 参数是工程中常见的办法，其中，Ziegler-Nichol 规则应用最广，也最为著名。该方法通过构建闭环控制回路来确定稳定极限，再计算控制器的参数。

（5）基于神经网络的 PID 控制

神经网络是由神经元和节点组成的网络，具有较好的非线性函数拟合能力。该方法利用神经网络的特性来调整 PID 控制器的参数，使控制系统具有良好的

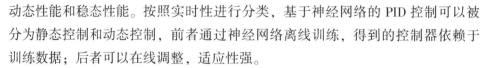

动态性能和稳态性能。按照实时性进行分类，基于神经网络的 PID 控制可以被分为静态控制和动态控制，前者通过神经网络离线训练，得到的控制器依赖于训练数据；后者可以在线调整，适应性强。

（6）基于遗传算法的 PID 控制

遗传算法是模拟生物在自然环境下的遗传与进化过程形成的一种搜索算法，它模拟了自然能选择和自然遗传过程中的杂交、繁殖和突变现象。基于遗传算法的 PID 控制算法首先需要确定决策变量，一般是 K_p、K_i、K_d，其次确定约束条件，即根据物理意义和经验确定参数范围，然后对 PID 控制器进行评估，进行基因交叉与变异，不断迭代，最终得到最优的控制器。

（7）基于模糊算法的 PID 控制

当控制模型不够清晰时，模糊算法是一个很好的选择。该方法首先需要建立基本的模糊规则，对输入进行模糊化，再对输出去模糊化，最终得到离散的模糊控制器。与传统 PID 控制相比，该方法对高阶系统的控制能力更佳。对于一些复杂的非线性问题，该方法采用分区处理的方式，对不同区域的输入采取不同规则，因地制宜，因而能得到满意的控制效果。

在汽车编队控制问题上，自适应 PID 控制得到了广泛的应用。下面通过一个例子来说明该方法的实际用途。

De Zarzà I, De Curtò J 等设计了一种基于感知无线电和人工智能增强的 5G 与 B5G 网络环境的自适应 PID 算法来控制货车队列[2]。同时，大语言模型（LLM）GPT-3.5-turbo 为 PID 系统提供即时性能更新，从而阐明了融入人工智能、无线电以及网络的潜力。在自适应 PID 控制器中，增益是 K_p、K_i 和 K_d，根据系统的性能实时调整。该算法采用数据驱动的方法，通过训练深度神经网络（DNN）来预测给定系统状态下的最佳 PID 增益。DNN 在一个合成数据集上进行训练，该数据集捕获了广泛的系统行为和条件，并用于说明其实际应用。这使得自适应 PID 控制器可以根据系统的当前状态实时调整增益，从而保证了最优的控制性能[3]。

3.2.2 滑模控制方法

滑模控制是一种不连续的变结构控制策略，其特点在于控制结构随时间变化而变化，根据系统当前的状态不断切换控制量，使得系统状态达到滑动模态后沿着预设的滑模面运动至平衡点，且系统性能完全由滑模面决定，与被控对象的参数和干扰无关。

在一个一般的非线性系统中，

$$\ddot{y} = f(y, u, t) \tag{3.9}$$

式中，y 为状态；u 为生成的输出

确定滑模面函数：

$$s(y, t)$$

控制器函数求解：

$$u_i(y, t) = \begin{cases} u_i^+(y, t), & s_i(y, t) > 0 \\ u_i^-(y, t), & s_i(y, t) < 0 \end{cases} \tag{3.10}$$

系统状态点在有限时间内实现 $s_i(y) = 0$，并沿着滑模面按照预定运动模态逐渐稳定达到系统平衡点。系统一旦到达滑模面，将不受系统参数和外界扰动的影响，沿滑模面向原点移动。滑模控制可以使用的前提是滑动模态存在条件成立，滑动模态存在的数学形式为

$$\lim_{x \to 0^+} \dot{s} < 0, \quad \lim_{x \to 0^-} \dot{s} > 0 \tag{3.11}$$

式（3.11）也可以等价为

$$\dot{s}s < 0 \tag{3.12}$$

式（3.12）中，切换函数 s 满足条件：可微，并且过原点，由于系统的起始点可以在状态空间的任意地方，因此也将式（3.12）称作滑动模态的全局条件。这就要求运动点必须在有限的时间内到达切换面，防止无限时间的逼近，一般将式（3.12）修正为

$$\dot{s}s < -\alpha \tag{3.13}$$

式中，$\alpha > 0$，可以是任意小的实数。一般情况下将条件公式表示为李雅普诺夫形式：

$$\dot{V}(x) < 0 \qquad V(x) = 0.5ss \tag{3.14}$$

$\dot{s}$ 被称为趋近律，系统按照规定的趋近律从初始状态向滑模面趋近的过程称为趋近运动，常用的趋近律有：

1) 等速趋近律：$\dot{s} = -\varepsilon \operatorname{sgn}(s)$，$\varepsilon > 0$。

2) 指数趋近律：$\dot{s} = -\varepsilon \operatorname{sgn}(s) - qs$，$\varepsilon > 0$，$q > 0$。

3) 幂次趋近律：$\dot{s} = -q|s|\alpha \operatorname{sgn}(s)$，$q > 0$，$1 > \alpha > 0$。

4) 一般趋近律：$\dot{s} = -\varepsilon \operatorname{sgn}(s) - f(s)$。

在汽车编队领域，滑模控制理论得到了广泛的应用，下面介绍该理论在这一领域中的应用。

Bo Peng 等提出了一种基于滑模控制理论的自动驾驶车辆编队策略[4]。该策略可用于实现多辆自动驾驶车辆的快速组队，并保持车辆组队的稳定状态。选择多重速度差（MVD）模型来描述车辆的位置状态随时间的变化。控制目标是在保证车队速度和加速度稳定的情况下，使实际车头时距与预期车头时距之间的误差收敛到零。此外，为了提高控制效率，提出了一种假设的首车策略。该策略能够提供更短的编队形成时间和更好的仿真环境稳定性，其控制效果优于非控制策略和常规滑模控制策略。此外，所提出的策略使车辆编队快速达到稳定可控状态，为自动驾驶车辆的协同控制提供了思路。

3.2.3 模糊逻辑控制方法

模糊控制（Fuzzy Control），以模糊逻辑为基础，它是一种比传统的逻辑系统更接近人类思维和自然语言的逻辑系统，提供了一种有效的方法来捕捉真实世界中近似、不精确的本质；从这个角度来看，模糊逻辑控制的本质部分是由模糊蕴意和推理组合规则双重概念联系起来的一组语言控制规则。

模糊逻辑控制以模糊集理论、模糊语言变量和模糊逻辑推理为基础，基本原理为：根据操作人员或专家经验制定模糊规则，然后将来自传感器的实时信号模糊化，将模糊化后的信号作为模糊规则的输入，完成模糊推理，将推理后得到的输出量加到执行器上。模糊控制原理框图如图 3-3 所示。

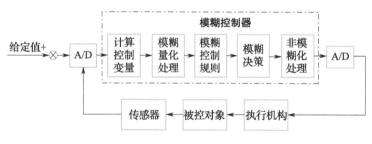

图 3-3　模糊控制原理框图

基于模糊逻辑的模糊逻辑控制器（Fuzzy Logic Controller，FLC）提供了一种将基于专家知识的语言控制策略转换为自动控制策略的手段[5]。当过程过于复杂，无法用传统的定量技术进行分析时，或者当现有的信息来源是定性的、不准确的描述时，FLC 的控制效果优于传统控制算法；其组成框图如图 3-4所示。

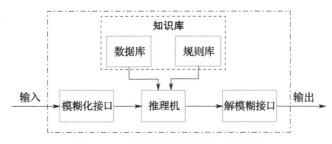

图3-4 模糊逻辑控制器的组成框图

模糊控制器的输入必须通过模糊化才能用于控制输出的求解，因此模糊化接口（Fuzzy Interface）实际上是模糊控制器的输入接口，主要作用是将真实的确定量输入转换为一个模糊矢量，即根据隶属度函数从具体的输入得到对模糊集隶属度的过程。

在经典二值逻辑中，通常以 0 表示假，以 1 表示真，一个命题非真即假。在模糊逻辑中，一个命题不再非真即假，被认为是"部分的真"。模糊逻辑取消二者之间非此即彼的对立，用隶属度表示二值间的过渡状态，属于一种多值逻辑，在模糊逻辑中，变元的值可以是[0,1]区间上的任意实数。同样，在古典集合中，对于任意一个集合 A，论域中的任何一个元素 x，或者属于 A，或者不属于 A，集合 A 也可以由其特征函数定义：

$$f_A(x) = \begin{cases} 1, & x \in A \\ 0, & x \notin A \end{cases} \tag{3.15}$$

对模糊集合而言，论域上的元素可以部分地属于集合 A，一个元素属于集合 A 的程度称为隶属度，模糊集合可用隶属度函数定义。模糊集合的定义如下：假设存在一个普通集合 U，U 到[0,1]区间的任一映射 f 都可以确定 U 的一个模糊子集，称为 U 上的模糊集合 A。其中映射 f 叫作模糊集合的隶属度函数，对于 U 上一个元素 u，$f(u)$ 叫作 u 对于模糊集的隶属度，也写作 $A(u)$。对于一个模糊集合，若给出论域上所有元素及其对应的隶属度，就等于表示出该集合，故有

$$A = \{[u, f(u)] \mid u \in U\} \tag{3.16}$$

模糊关系也是模糊集合上的一种映射。设 X，Y，Z 为论域，R 是 $X \times Y$ 上的模糊关系，S 是 $Y \times Z$ 上的模糊关系，T 是 R 到 S 的合成，记为 $T = R \circ S$，其隶属度函数定义如下：

$$f_{R \circ S}(x, z) = \bigvee_{y \in Y} [f_R(x, y) \times f_S(y, z)] \tag{3.17}$$

此处 $\vee$ 表示对于所有 y 取最大值，$\times$ 是二项积算子，在不同的问题中，根据具体定义的不同，模糊关系的合成运算也不尽相同。

知识库（Knowledge Base，KB）由数据库（Data Base，DB）和规则库（Rule Base，RB）两部分构成，数据库所存放的是所有输入、输出变量的全部模糊子集的隶属度矢量值（即经过论域等级离散化以后对应值的集合），若论域为连续域，则为隶属度函数，在规则推理的模糊关系方程求解过程中向推理机提供数据。规则库存放了模糊控制器的规则，模糊控制器的规则基于专家知识或手动操作人员长期积累的经验，是按照人的直觉推理的一种语言表达形式，模糊规则通常由一系列的关系词连接而成，如 if-then、else、also、end、or 等，关系词必须经过处理才能将模糊规则数值化。

推理机是 FLC 的核心；它具有基于模糊概念模拟人类决策的能力，并利用模糊隐含和模糊逻辑中的推理规则来推断模糊控制动作。根据输入模糊量，由模糊控制规则完成模糊推理来求解模糊关系方程，并获得模糊控制量的功能部分。在模糊控制中，考虑到推理时间，通常采用运算较简单的推理方法。最基本的有 Zadeh 近似推理，它包含正向推理和逆向推理两类。正向推理常被用于模糊控制中，而逆向推理一般用于知识工程学领域的专家系统中。推理结果的获得，表示模糊控制的规则推理功能已经完成。但是，至此所获得的结果仍是一个模糊矢量，不能直接用来作为控制量，还必须进行一次转换，求得清晰的控制量输出，即去模糊化。通常把输出端具有转换功能作用的部分称为解模糊接口。

综上所述，模糊控制器按照功能可以分为四个模块：模糊规则库、模糊化、推理方法和去模糊化。模糊规则库是专家提供的模糊规则。模糊化是根据隶属度函数从具体的输入得到对模糊集隶属度的过程。推理方法是从模糊规则和输入对相关模糊集的隶属度得到模糊结论的方法。去模糊化就是将模糊结论转化为具体的、精确的输出的过程。

目前，模糊逻辑控制已广泛应用于车辆的纵向和横向动力学控制[6-7]，同样也被用于车辆的跟随和变道机动[8-9]。这些应用借助于先验的专家知识构建一个模糊逻辑系统来定义模糊控制器的结构和规则，并确定控制参数。然而，模糊控制器的一项艰巨任务是使模糊规则最小化，减少计算量。为了方便控制器的设计，Ma 等[10]提出了一种基于层次模糊逻辑系统的变结构控制方法。该方法采用恒距和恒车头距（CTH）的间隔策略，结合前后继信息流控制车辆队列。这里的"分层"是指将一个模糊控制器的输出作为另一个模糊控制器的输入。层次模糊结构的优点是模糊规则可以随输入变量线性增加，因此可以显著减少模糊规则集[11]。"变结构控制"可以通过改变滑动面来补偿模糊系统的近似误差。此外，通过领导 – 追随者共识控制，采用指数稳定的李雅普诺夫方法建立性能边界，以确定控制器参数，保证单个车辆和队列的控制稳定性。结果表明，在存在不确定性和干扰的情况下，该控制器不仅采用 CTH 间隔策略，而且采用 CD 策略来保证单个车辆和队列的稳定性。由于控制器设计仅依赖于车载传感器的"局部"测量，因此更便于后续车辆队列的现场操作测试。

智能汽车编队技术旨在实现一组车辆之间的高效协同行驶，从而提高道路交通的安全性、效率和容量。模糊逻辑控制作为一种适用于复杂、不确定性环境的控制方法，为智能汽车编队的实现提供了灵活性和鲁棒性，在跟随控制、环境感知、能源效率优化、协同决策等方面都有所应用。模糊逻辑控制在智能汽车编队中的应用不断发展，为实现高效、安全和环保的编队驾驶提供了强有力的工具。随着自动驾驶技术的不断演进，可以预见模糊逻辑控制在这一领域的应用将继续取得进展，以更好地满足日益增长的智能交通系统需求。

3.2.4　最优二次型控制方法

最优二次型控制（Quadratic Optimal Control）是一种控制系统设计方法，旨在寻找一个控制策略，以最小化系统性能的二次型成本函数。这种控制方法在工程控制领域中非常常见，用于设计稳定、高性能的控制系统。它可以用于飞行控制、机器人控制、汽车控制、经济控制等，以改善系统的性能、稳定性和鲁棒性。这种方法在控制系统设计中是一种强大的工具，可以通过调整成本函数和权重矩阵来满足不同的设计需求。

关于线性二次型最优控制有一个标准的问题形式，即状态方程如下：

$$\dot{x}(t) = A(t)x(t) + B(t)u(t) \tag{3.18}$$

求解最优控制量 $u^*(t)$，使得系统由任意给定的初始状态 $x(t_0) = x_0$ 转移到终端状态时，系统二次性能指标取得最小值，因而称为二次最优控制。性能指标的通用定义为

$$J = \frac{1}{2}x^{\mathrm{T}}(t_f)Fx(t_f) + \frac{1}{2}\int_t^{t_0}\left[\frac{1}{2}x^{\mathrm{T}}(t)Q(t)x(t) + \frac{1}{2}u^{\mathrm{T}}(t)R(t)u(t)\right] \tag{3.19}$$

最优二次型中的"二次"就是指性能指标 J 中的二次形式，这个二次形式既可以是终端指标的二次型，例如轨道舱对接轨迹的终端误差；也可以是状态

量或控制量以某种形式积分的二次型，例如全过程的总误差、全程消耗的能量。为了方便指标设定与优化，取平方以二次形式表示。这里以有限时间状态调节器为例来说明最优二次型控制的基本原理。在此问题中需要求解 $u^*(t)$ 使得系统的性能指标取得极小值，假设 $u(t)$ 不受约束，则可以引入拉格朗日乘子 $\lambda(t)$，构造哈密顿函数，利用最小值原理求解。

$$H[x(t), u(t), \lambda(t)] = \frac{1}{2}\left[x^{\mathrm{T}}(t)Q(t)x(t) + \frac{1}{2}u^{\mathrm{T}}(t)R(t)u(t)\right] +$$
$$\lambda(t)[A(t)x(t) + B(t)u(t)] \tag{3.20}$$

则最优控制具有以下几个求解的必要条件：

1）状态方程：

$$\dot{x}(t) = \frac{\partial H}{\partial \lambda(t)} = A(t)x(t) + B(t)u(t) \tag{3.21}$$

2）协状态方程：

$$\dot{\lambda}(t) = \frac{\partial H}{\partial x(t)} = -Q(t)x(t) - A^{\mathrm{T}}(t)\lambda(t) \tag{3.22}$$

3）极值条件：

$$\dot{\lambda}(t) = \frac{\partial H}{\partial u(t)} = R(t)u(t) + B^{\mathrm{T}}(t)\lambda(t) = 0 \tag{3.23}$$

4）初始条件：

$$x(t_0) = x_0 \tag{3.24}$$

5）横截条件：

$$\lambda(t_f) = \frac{\partial}{\partial x(t_f)}\left[\frac{1}{2}x^{\mathrm{T}}(t_f)Fx(t_f)\right] = Fx(t_f) \tag{3.25}$$

由极值条件和 $R(t)$ 的正定性，可以得到最优控制量和协状态量之间的关系：

$$u^*(t) = -R^{-1}(t)B^{\mathrm{T}}(t)\lambda(t) \tag{3.26}$$

将式（3.26）代入状态方程式可以得到：

$$\dot{x}(t) = \frac{\partial H}{\partial \lambda(t)} = A(t)x(t) - B(t)R^{-1}(t)B^{\mathrm{T}}(t)\lambda(t) \tag{3.27}$$

式（3.27）与协状态微分方程式组成 $2n$ 维的线性齐次微分方程组。

$$\begin{pmatrix} \dot{x}(t) \\ \dot{\lambda}(t) \end{pmatrix} = \begin{pmatrix} A(t) & B(t)R^{-1}(t)B^{\mathrm{T}}(t) \\ -Q(t) & -A^{\mathrm{T}}(t) \end{pmatrix} \begin{pmatrix} x(t) \\ \lambda(t) \end{pmatrix} \tag{3.28}$$

以转移矩阵的方式去表达式（3.28）：

$$\begin{pmatrix} x(t) \\ \lambda(t) \end{pmatrix} = \begin{pmatrix} \phi_{11}(t, t_0) & \phi_{12}(t, t_0) \\ \phi_{21}(t, t_0) & \phi_{22}(t, t_0) \end{pmatrix} \begin{pmatrix} x_0(t) \\ \lambda_0(t) \end{pmatrix} = \boldsymbol{\phi}(t, t_0) \begin{pmatrix} x_0(t) \\ \lambda_0(t) \end{pmatrix} \quad (3.29)$$

假设终端状态 $x(t_f)$ 和协状态 $\lambda(t_f)$ 已知，令 $t = t_f$，$t_0 = t$，将截断方程代入式 (3.29) 消掉 $x(t_f)$，可得：

$$\lambda(t) = [\phi_{22}(t_f, t) - F\phi_{12}(t_f, t)]^{-1}[F\phi_{11} - \phi_{21}(t_f, t)]x(t) \quad (3.30)$$

$$P(t) = [\phi_{22}(t_f, t) - F\phi_{12}(t_f, t)]^{-1}[F\phi_{11} - \phi_{21}(t_f, t)] \quad (3.31)$$

$$\lambda(t) = P(t)x(t) \quad (3.32)$$

令反馈增益矩阵 $K(t)$ 为

$$K(t) = -R^{-1}(t)B^{\mathrm{T}}(t)P(t) \quad (3.33)$$

由于 $R(t)$ 和 $B(t)$ 已知，求解出 $P(t)$ 即可得到最优控制，此时系统的最优性能指标也可求解出：

$$J^*[x(t), t] = \frac{1}{2}x^{\mathrm{T}}(t)P(t)x(t) \quad (3.34)$$

最优二次型控制在智能汽车编队中的应用旨在实现编队车辆之间的高效协同行驶，以提高交通流量、安全性和能源效率。Yang 等[12]设计了一种滚动时域随机最优控制策略，以优化 ACC 和 CACC 车辆的控制策略。控制策略的设计基于最优二次型控制理论，其中性能指标包括控制误差、燃料效率和舒适性。这个策略允许车辆在动态环境中自适应地调整其速度和车距，以实现高效且稳定的编队行驶，最优二次型控制方法提供了一种针对不确定性条件下的 ACC 和 CACC 的最优控制策略。这种策略有望提高智能汽车编队的性能，使其更适应复杂的交通环境。Morbidi 等[13]提出了一种分散式的最优二次型控制方法，用于编队中车辆的速度和车距的调整。控制策略的设计基于最优二次型控制理论，其中性能指标包括弦稳定性和能源效率。这个策略允许车队中的每辆车辆自主调整其速度和车距，以实现弦稳定性。此分散式最优控制方法，可确保编队的弦稳定性。这对于确保编队内车辆之间的安全距离以及高效的编队行驶至关重要。

综上，最优二次型控制在智能汽车编队中的应用在面对不确定性和变动性的情况下具有重要意义。这些研究为提高编队行驶的性能、安全性和稳定性提供了有力的工具和方法。这些方法在自动驾驶和智能交通系统的发展中具有潜在的应用前景。

3.2.5　模型预测控制方法

模型预测控制（Model Predictive Control，MPC）是过程控制中，在满足特定限制条件时，控制过程的进阶控制方式，自 20 世纪 80 年代起已用在化学工厂及炼油厂的工业过程中。模型预测控制是以过程的动态模型为基础，多半是透过系统识别得到的线性经验模型。模型预测控制的特点是每一次针对目前的时间区块内进行最佳化，然后下一个时间再针对时间区块内进行最佳化。模型预测控制可以预测未来事件，并且进行对应的处理。PID 控制器没有这样的预测功能。一般来说，模型预测控制算法是在单智能系统的状态空间中制定的。模型预测控制对比 PID 控制，有着采用滚动时域优化策略、采用模型误差反馈校正的特点。模型预测控制算法的优化过程是在线反复进行优化计算并滚动实施的，而非离线进行，从而能够及时弥补模型失配、时变、干扰等引起的不确定性，从而提高系统的控制效果，在精确性、平稳性和鲁棒性上都强于 PID 控制。

模型预测控制会预测建模的系统在自变量变化时，对应的因变量变化。在化学制程中，控制器可以调整的自变量可能是 PID 控制器的目标值（压力、流量、温度等），或是最终控制单元（阀、加湿器等）的输出。若是不能被控制器调整的自变量，会视为干扰来处理。制程中的因变量一般是对于控制目标的量测，或是一些制程限制条件的量测。

模型预测控制会用目前受控体的量测数值、目前制程的动态状态、模型预测控制的模型，以及制程变数目标以及限制来计算因变量未来的变化。计算变化的目的是让因变量尽量接近目标，并且让因变量及自变量都在限制条件范围内。模型预测控制一般会针对自变量先送出一个控制需要的变化，重复计算，一直到需要下一个变化时再送出下一个指令。

许多实际的制程不是线性的，不过在小的操作范围内可以视为线性的。大部分的应用可以使用线性模型预测控制，模型预测控制的回授机制会补偿因为模型及实际制程之间的结构不一定所产生的估测误差。假如预测控制器中的模型都是线性模型，根据线性代数中的叠加原理可以让几个独立变数变化的效果加成，并且可以预测到应变量的变加。因此可以将控制问题简化成一连串直接的矩阵代数计数，速度快，而且有强健性。

假如线性模型已经无法描述实际系统的非线性特性，有许多不同的做法。有些情形下，制程变数可以在模型预测控制器前后进行转换，以减少其非线性的特性，也可以直接用非线性的模型预测控制来控制，直接用非线性的模型来符合实际的应用。非线性模型可以是由实际资料所合成（例如用人工智能的类神经网络）的，或是以质量平衡及能量平衡为基础的高保真动态模型。非线性模型可以线性化以得到卡尔曼滤波，或是其他可以用在线性模型预测控制的模型。

在模型预测控制的基础上，学者提出了 DMPC 算法。传统的模型预测控制系统通常以集中的方式来实现，因此计算控制输入需要假设所有节点的状态都已知。但是，在交通系统的某些场景中，收集所有车辆的状态信息，并集中式地计算优化队列的大规模问题并不实用。因此，分布式模型预测控制算法被提出来解决这类问题。在分布式模型预测控制中，每个节点都拥有一个独立的控制器，每个控制器都采用上述模型预测控制策略来控制其子系统。整个算法不仅考虑了子系统的动力学、约束、目标和干扰，还考虑了不同子系统之间的相互作用[14]。

Zheng 等提出了一种在单向拓扑下的分布式非线性异构车辆编队的模型预测控制框架[15]，并证明了控制算法的稳定性。

领导车作为设定点，其位置和速度状态分别用 $s_0(t)$ 和 $v_0(t)$ 表示。在不受到干扰时，领导车被假设为恒定的行驶速度，即 $s_0(t+1) = s_0(t) + v_0(t)\Delta t$。根据常数间距策略，由此得到节点 i 的期望设定点的状态集和输入集：

$$\begin{cases} \boldsymbol{x}_{\text{des},i}(\boldsymbol{t}) = \left[s_{\text{des},i}(t), v_{\text{des},i}(t), T_{\text{des},i}(t) \right]^{\text{T}} \\ u_{\text{des},i}(t) = T_{\text{des},i}(t) \end{cases} \tag{3.35}$$

式中，$s_{\text{des},i}(t) = s_0(t) - i \cdot d_0$；$v_{\text{des},i}(t) = v_0(t)$；$T_{\text{des},i}(t)$ 用于平衡阻力，$T_{\text{des},i}(t) = h_i(t)$，$h_i(t)$ 定义为

$$h_i(v_0) = \frac{R_i}{\eta_{\text{T},i}} (C_{\text{A},i} v_0^2 + m_{\text{veh},i} g f_i) \tag{3.36}$$

对应的输出集则是

$$\boldsymbol{y}_{\text{des},i}(\boldsymbol{t}) = \gamma \cdot \boldsymbol{x}_{\text{des},i}(\boldsymbol{t}) \tag{3.37}$$

领导车的恒定行驶速度设定代表了系统的稳态，这被广泛应用于稳定性理论分析。

在分布式模型预测控制算法中，每个节点将根据队列中共享的信息，在预测空间内计算代价函数，即局部开环最优问题，得到所需的控制输出，并将控制输出的第一项用于下一次的预测。假定并非所有的车辆均已知设定点的信息，每个节点应该仅用其可通信节点的信息来解决其局部的最优控制问题。在每个局部最优问题中都使用相同的预测空间长度 N_p。在预测范围 $[t, t+N_\text{p}]$ 内，定义 3 种类型的轨迹向量：

1）预测输出向量 $\boldsymbol{y}_i^\text{p}(\boldsymbol{k} | \boldsymbol{t})$：参数化局部最优控制问题所得到的轨迹向量。

2）最佳输出向量 $\boldsymbol{y}_i^*(\boldsymbol{k}\mid\boldsymbol{t})$：求解局部最优控制问题所得到的数值解。

3）假设输出向量 $\boldsymbol{y}_i^{\mathrm{a}}(\boldsymbol{k}\mid\boldsymbol{t})$：将要传递给邻居节点的共享信息。

以此类推，分别定义预测控制输入向量 $\boldsymbol{u}_i^{\mathrm{p}}(\boldsymbol{k}\mid\boldsymbol{t})$、最佳控制输入向量 $\boldsymbol{u}_i^*(\boldsymbol{k}\mid\boldsymbol{t})$、假设控制输入向量 $\boldsymbol{u}_i^{\mathrm{a}}(\boldsymbol{k}\mid\boldsymbol{t})$。根据以上前提条件，定义每个节点的开环局部最优控制问题 $\mathcal{F}_i$。该开环局部最优控制问题可满足车辆排列约束、安全性约束、舒适度约束等条件，使编队车辆能够满足车辆编队条件、避免碰撞、控制加速度范围，并使得所有车辆的终端状态均能在有限时间内收敛到期望状态。

对于 t 时刻的节点 $i\in\{1,2,\cdots,N\}$，定义协同自适应巡航的多车编队问题 $\mathcal{F}_i$：

$$\min_{u_i^{\mathrm{p}}(0\mid t),\cdots,u_i^{\mathrm{p}}(N_{\mathrm{p}}-1\mid t)} J_i(y_i^{\mathrm{p}},u_i^{\mathrm{p}},y_i^{\mathrm{a}},y_{-i}^{\mathrm{a}}) = \sum_{k=0}^{N_{\mathrm{p}}-1} l_i\big[y_i^{\mathrm{p}}(k\mid t),u_i^{\mathrm{p}}(k\mid t),y_i^{\mathrm{a}}(k\mid t),y_{-i}^{\mathrm{a}}(k\mid t)\big]$$

$$(3.38)$$

约束条件为

$$x_i^{\mathrm{p}}(k+1\mid t) = \phi_i\big[x_i^{\mathrm{p}}(k\mid t)\big] + \psi_i\cdot u_i^{\mathrm{p}}(k\mid t) \tag{3.39}$$

$$y_i^{\mathrm{p}}(k\mid t) = \gamma\cdot x_i^{\mathrm{p}}(k\mid t) \tag{3.40}$$

$$x_i^{\mathrm{p}}(0\mid t) = x_i(t) \tag{3.41}$$

$$u_i^{\mathrm{p}}(k\mid t) \in U_i \tag{3.42}$$

$$y_i^{\mathrm{p}}(N_{\mathrm{p}}\mid t) = \frac{1}{|\mathbb{I}_i|}\sum_{j\in\mathbf{I}_i}\big[y_j^{\mathrm{a}}(N_{\mathrm{p}}\mid t) + \tilde{d}_{i,j}\big] \tag{3.43}$$

$$T_i^{\mathrm{p}}(N_{\mathrm{p}}\mid t) = h_i\big[v_i^{\mathrm{p}}(N_{\mathrm{p}}\mid t)\big] \tag{3.44}$$

$$-a_{\max,i} \leqslant a_i^{\mathrm{p}}(k\mid t) = \frac{1}{m_{\mathrm{veh},i}}\left\{\frac{\eta_{\mathrm{T},i}}{R_i}T_i^{\mathrm{p}}(k\mid t) - F_{\mathrm{veh},i}\big[v_i^{\mathrm{p}}(k\mid t)\big]\right\} \leqslant a_{\max,i} \tag{3.45}$$

式中，$\big[u_i^{\mathrm{p}}(0\mid t),\cdots,u_i^{\mathrm{p}}(N_{\mathrm{p}}-1\mid t)\big]$ 为需要优化的未知变量，即控制输入；$|\mathbb{I}_i|$ 为集合 $\mathbb{I}_i$ 的基数；$\tilde{d}_{i,j}(=[d_{i,j},0]^{\mathrm{T}})$ 为节点 i 和节点 j 之间的期望间距。终端约束强制使得节点 i 在预测范围结束时具有与集合 $\mathbb{I}_i$ 中节点假设输出向量均值相同的输出，强制使得节点 i 在预测范围结束时以恒定速度运动而没有加减速；加速度约束用以限制节点 i 的速度变化，以满足乘坐舒适度要求。

l_i 表示节点 i 每一步的代价函数，其定义为

$$l_i\big[y_i^{\mathrm{p}}(k\mid t),u_i^{\mathrm{p}}(k\mid t),y_i^{\mathrm{a}}(k\mid t),y_{-i}^{\mathrm{a}}(k\mid t)\big] =$$
$$\big\|y_i^{\mathrm{p}}(k\mid t) - y_{\mathrm{des},i}(k\mid t)\big\|_{Q_i} + \big\|u_i^{\mathrm{p}}(k\mid t) - h_i\big[v_i^{\mathrm{p}}(k\mid t)\big]\big\|_{R_i} +$$
$$\big\|y_i^{\mathrm{p}}(k\mid t) - y_i^{\mathrm{a}}(k\mid t)\big\|_{F_i} + \sum_{j\in\mathbf{N}_i}\big\|y_i^{\mathrm{p}}(k\mid t) - y_j^{\mathrm{a}}(k\mid t) - \tilde{d}_{i,j}\big\|_{G_i} \tag{3.46}$$

式中，$\boldsymbol{Q}_i(\in \mathbb{S}^2)$、$\boldsymbol{R}_i(\in \mathbb{S})$、$\boldsymbol{F}_i(\in \mathbb{S}^2)$、$\boldsymbol{G}_i(\in \mathbb{S}^2)$ 为加权矩阵。注意所有加权矩阵都是对称的，且满足：

1）$\boldsymbol{Q}_i \geqslant 0$，代表期望输出误差权重，增大 $\boldsymbol{Q}_i$ 表示更希望节点 i 与设定点的状态保持一致。$\boldsymbol{Q}_i$ 的值会受到拓扑结构的影响，即若节点 i 没有连接到领航车，将无法得知设定点的状态信息，必须使 $\boldsymbol{Q}_i = 0$；而若节点 i 可以收到来自领航车的设定点状态信息，则使 $\boldsymbol{Q}_i > 0$ 来使用该信息。

2）$\boldsymbol{R}_i \geqslant 0$ 代表控制输入误差权重，增大 $\boldsymbol{R}_i$ 表示更希望节点 i 保持恒定速度行驶；

3）$\boldsymbol{F}_i \geqslant 0$，代表自身假设输出误差权重，增大 $\boldsymbol{F}_i$ 表示更希望节点 i 保持自身的假设输出状态，该假设输出信息也会传递给邻居集合中的节点。

4）$\boldsymbol{G}_i \geqslant 0$，代表邻域假设输出误差权重，增大 $\boldsymbol{G}_i$ 表示希望节点 i 保持其邻居集合的假设输出状态。

分布式模型预测控制算法首先应当初始化，即在开始时假设所有追随者都以恒定速度移动。随后进行算法的迭代：①根据其当前状态、其自身的假设输出和来自其邻居的假设输出来解决局部开环最优控制问题，从而产生最优控制序列；②使用最优控制序列来计算预测范围内的最佳状态；③计算下一步的假设控制输入和输出；④根据通信拓扑将信息进行传递；⑤根据最优控制序列的第一项进行控制；⑥进行下一步迭代。

算法的具体描述如下。

（1）初始化

在 $t = 0$ 时刻，假设所有的跟随车都以相同的速度匀速行驶，并初始化节点 i 的假设向量：

$$\begin{cases} u_i^a(k \mid 0) = h_i(v_i(0)) \\ y_i^a(k \mid 0) = y_i^p(k \mid 0) \end{cases}, \ k = 0, 1, \cdots, N_p - 1 \tag{3.47}$$

$$x_i^p(k+1 \mid 0) = \phi_i(x_i^p(k \mid 0)) + \psi_i \cdot u_i^a(k \mid 0) \tag{3.48}$$

$$y_i^p(k \mid 0) = \gamma \cdot x_i^p(k \mid 0) \tag{3.49}$$

$$x_i^p(0 \mid 0) = x_i(0) \tag{3.50}$$

（2）迭代

在任意的 $t = 0$ 时刻，对于所有的节点 $i = 1, 2, \cdots, N$，重复如下步骤。

1）根据节点的当前状态 $x_i(t)$、自身假设输出向量 $\boldsymbol{y}_i^a(k \mid t)$、来自邻居集 $\mathbb{N}_i$ 的假设输出向量 $\boldsymbol{y}_{-i}^a(k \mid t)$ 求解问题 $\mathcal{F}_i$，得到最佳控制序列 $\boldsymbol{u}_i^*(k \mid t)$，$k = 0$,

1，$\cdots$，$N_p - 1$。

2）根据最佳控制序列 $\boldsymbol{u}_i^*(\boldsymbol{k} \mid \boldsymbol{t})$ 计算预测空间内的最佳状态：

$$\boldsymbol{x}_i^*(\boldsymbol{k}+\boldsymbol{1} \mid \boldsymbol{t}) = \boldsymbol{\phi}_i[x_i^*(k \mid t)] + \boldsymbol{\psi}_i \cdot \boldsymbol{u}_i^*(\boldsymbol{k} \mid \boldsymbol{t}) \tag{3.51}$$

$$\boldsymbol{y}_i^*(\boldsymbol{k}+\boldsymbol{1} \mid \boldsymbol{t}) = \boldsymbol{\gamma} \cdot \boldsymbol{x}_i^*(\boldsymbol{k}+\boldsymbol{1} \mid \boldsymbol{t}) \tag{3.52}$$

$$k = 0,\ 1,\ \cdots,\ N_p - 1 \tag{3.53}$$

$$x_i^*(0 \mid t) = x_i(t) \tag{3.54}$$

3）根据最佳状态计算下一步的假设控制输入向量 $\boldsymbol{u}_i^a(\boldsymbol{k} \mid \boldsymbol{t}+\boldsymbol{1})$，如图 3-5 所示。

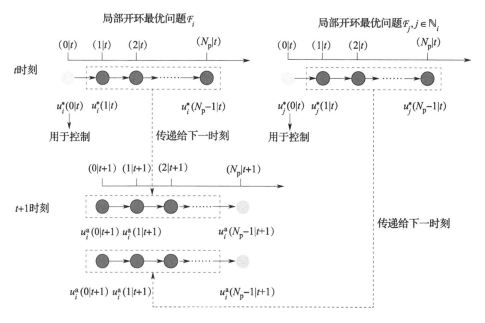

图 3-5　计算假设控制输入向量

$$\boldsymbol{u}_i^a(\boldsymbol{k} \mid \boldsymbol{t}+\boldsymbol{1}) = \begin{cases} \boldsymbol{u}_i^*(\boldsymbol{k}+\boldsymbol{1} \mid \boldsymbol{t}),\ k = 0,\ 1,\ \cdots,\ N_p - 2 \\ \boldsymbol{h}_i[v_i(N_p \mid t)],\ k = N_p - 1 \end{cases} \tag{3.55}$$

式（3.55）对应的假设状态则根据下式计算：

$$\boldsymbol{x}_i^a(\boldsymbol{k}+\boldsymbol{1} \mid \boldsymbol{t}+\boldsymbol{1}) = \boldsymbol{\phi}_i[x_i^a(k \mid t+1)] + \boldsymbol{\psi}_i \cdot \boldsymbol{u}_i^a(\boldsymbol{k} \mid \boldsymbol{t}+\boldsymbol{1}) \tag{3.56}$$

$$\boldsymbol{y}_i^a(\boldsymbol{k} \mid \boldsymbol{t}+\boldsymbol{1}) = \boldsymbol{\gamma} \cdot \boldsymbol{x}_i^a(\boldsymbol{k} \mid \boldsymbol{t}+\boldsymbol{1}) \tag{3.57}$$

$$k = 0,\ 1,\ \cdots,\ N_p - 1 \tag{3.58}$$

$$x_i^a(0 \mid t+1) = x_i^*(1 \mid t) \tag{3.59}$$

4）进行信息的传送与接收，即发送自身假设输出向量 $\boldsymbol{y}_i^a(\boldsymbol{k} \mid \boldsymbol{t}+\boldsymbol{1})$ 给集合

$\mathbb{O}_i$ 中的节点，接收来自邻居集 N_i 节点的假设输出向量 $\boldsymbol{y}_{-i}^{\mathrm{a}}(\boldsymbol{k}\,|\,t+1)$，根据 $\mathbb{P}_i$ 接收来自领导车的设定点信息，继而判断是否计算 $y_{\mathrm{des},i}(\boldsymbol{k}\,|\,t+1)$。

5）使用最佳控制序列 $\boldsymbol{u}_i^*(\boldsymbol{k}\,|\,t)$ 的第一项 $u_i^*(0\,|\,t)$ 进行节点的控制，即 $u_i(t)=u_i^*(0\,|\,t)$。

6）令 $t=t+1$，返回 1）进行下一次迭代。

上述算法的关键在于假设输出向量 $\boldsymbol{y}_i^{\mathrm{a}}(\boldsymbol{k}\,|\,t)$ 和假设控制输入向量 $\boldsymbol{u}_i^{\mathrm{a}}(\boldsymbol{k}\,|\,t)$ 的构建，这里采用的是将问题 $\mathcal{F}_i$ 的最优解 $\boldsymbol{y}_i^*(\boldsymbol{k}\,|\,t)$、$\boldsymbol{u}_i^*(\boldsymbol{k}\,|\,t)$ 进行了一次向左的平移，并在预测空间的最后一步补上匀速行驶的附加值，确保节点最终以恒定速度行驶，类似的方法在先前的研究中也被用到过。局部的开环最优问题 $\mathcal{F}_i$ 的计算复杂程度主要与集合 N_i 相关，不会因为队列长度 N 的增大而变复杂，因此只要算法当中的每个节点问题 $\mathcal{F}_i$ 有可行解，则可使得该多车队列是可拓展成任意数量节点的。

3.2.6　其他智能控制方法

共识控制算法（Consensus Control，CC）是属于分布式计算领域的。本质上讲，共识意味着同一网络下的所有节点基于某种约束达成一致协议，而这需要获取所有节点的状态。共识并非假设全系统信息可供网络中的所有节点使用的一种集中式控制，而是可以作为分布式方案，只需要本地交互并以并行方式发展[16]。基本上，分布式共识算法旨在对网络中所有节点的状态施加类似的动态控制。如果通信带宽足够大，可以通过微分方程对网络中车辆的状态更新进行建模。否则，如果通信数据是离散的，则状态更新将通过差分方程进行建模[17]。虽然已经针对协同自适应巡航控制系统提出并评估了不同的共识控制算法，例如具有延时的单积分器分布式共识算法[18]、具有延时的双积分器分布式共识算法[19]，但这种线性设计方法存在一些缺点。例如，像共识控制这样的线性方法无法处理协同自适应巡航控制系统的非线性和约束问题。

H_∞（H-infinity）控制算法是控制理论中一种用来设计控制器，可以达到稳定性，并且可以保证性能的设计方式。要使用 H_∞ 方法，控制器的设计者需将控制问题表示为数学最佳化问题，并且找到使最佳化成立的控制器。H_∞ 较传统控制技术好的优点是可以应用在包括多个变量、各频道之间有互相耦合的问题，而 H_∞ 的缺点是其因为技巧以及其中的数学，若要成功应用，需要对需控制的系统有很好的建模。很重要的是所得的控制器只是在规定的成本函数下是最佳的，若用一般评估控制器性能方式来评比（例如整定时间、使用能量等），不一定是最佳的，而且像饱和之类的非线性特性也很不好处理。H_∞ 技术可以用来使扰动对闭回路的影响最小化，依照问题的陈述方式，影响可以用稳定性或是性能来表示。Seiler 等研究了网络在控制系统反馈回路中的作用[20]。他们使用网络的随机分组丢包模型，并注意到具有马尔可夫跳跃参数的离散时间线性系统的结果可以应用。他们使用 H_∞ 范数来度量性能，并通过充要矩阵不等式条件来计算该范数，还导出了离散时间跳跃系统 H_∞ 最优控制器综合的充分必要线性矩阵不等式（LMI）条件。

3.3 智能汽车编队控制策略

3.3.1 纵横解耦控制

汽车编队控制的车辆纵横解耦控制策略一般将队列中车辆的纵向与横向看作两个独立系统，分别设计纵向及横向控制器，实现车辆编队控制目标[21]。纵横解耦控制的优势在于它提供了更高的灵活性和可扩展性，使车队能够更好地适应不同的路况和交通情况。这种控制方法在自动驾驶技术和智能交通系统中得到广泛应用，以提高道路安全性和交通效率。

（1）纵向控制

车辆队列的纵向控制主要应用于交通流量大、车辆密度大的道路交通场景，旨在用于优化车辆之间的间距，提高交通效率，使车辆可以在纵向上实现智能协同。通过车辆间的通信，车辆队列的纵向控制系统可以协调车辆间的加速与减速，以避免不必要的停顿，减少交通阻塞与排队时间[22]。当研究车辆队列的纵向行驶特性时，通常采用一阶积分模型、二阶积分模型、三阶积分模型以及非线性模型。一阶积分模型以车辆的速度为输入，以车辆的纵向位移为输出，是用于描述车辆纵向运动特性的最简单的模型。文献［23］基于一阶积分模型提出了一种最优局部反馈控制算法，在考虑周围邻近车辆位置信息的条件下实现了一维编队控制。文献［24］采用二阶模型分析了邻近车辆信息交互对车辆队列稳定性与鲁棒性的影响。然而一阶与二阶积分模型在考虑车辆纵向运动时未充分考虑如发动机的惯性滞后、模型精度较低等重要因素。目前较为常用的纵向车辆模型为三阶积分模型，其考虑了发动机惯性滞后，将发动机的控制输入作为输入，并设置模型输出为加速度、纵向速度、纵向位置，并且通常采用反馈线性化以及分层控制结构设计相应控制器。如文献［25］提出了分层控制框架，上层为反馈线性化控制器，用于三阶模型的简化，下层为双向比例微分控制器。文献［26］面向自动驾驶队列的燃油效率与安全控制问题，利用一种分级控制算法，基于充分考虑车辆纵向动力学特性的三阶模型展开研究，具有较高的模型精度，但一定程度上也提升了模型复杂性。

此外，队列稳定性和队列行驶安全性一直是纵向车辆队列控制研究的重点。队列稳定性要求扰动在沿着队列传播时不会向后放大。行驶安全性则要求队列中各相邻车辆保持安全跟车距离，防止碰撞。文献［27］提出一种自适应滑模控制算法，用于在车辆队列的非线性加速度不确定性下对车辆队列的稳定性进行研究。目前，车辆队列的通信拓扑结构主要有前置跟随（Predecessor Following，PF）、前置 - 领导跟随（Predecessor-Leader Following，PLF）、双向跟随（Bidirectional，BD）、双前置跟随（Two Predecessor Following，TPF）等[28]，如图 3 - 6 所示。不同的通信拓扑结构将会影响队列控制的弦稳定性[29]。针对车辆队列的行驶安全性，多种安全间距策略，如固定间距策略、固定时距策略以及可变间距策略被用于解决上述问题。文献［30］与文献［31］分别基于可变车头时距策略与非线性可变间距策略，分别用于防止复杂交通场景的追尾碰撞以及提高交通效率。

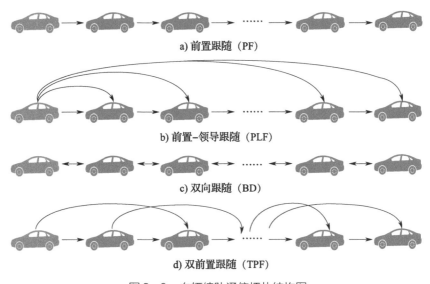

a) 前置跟随（PF）

b) 前置–领导跟随（PLF）

c) 双向跟随（BD）

d) 双前置跟随（TPF）

图 3-6　车辆编队通信拓扑结构图

（2）横向控制

车辆队列的横向控制设计道路沿横向（左右）的行驶轨迹与位置的调整，以确保车辆之间的安全距离，并有效对应车道变换、转弯等情况。横向控制主要包括车辆横向导航、车道保持、车道变换、交叉口转向控制等。但是复杂且高度动态的道路环境以及车辆横向运动所固有的非线性特性为相应的控制器设计带来了挑战。反映车辆横向运动特性的二自由度动力学模型与车道保持模型在横向建模策略中也得到了广泛应用。二自由度模型只考虑车辆的横向及横摆方向的运动，假设纵向速度不变，从而忽略了车辆纵向上的驱动及制动力。例如，文献［32］基于二自由度研究车辆队列的横向控制，分析了模型不确定性对于车辆队列横向弦稳定性的影响。文献［33］针对未知扰动下的车辆控制问题，基于横向动力学模型与车道保持模型，提出一种控制不变性的扰动解耦控制器。

常用的横向控制方法主要有 PID 控制、模糊控制、滑模控制、模型预测控制等。文献［34］基于实际与期望横摆角的误差设计 PID 控制器，用于矫正车辆的横向运动。文献［35］设计了多模糊控制器横向控制算法，用于实现指定车道内车辆队列的横向控制，使车辆保持在道路内。文献［36］基于单点预瞄法建立了用于描述相对于车道中心线的横向位置误差与横摆角误差的动态模型，利用非奇异终端滑模法设计了车道保持控制器。

1. 纵横解耦的智能车辆编队控制目标

基于纵向三阶模型及横向动力学模型分别设计纵向和横向控制器。纵向采用基于准无限时域的分布式预测控制策略，通过在预测控制优化问题中加入终端代价、终端不等式约束，保证了队列纵向行驶的一致性；横向采用前馈加反馈控制策略实现车道保持目标。具体的控制策略框图如图 3－7 所示。

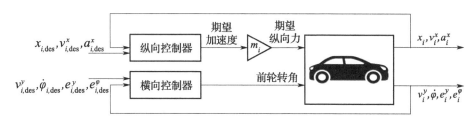

图 3－7　纵横向解耦控制策略框图

本节进行车辆编队控制策略时，进行了以下的假设：首先，队列中的所有车辆均为同质车辆；其次，队列中所有车辆的时钟保持同步且通信网络可靠，并忽略了数据传输时间。在上述满足上述假设条件下，车辆编队的控制目标描述如下：

纵向控制目标要求：队列中的跟随车与领航车速度保持一致，且相邻车辆之间保持期望的跟车距离，具体表示为

$$\begin{cases} \lim_{k \to \infty} \| v_i^x(k) - v_0^x(k) \| = 0 \\ \lim_{k \to \infty} \| x_{i-1}(k) - x_i(k) - d_{des} \| = 0 \end{cases} \tag{3.60}$$

横向控制目标要求：车辆的行驶轨迹与车道线保持一致，即车辆的横向位置误差与航向角误差要尽可能保持为 0，具体表示为

$$\begin{cases} \lim_{k \to \infty} \| e_i^y(k) \| = 0 \\ \lim_{k \to \infty} \| e_i^\varphi(k) \| = 0 \end{cases} \tag{3.61}$$

2. 车辆编队纵向控制器设计

（1）车辆纵向动力学模型

这里利用三阶非线性模型来描述队列中车辆的纵向运动，具体表示如下：

$$\begin{cases} \dot{x}_i = v_i^x \\ \dot{v}_i^x = a_i^x \\ \dot{a}_i^x = f(v_i^x, a_i^x) + g_i(v_i^x)\eta_i \end{cases} \tag{3.62}$$

式中，x_i、v_i^x、a_i^x 分别为第 i 辆车的纵向位置、纵向速度以及纵向加速度；η_i 为发动机控制输入。函数 $f_i(v_i^x, a_i^x)$ 与 $g(v_i^x)$ 的定义为

$$\begin{cases} f_i(v_i^x, a_i^x) = \dfrac{-2C_{di}}{m_i} v_i^x a_i^x - \dfrac{1}{\tau_i} \left(a_i^x + \dfrac{C_{di}}{m_i} v_i^{x2} + \dfrac{d_{mi}}{m_i} \right) \\ g(v_i^x) = \dfrac{1}{m_i \tau_i} \end{cases} \tag{3.63}$$

式中，C_{di} 为空气阻力系数；m_i 为车的质量；τ_i 为发动机时间常数；d_{mi} 为机械阻力。假设上述车辆模型参数先验已知，选取以下控制律：

$$\eta_i = m_i u_i + C_{di} v_i^{x2} + d_{mi} + 2\tau_i C_{di} v_i^x a_i^x \tag{3.64}$$

式中，u_i 为车辆的期望加速度，显然，控制律式（3.62）实现了反馈线性化。将式（3.64）代入式（3.62），就得到了以下三阶线性模型：

$$\begin{cases} \dot{x}_i = v_i^x \\ \dot{v}_i^x = a_i^x \\ \dot{a}_i^x = -\tau_i^{-1} a_i^x + \tau_i^{-1} u_i \end{cases} \tag{3.65}$$

领航车位置、速度、加速度分别用 x、v_0^x、a_0^x 表示，队列中第 i 辆车的期望状态为 $[x_0(k) - id_0, v_0^x(k), a_0^x(k)]$。$d_0$ 为期望的固定车间距。根据车辆的当前状态与期望状态，定义状态误差如下：

$$\begin{cases} e_{i,x}(k) = x_i(k) - \left[x_0(k) - id_0 \right] \\ e_{i,v}^x(k) = v_i^x(k) - v_0^x(k) \\ e_{i,a}^x(k) = a_i^x(k) - a_0^x(k) \end{cases} \tag{3.66}$$

定义 $\boldsymbol{\chi}_i = \left[e_{i,x},\ e_{i,v}^x,\ e_{i,a}^x \right]$，$u_i^x = u_i - u_0$，采样时间取 T_s，可得到以下用于纵向控制器设计的纵向偏差模型：

$$\boldsymbol{\chi}_i(k+1) = \boldsymbol{A}_i^x \boldsymbol{\chi}_i(k) + \boldsymbol{B}_i^x u_i^x(k) \tag{3.67}$$

式中，$\boldsymbol{A}_i^x = \begin{bmatrix} 1 & T_s & 0 \\ 0 & 1 & T_s \\ 0 & 0 & 1 - \dfrac{T_s}{\tau_i} \end{bmatrix}$；$\boldsymbol{B}_i^x = \begin{bmatrix} 0 \\ 0 \\ \dfrac{T_s}{\tau_i} \end{bmatrix}$。

（2）车辆队列纵向控制目标及约束条件

纵向控制目标及约束条件主要描述如下：

1）队列中跟随车的纵向位置误差应保持为 0，且车辆的速度应保持一致：

$$\begin{cases} \lim\limits_{k \to \infty} \| e_{i,x}(k) \| = 0 \\ \lim\limits_{k \to \infty} \| e_{i,v}^x \| = 0 \end{cases} \tag{3.68}$$

2）安全性要求：为防止队列中车辆在行驶过程中发生碰撞，纵向跟踪误差要保证在允许的范围内。根据《智能网联汽车自动驾驶功能测试规程（试行）》的纵向控制标准，纵向误差不超过设定安全距离的 20%。这里最大纵向误差取为固定车间距 d_0 的 20%，即

$$e_{i,x\min} \leqslant e_{i,x}(k) \leqslant e_{i,x\max} \tag{3.69}$$

3）执行器约束：受车辆执行机构的约束，车辆的控制输入需要在一定的范围内：

$$u_{i,\min} \leqslant u_i(k) \leqslant u_{i,\max} \tag{3.70}$$

（3）基于分布式预测控制的车辆队列纵向控制

为了实现车辆编队的纵向跟踪性能，将一种基于准无限时域的车辆编队分布式预测控制算法应用于车辆队列的纵向控制问题中。在分布式预测控制框架下，每辆车并行求解各自优化问题，优化问题的目标函数由有限时域代价函数与终端代价函数组成，并受控制量约束、状态量约束及终端不等式约束。每辆车在 k 时刻需要求解的优化问题具体描述为

$$\underset{U_i^x(k)}{\text{minimize}} J_i^x \left[\chi_i(k),\ U_i^x(k) \right]$$

$$\text{s.t.}\quad \chi_i(k+j+1\mid k) = A_i^x \chi_i(k+j\mid k) + B_i^x u_i^x(k+j\mid k)$$

$$\chi_i(k\mid k) = \chi_i(k)$$

$$e_{i,x\min} \le e_{i,x}(k+j\mid k) \le e_{i,x\max} \tag{3.71}$$

$$u_{i,\min} \le u_i(k+j\mid k) \le u_{i,\max}$$

$$\left\| \chi_i(k+N_{\mathrm{p}}\mid k) \right\|_{P_i^x}^2 \le \alpha_i$$

式中,

$$J_i^x \left[\chi_i(k),\ U_i^x(k) \right] = \sum_{j=0}^{N_{\mathrm{p}}-1} \left(\left\| \chi_i(k+j\mid k) \right\|_{Q_i^x}^2 + \left\| u_i^x(k+j\mid k) \right\|_{R_i^x}^2 \right) +$$

$$\left\| \chi_i(k+N_{\mathrm{p}}\mid k) \right\|_{P_i^x}^2 \tag{3.72}$$

式中,N_{p} 为预测时域;$U_i^x(k) = \{ u_i^x(k\mid k),\ u_i^x(k+1\mid k),\ \cdots,\ u_i^x(k+N_{\mathrm{p}}-1\mid k) \}$ 为待优化的控制序列;Q_i^x、R_i^x 均为正定对称的加权矩阵;$\left\| \chi_i(k+N_{\mathrm{p}}\mid k) \right\|_{P_i^x}^2$ 为终端代价函数;$\left\| \chi_i(k+N_{\mathrm{p}}\mid k) \right\|_{P_i^x}^2 \le \alpha_i$ 表示终端不等式约束;P_i^x 为终端惩罚矩阵;α_i 为一个大于 0 的常数。终端不等式的作用是引导系统状态在预测时域的末端逐渐接近平衡点,并通过状态反馈控制实现系统状态回归。利用终端不等式约束及终端代价函数保证算法的稳定性,其主要思想是使系统在有限时间达到平衡点的邻域,从而保证系统稳定[21]。

3. 车辆编队横向控制器设计

(1) 车辆横向动力学模型

1) 二自由度单轨模型。建立了横向二自由度单轨模型,并将其与车道保持模型相结合,得到用于横向控制器设计的横向动力学模型。二自由度单轨模型包含车辆的侧向速度 v_i^y 与横摆角速度 $\dot{\varphi}_i$ 两个自由度,将车辆前轮转角 δ_i 作为输入。假设前后轮胎的侧偏角在一个小范围内,则前后轮的侧向力可表示为

$$\begin{cases} F_i^{\mathrm{cf}} = C_i^{\mathrm{f}} \left[\delta_i - \dfrac{(a_i\,\dot{\varphi}_i + v_i^y)}{v_i^x} \right] \\[4mm] F_i^{\mathrm{cr}} = C_i^{\mathrm{r}} \dfrac{(b_i\,\dot{\varphi}_i - v_i^y)}{v_i^x} \end{cases} \tag{3.73}$$

式中,C_i^{f} 与 C_i^{r} 分别为前后轮的侧偏刚度;a_i、b_i 分别为前后轴到质心的距离。二自由度单轨模型的状态方程表示如下:

$$\begin{bmatrix} \dot{v}_i^y \\ \ddot{\varphi}_i \end{bmatrix} = \begin{bmatrix} a_1 & a_2 \\ a_3 & a_4 \end{bmatrix} + \begin{bmatrix} b_1 \\ b_2 \end{bmatrix} \tag{3.74}$$

式中，$a_1 = -(C_i^f + C_i^r)/m_i v_i^x$；$a_2 = (b_i C_i^r - a_i C_i^f)/m_i v_i^x - v_i^x$；$a_3 = (b_i C_i^r - a_i C_i^f)/I_i^z v_i^x$；$a_4 = (b_i^2 C_i^r - a_i^2 C_i^f)/I_i^z v_i^x$；$b_1 = C_i^f/m_i$；$b_2 = a_i C_i^f/I_i^z$。

2）车道保持模型。定义车辆队列中第 i 辆车的纵向位置误差如下：

$$e_i^p = x_i - (x_{i-1} - d_{des}) \tag{3.75}$$

式中，x_i 与 x_{i-1} 分别为第 i 辆车与其前一辆车的纵向位置；d_{des} 为相邻两辆车之间的期望跟车距离。这里采用的是固定车间距，即 $d_{des} = d_0$。

定义 e_i^y 表示车辆与车道中心线之间的横向位置误差，e_i^φ 代表车辆的航向角之间的误差，计算为 $e_i^\varphi = \varphi_{i,des} - \varphi_i$，表示车辆横摆角与道路切线角度之间的差值。基于上述定义，可以将车与车之间相对位置、车与路之间相对位置关系表示如下：

$$\begin{cases} \dot{e}_i^p = v_i^x - v_{i-1}^x \\ \dot{e}_i^y = v_i^x e_i^\varphi - v_i^y - L\dot{\varphi}_i \\ \dot{e}_i^\varphi = \dot{\varphi}_{i,des} - \dot{\varphi}_i \end{cases} \tag{3.76}$$

式中，$\dot{\varphi}_{i,des} = \dfrac{v_i^x}{R}$，表示车辆期望的横摆角速度；$R$ 为道路半径；L 为预瞄距离。

3）用于车辆队列横向控制的动力学模型。将车道保持模型与二自由度单轨模型相结合，可得到以下横向动力学模型：

$$\begin{cases} \dot{v}_i^y = -v_i^x \dot{\varphi}_i + \dfrac{1}{m_i}\left[-\dfrac{(C_i^f + C_i^r)v_i^y}{v_i^x} - \dfrac{(C_i^f a_i - C_i^r b_i)\dot{\varphi}_i}{v_i^x} + C_i^f \delta_i \right] \\ \ddot{\varphi}_i = \dfrac{1}{I_i^z}\left[-\dfrac{(C_i^f a_i - C_i^r b_i)v_i^y}{v_i^x} - \dfrac{(C_i^f a_i^2 + C_i^r b_i^2)\dot{\varphi}_i}{v_i^x} + C_i^f a_i \delta_i \right] \\ \dot{e}_i^\varphi = \dot{\varphi}_{i,des} - \dot{\varphi}_i \\ \dot{e}_i^y = v_i^x e_i^\varphi - v_i^y - L\dot{\varphi}_i \end{cases} \tag{3.77}$$

定义 $\boldsymbol{\xi}_i = [v_i^y \quad \dot{\varphi} \quad e_i^\varphi \quad e_i^y]$，$u_i = \delta_i$，可得横向动力学模型状态空间方程如下：

$$\dot{\boldsymbol{\xi}}_i(t) = \boldsymbol{A}_i^y \boldsymbol{\xi}_i(t) + \boldsymbol{B}_i^y u_i^y(t) + \boldsymbol{E}_i^y \dot{\varphi}_{i,des}(t) \tag{3.78}$$

式中，$\dot{\varphi}_{i,des}(t)$ 为由道路曲率引起的外部扰动，$\boldsymbol{A}_i^y$、$\boldsymbol{B}_i^y$ 与 $\boldsymbol{E}_i^y$ 的具体表示如下：

$$A_i^y = \begin{bmatrix} -\dfrac{(C_i^f + C_i^r)}{m_i v_i^x} & -\dfrac{(C_i^f a_i - C_i^r b_i)}{m_i v_i^x} - v_i^x & 0 & 0 \\[3mm] -\dfrac{(C_i^f a_i - C_i^r b_i)}{I_i^z v_i^x} & -\dfrac{(C_i^f a_i^2 + C_i^r b_i^2)}{I_i^z v_i^x} & 0 & 0 \\[3mm] 0 & -1 & 0 & 0 \\[1mm] -1 & -L & v_i^x & 0 \end{bmatrix}$$

$$B_i^y = \begin{bmatrix} \dfrac{C_i^f}{m_i} & \dfrac{C_i^f a_i}{I_i^z} & 0 & 0 \end{bmatrix}^T$$

$$E_i^y = \begin{bmatrix} 0 & 0 & 1 & 0 \end{bmatrix}^T$$

（2）车辆横向控制目标及约束条件

车辆编队的横向控制目标及约束条件描述如下：横向控制目标希望队列中的跟随车能够沿车道中心线行驶，因此期望的横向位置误差及航向角误差均设置为 0。为保证车辆安全行驶在车道上且不超出道路边界，其产生的最大横向误差不应超过 0.675m。

（3）基于 LQR 的车辆队列横向控制器设计

根据前面建立的车辆横向动力学模型，设计了由反馈控制器和前馈控制器组成的横向控制策略，其中反馈控制律由线性二次型调节器（Linear Quadratic Regulator, LQR）获得，前馈控制律根据参考路径的曲率计算，车辆队列横向控制器结构如图 3-8 所示。

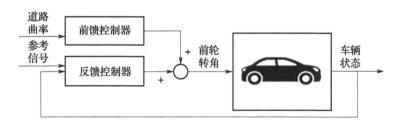

图 3-8　车辆队列横向控制器结构

基于横向动力学模型状态空间方程，定义 LQR 控制器性能指标如下：

$$J_i^y = \int_0^\infty (\boldsymbol{\xi}_i)^T \boldsymbol{Q}_i^y \boldsymbol{\xi}_i + (\boldsymbol{u}_i^y)^T \boldsymbol{R}_i^y (\boldsymbol{u}_i^y) \, \mathrm{d}t \tag{3.79}$$

式中，$\boldsymbol{Q}_i^y$ 与 $\boldsymbol{R}_i^y$ 为正定对称的加权矩阵。对应的 LQR 控制律为 $\delta_i^b = -K_i^y \boldsymbol{\xi}_i$。

车辆前方的道路几何形状决定车辆转向的重要因素。前馈控制器用于车辆行驶在弯曲道路上时对反馈控制器进行补偿。在匀速状态下，如果给定固定的

前轮转角，此时横摆角速度与前轮转角之间的比例关系，可以表示为

$$W_i(v_i^x) = \frac{\dot{\varphi}_i}{\delta_i^f} = \frac{(a_i + b_i)v_i^x}{(a_i + b_i)^2 + m_i\left(\dfrac{b_i}{C_i^f} - \dfrac{a_i}{C_i^r}\right)(v_i^x)^2} \tag{3.80}$$

如果已知弯曲道路部分的半径 R，根据 $\dot{\varphi}_{i,\text{des}} = \dfrac{v_i^x}{R}$ 可以得到对应的期望横摆角速度，因此在弯道处可以根据式（3.80）设置对应的转向角。最终前馈控制器计算的转向角为

$$\delta_i^f = \int_0^{t_1} \frac{1}{W_i(v_i^x)}\, \dot{\varphi}_{i,\text{des}}(t)\, \mathrm{d}t \tag{3.81}$$

式中，t_1 为预瞄时间。前馈控制器根据式（3.81）提供补偿控制量，用于改善车辆跟踪参考路径时的瞬态行为。因此，结合 LQR 控制律和式（3.81），横向控制器的总转向角描述如下：

$$\delta_i = \delta_i^f + \delta_i^b \tag{3.82}$$

4. 纵横解耦的智能车辆编队控制策略仿真验证

根据文献［21］所提出的纵横解耦车辆控制策略，即基于分布式预测控制的纵向控制策略与基于 LQR 的横向控制策略，在 TruckSim 与 MATLAB/Simulink 联合仿真平台下对算法进行验证。其中，TruckSim 提供车辆动力学和道路环境信息，MATLAB/Simulink 用于控制器的设计。考虑一个由一辆领航车与三辆跟随车组成的编队，根据设定的仿真环境，以选取最大道路曲率为 0.0025 为例，给出了具体的控制效果示意图，如图 3-9 所示。

在道路附着系数为 0.85 的情况下，领航车以 25m/s 的速度前进，而跟随车的初始速度均为 26m/s。初始时，横向位置误差和航向角误差均为 0。图 3-9a～f 表示在道路最大曲率为 0.0025 时，解耦控制器作用下车辆编队的仿真结果，具体分别表示了编队中车辆的纵向速度、跟随车的纵向位置跟踪误差、车辆的纵向位置信息、车辆行驶过程质心的运动轨迹、跟随车的航向角误差以及横向位置误差[36]。图 3-9a～d 表明当编队开始行驶时，跟随车的纵向位置跟踪误差逐渐趋近于 0。当领航车速度发生变化时，编队中的跟随车能够迅速跟随领航车，纵向位置跟踪误差最终趋近于 0。在整个行驶过程中，相邻车辆之间没有发生碰撞，表明编队的纵向跟踪性能得到了满足，满足了安全性需求。图 3-9e～f 表明在直道行驶时，跟随车的航向角误差与横向位置误差始终保持为 0。而曲线中出现的波动则表明在进入弯道场景下，跟随

车的航向角误差与横向位置误差均发生改变，产生的最大横向位置误差为 0.15m，符合道路边界要求的 0.675m，这也体现出所设计的控制器可以满足横向车道保持的需求。

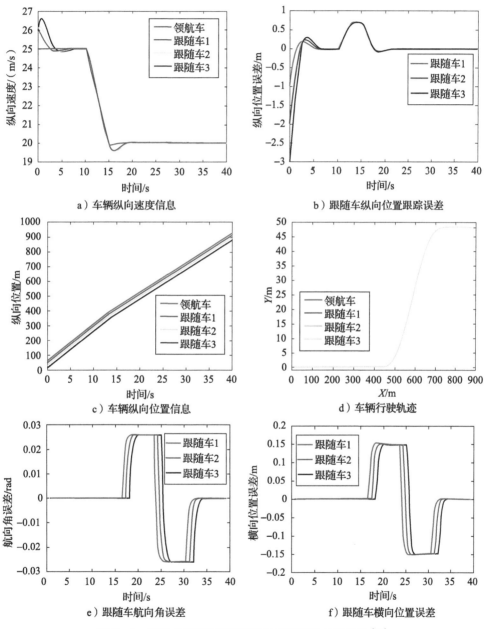

图 3-9　基于纵横解耦控制策略的车辆编队控制效果[21]

3.3.2 纵横耦合控制

纵横解耦控制虽然提高了灵活性与可扩展性，但是在车辆队列实际的行驶过程中，复杂的道路情况下既要在纵向上满足车速与期望车距需求，同时也需要在横向上保证可以在弯曲道路上行驶，这就需要对车辆队列同时进行横向及纵向控制。考虑到车辆运动的纵横耦合性，目前通常采用车辆动力学模型、三自由度动力学模型、五自由度动力学模型等进行车辆建模。文献［37］基于三自由度非线性动力学模型提出一种实现速度与转向耦合控制的算法，提升了控制器性能。文献［38］提出了一种基于三自由度运动学模型的考虑车辆纵横耦合特性的运动控制算法，可以实现对车辆动力学约束的在线处理并实现对车辆期望轨迹的有效跟踪。文献［39］通过基于五自由度动力学模型的自动驾驶车队系统动力学及稳定性分析，指出轮胎的非线性会对高速跟随行驶的车辆队列带来严重影响。

虽然横纵一体化动力学模型可以用于车辆队列建模及动力学分析，但在车辆的耦合非线性及轮胎非线性比较显著的工况下，采用分别设计的横向与纵向控制器仍会存在控制精度的损失，难以保证队列行驶的安全性。因此，对车辆队列进行纵横耦合控制是十分必要的。文献［40］提出一种横纵向协同运动控制的多目标一体化控制框架，具体由全局协作控制层、控制分配层及动作执行层组成。在协作控制层设计了反步滑模控制器，用于车辆队列的行驶与轨迹跟踪控制。文献［41］基于三自由度动力学模型提出一种非线性模型预测控制与障碍函数法相结合的控制算法，用于横纵向综合轨迹跟踪控制。文献［42］提出一种六自由度的车辆动力学模型，用于车辆纵向、横向及垂向的综合控制系统，结合模型预测控制算法实现最优力矩分配，并同时考虑了稳定性及舒适性需求。然而，考虑运动耦合特性的横纵一体化模型有着强非线性特点，会导致利用模型预测控制求解优化问题存在着计算复杂的问题，影响算法的实时性，这也使得对降低模型预测控制器的计算负担的研究成为热点。文献［43］将动力学模型进行简化，忽略了横向动力学中纵向驱动力的耦合分量，将平均求解时间减少了 9.6%。文献［44］则通过将优化问题转化为二次规划问题来降低求解复杂度，具体是基于小角度假设简化车辆的动力学模型，结合局部线性化方法来线性化动力学模型。

此外，目前队列耦合控制策略一般基于干燥路面进行设计，然而受到外部环境及道路条件的影响，实际的路面附着系数是发生变化的。这就会导致基于干燥路面建立的车辆动力学模型出现模型失配，从而严重影响车辆队列行驶的安全性。文献［45］提出一种考虑路面附着条件与舒适性的纵向制动避障算法，在实现避障的同时保证了车辆的稳定性。文献［46］提出了一种适应路面附着系数的分级转向稳定控制算法，以提升在不同附着系数路面的转向稳定性。文献［47］提出一种基于多误差模型的控制框架，针对高、中、低三种不同附着系数的路面建立不同的误差模型，提高了车辆在曲率及路面附着系数不确定的道路上的轨迹跟踪稳定性。

1. 车辆纵横一体化模型

车辆队列的建模与分析是队列控制的基础。这里设置车辆队列系统由一辆领航车与 N_{sum} 辆跟随车组成。前车通信拓扑示意图如图 3-10 所示。本节将基于队列中的第 i 辆跟随车，在车辆动力学模型的基础上引入车道保持模型，建立可以描述车辆相对于车道线行驶状态的纵横一体化模型。

图 3-10　前车通信拓扑示意图

（1）五自由度车辆动力学模型

本节采用的五自由度车辆动力学模型是在经典的三自由度车辆动力学模型加入车轮转动自由度。该模型建立在以下假设上：只考虑车辆的平面运动，即忽略侧倾及俯仰对车身运动的影响；不考虑前后车轮之间的载荷传递，且左右轮转向角相同。

经典的三自由度模型是基于车身坐标系搭建的，考虑了车辆在纵向、侧向与横摆方向上的运动，其具体表示为

$$\begin{cases} m_i\dot{v}_i^x - m_iv_i^y\dot{\varphi}_i = F_i^{xf}\cos\delta_i - F_i^{yf}\sin\delta_i + F_i^{xr} \\ m_i\dot{v}_i^y - m_iv_i^x\dot{\varphi}_i = F_i^{xf}\sin\delta_i + F_i^{yf}\cos\delta_i + F_i^{yr} \\ I_i^z\dot{\varphi}_i = (F_i^{xf}\sin\delta_i + F_i^{yf}\cos\delta_i)a_i - F_i^{yr}b_i \end{cases} \tag{3.83}$$

式中，在车身坐标系下，v_i^x 与 v_i^y 为第 i 辆车沿行驶方向的纵向速度与侧向速度；$\dot{\varphi}_i$ 为车辆横摆角；m_i 为整车质量；F_i^{xf} 与 F_i^{xr} 分别为前后轮的轮胎纵向力，F_i^{yf} 与 F_i^{yr} 分别为前后轮的轮胎侧向力；a_i 与 b_i 分别为前后轴到质心的距离；δ_i 为前轮转角；I_i^z 为绕 z 轴的转动惯量。

车辆的动力学方程可以描述为

$$\begin{cases} \dot{w}_i^{\mathrm{f}} = \dfrac{T_i^{\mathrm{d}} - R_e F_i^{x\mathrm{f}}}{J_i^{\mathrm{f}}} \\[4mm] \dot{w}_i^{\mathrm{r}} = \dfrac{T_i^{\mathrm{d}} - R_e F_i^{x\mathrm{r}}}{J_i^{\mathrm{r}}} \end{cases} \tag{3.84}$$

式中，w_i^{f} 与 w_i^{r} 分别为第 i 辆车的前轮与后轮角速度；J_i^{f} 与 J_i^{r} 分别为前后轮胎的转动惯量；R_e 为车辆转动半径；T_i^{d} 为车辆的制动或驱动力矩。

联立式（3.83）与式（3.84）可以得到车辆的五自由度车辆动力学模型如下：

$$\begin{cases} \dot{v}_i^x = v_i^y \hat{\varphi}_i + \dfrac{F_i^{x\mathrm{f}} \cos \delta_i - F_i^{y\mathrm{f}} \sin \delta_i + F_i^{x\mathrm{r}}}{m_i} \\[4mm] \dot{v}_i^y = -v_i^x \hat{\varphi}_i + \dfrac{F_i^{x\mathrm{f}} \sin \delta_i + F_i^{y\mathrm{f}} \cos \delta_i + F_i^{y\mathrm{r}}}{m_i} \\[4mm] \dot{\varphi}_i = \dfrac{(F_i^{x\mathrm{f}} \sin \delta_i + F_i^{y\mathrm{f}} \cos \delta_i) a_i - F_i^{y\mathrm{r}} b_i}{I_i} \\[4mm] \dot{w}_i^{\mathrm{f}} = \dfrac{T_i^{\mathrm{d}} - R_e F_i^{x\mathrm{f}}}{J_i^{\mathrm{f}}} \\[4mm] \dot{w}_i^{\mathrm{r}} = \dfrac{T_i^{\mathrm{d}} - R_e F_i^{x\mathrm{r}}}{J_i^{\mathrm{r}}} \end{cases} \tag{3.85}$$

动力学模型［式（3.85）］中的轮胎动力学模型可以表示为

$$\begin{cases} F_i^{\mathrm{l}} = D_i^{\mathrm{l}} \sin \{ C_i^{\mathrm{l}} \arctan [B_i^{\mathrm{l}} \alpha_i^{\mathrm{f/r}} - E_i^{\mathrm{l}} (B_i^{\mathrm{l}} \alpha_i^{\mathrm{f/r}} - \arctan B_i^{\mathrm{l}} \alpha_i^{\mathrm{f/r}})] \} \\[2mm] F_i^{\mathrm{s}} = D_i^{\mathrm{s}} \sin \{ C_i^{\mathrm{s}} \arctan [B_i^{\mathrm{s}} k_i^{\mathrm{f/r}} - E_i^{\mathrm{s}} (B_i^{\mathrm{s}} k_i^{\mathrm{f/r}} - \arctan B_i^{\mathrm{s}} k_i^{\mathrm{f/r}})] \} \end{cases} \tag{3.86}$$

式中，F_i^{l} 与 F_i^{s} 分别为第 i 辆车的轮胎侧向力与纵向力；α_i^{f} 与 α_i^{r} 分别为前、后轮侧偏角；k_i^{f} 与 k_i^{r} 分别为前、后轮滑移率。

（2）车道保持模型

在实际场景中，车辆队列通常在某条车道内行驶，需要使车辆的行驶轨迹与车道线保持一致，从而保证在直道与弯曲道路上均可沿指定车道安全行驶。具体的车道保持模型建立过程见式（3.75）与式（3.76）。车道保持模型用以描述车辆相对于车道线的位置、行驶方向等信息。

（3）车辆队列纵横一体化模型

联立式（3.86）与式（3.76），构建车辆队列纵横一体化模型，将五自由度车辆动力学模型与车道保持模型结合，得到综合反映纵向跟踪性能和横向稳定性能的纵横一体化模型，具体如下所示：

$$
\begin{cases}
\dot{v}_i^x = v_i^y \dot{\varphi}_i + \dfrac{F_i^{xf} \cos \delta_i - F_i^{yf} \sin \delta_i + F_i^{xr}}{m_i} \\[3mm]
\dot{v}_i^y = -v_i^x \dot{\varphi}_i + \dfrac{F_i^{xf} \sin \delta_i + F_i^{yf} \cos \delta_i + F_i^{yr}}{m_i} \\[3mm]
\ddot{\varphi}_i = \dfrac{(F_i^{xf} \sin \delta_i + F_i^{yf} \cos \delta_i) a_i - F_i^{yr} b_i}{I_i^z} \\[3mm]
\dot{w}_i^f = \dfrac{T_i^d - R_e F_i^{xf}}{J_i^f} \\[3mm]
\dot{w}_i^r = \dfrac{T_i^d - R_e F_i^{xr}}{J_i^r} \\[3mm]
\dot{e}_i^p = v_i^x - v_{i-1}^x \\[2mm]
\dot{e}_i^y = v_i^x e_i^\varphi - v_i^y - L \dot{\varphi}_i \\[2mm]
\dot{e}_i^\varphi = \dot{\varphi}_{i,\mathrm{des}} - \dot{\varphi}_i
\end{cases} \tag{3.87}
$$

定义系统的状态量为：$\boldsymbol{x}_i = [\,v_i^x \quad v_i^y \quad \dot{\varphi}_i \quad w_i^f \quad w_i^r \quad e_i^p \quad e_i^y \quad e_i^\varphi\,]^\mathrm{T}$。根据车辆队列的控制目标，取系统输出量为：$\boldsymbol{y}_i = [\,v_i^x \quad e_i^p \quad e_i^y \quad e_i^\varphi\,]$。控制输入为驱动/制动力矩和前轮转角：$\boldsymbol{u}_i = [\,T_i^d \quad \delta_i\,]$。系统可以写成如下的形式：

$$
\begin{cases}
\dot{\boldsymbol{x}}_i = \bar{f}_i(\boldsymbol{x}_i, \ \boldsymbol{u}_i) \\[2mm]
\boldsymbol{y}_i = C_i \boldsymbol{x}_i
\end{cases} \tag{3.88}
$$

2. 路面附着系数低敏感的线性队列模型

在前面建立的车辆队列纵横一体化模型的基础上，结合 Koopman 算子建立与式（3.88）对应的线性队列模型，具体过程如下。

（1）路面附着系数低敏感的 5-DOF 车辆线性模型

本节将利用动态模式分解算法（Dynamic Mode Decomposition with Control，DMDc）[48]构建路面附着系数低敏感的 5-DOF 车辆线性模型。首先，设置采样周期 $T_s = 10\mathrm{ms}$。采用龙格库塔法将式（3.85）离散化。由于 Koopman 算子所构建的线性模型具有一定的泛化能力，因此，无须采集所有附着系数下的数据，这里仅采集附着系数 0.3、0.4、0.6 以及 0.85 下的系统状态量与控制量数据，用于获取 5-DOF 车辆线性模型。将获取的各附着系数下的子数据集构成统一的数据集，并基于 DMDc 算法构建 Koopman 线性模型如下所示：

$$
\begin{cases}
\hat{\boldsymbol{x}}_{\mathbf{p}}(\boldsymbol{k}+\boldsymbol{1}) = \boldsymbol{A}_{\mathbf{DMDc}}^{\mathbf{p}} \hat{\boldsymbol{x}}_{\mathbf{p}}(\boldsymbol{k}) + \boldsymbol{B}_{\mathbf{DMDc}}^{\mathbf{p}} \boldsymbol{u}_{\mathbf{p}}(\boldsymbol{k}) \\
\hat{\boldsymbol{y}}_{\mathbf{DMDc}}^{\mathbf{p}}(\boldsymbol{k}) = \boldsymbol{C}_{\mathbf{DMDc}}^{\mathbf{p}} \hat{\boldsymbol{x}}_{p}(\boldsymbol{k})
\end{cases} \tag{3.89}
$$

式中，$\hat{\boldsymbol{x}}_{\mathbf{p}}(\boldsymbol{k})$ 为对原系统 [式(3.88)] 状态量的估计值，$\hat{\boldsymbol{x}}_{\mathbf{p}}(\boldsymbol{k}) = [\hat{v}_i^x(k), \hat{v}_i^y(k), \hat{\varphi}_i(k), \hat{\omega}_i^f(k), \hat{\omega}_i^r(k)]^{\mathrm{T}}$；$\hat{\boldsymbol{y}}_{\mathbf{DMDc}}^{\mathbf{p}}(\boldsymbol{k})$ 为对输出量的估计值，$\hat{\boldsymbol{y}}_{\mathbf{DMDc}}^{\mathbf{p}}(\boldsymbol{k}) = [\hat{v}_i^x(k), \hat{v}_i^y(k), \hat{\varphi}_i(k)]^{\mathrm{T}}$。

（2）弯道保持模型

取式（3.76）中横向位置误差 e_i^y 与横摆角偏差 e_i^φ，将二者分别记为 x_1 与 x_2，v_i^x 记为 u_1，$\dot{\varphi}_{i,\mathrm{des}} - \dot{\varphi}_i$ 记为 u_2，可得

$$
\begin{cases}
\dot{x}_1 = x_2 u_1 \\
\dot{x}_2 = u_2
\end{cases} \tag{3.90}
$$

基于 DMDc 算法建立式（3.90）的线性模型。设置采样时间 $T_s = 10\text{ms}$，基于龙格-库塔法将式（3.90）离散化。基于收集的数据与 DMDc 算法，构建式（3.90）的线性模型：

$$
\begin{bmatrix} \hat{x}_1(k+1) \\ \hat{x}_2(k+1) \end{bmatrix} = \boldsymbol{A}_{\mathbf{DMDc}}^{\mathbf{c}} \begin{bmatrix} \hat{x}_1(k) \\ \hat{x}_2(k) \end{bmatrix} + \boldsymbol{B}_{\mathbf{DMDc}}^{\mathbf{c}} \begin{bmatrix} u_1(k) \\ u_2(k) \end{bmatrix} \tag{3.91}
$$

根据线性系统的可加性及前向欧拉法，构建式（3.76）所对应的线性弯道保持模型，具体如下所示：

$$
\begin{bmatrix} e_i^y(k+1) \\ e_i^y(k+1) \\ \hat{e}_i^\varphi(k+1) \end{bmatrix} = \boldsymbol{A}_{\mathbf{DMDc}}^{\mathbf{w}} \begin{bmatrix} \hat{e}_i^p(k+1) \\ \hat{e}_i^y(k+1) \\ \hat{e}_i^\varphi(k+1) \end{bmatrix} + \boldsymbol{B}_{\mathbf{DMDc}}^{\mathbf{w}} \begin{bmatrix} \hat{v}_i^x(k) \\ \hat{v}_i^y(k) \\ \hat{\omega}_i(k) \end{bmatrix} + \boldsymbol{E}_{\mathbf{DMDc}}^{\mathbf{w}} \hat{v}_{i-1}^x(k) \tag{3.92}
$$

式中，矩阵 $\boldsymbol{A}_{\mathbf{DMDc}}^{\mathbf{w}}$、$\boldsymbol{B}_{\mathbf{DMDc}}^{\mathbf{w}}$ 与 $\boldsymbol{E}_{\mathbf{DMDc}}^{\mathbf{w}}$ 分别表示为

$$
\boldsymbol{A}_{\mathbf{DMDc}}^{\mathbf{w}} = \begin{bmatrix} 1 & 0 & 0 \\ 0 & A_{\mathrm{DMDc}}^c(1,1) & A_{\mathrm{DMDc}}^c(1,2) \\ 0 & A_{\mathrm{DMDc}}^c(2,1) & A_{\mathrm{DMDc}}^c(2,2) \end{bmatrix}
$$

$$
\boldsymbol{B}_{\mathbf{DMDc}}^{\mathbf{w}} = \begin{bmatrix} T_s & 0 & 0 \\ B_{\mathrm{DMDc}}^c(1,1) + B_{\mathrm{DMDc}}^c(1,2)/R & -T_s & -B_{\mathrm{DMDc}}^c(1,2) - LT_s \\ B_{\mathrm{DMDc}}^c(2,1) + B_{\mathrm{DMDc}}^c(2,2)/R & 0 & -B_{\mathrm{DMDc}}^c(2,2) \end{bmatrix}
$$

$$
\boldsymbol{E}_{\mathbf{DMDc}}^{\mathbf{w}} = \begin{bmatrix} -T_s \\ 0 \\ 0 \end{bmatrix}
$$

（3）线性队列模型

联立式（3.89）与式（3.92），构建基于式（3.88）的整体线性模型：

$$\begin{cases} \hat{\boldsymbol{x}}_i(k+1) = \boldsymbol{A}_{\text{curve}}\hat{\boldsymbol{x}}_i(k) + \boldsymbol{B}_{\text{curve}}\boldsymbol{u}_i(k) + \boldsymbol{E}_{\text{curve}}\boldsymbol{v}_{i-1}^x(k) \\ \hat{\boldsymbol{y}}_i(k) = \boldsymbol{C}_{\text{curve}}\hat{\boldsymbol{x}}_i(k) \end{cases} \tag{3.93}$$

式中，$\hat{\boldsymbol{x}}_i(k)$ 为对于系统状态量的估计值，$\hat{\boldsymbol{x}}_i(k) = [\hat{v}_i^x(k), \hat{v}_i^y(k), \hat{\varphi}_i(k), \hat{\omega}_i^f(k),$ $\hat{\omega}_i^r(k), \hat{e}_i^p(k), \hat{e}_i^y(k), \hat{e}_i^\varphi(k)]^T$。$\hat{\boldsymbol{y}}_i(k)$ 为对系统输出的估计值，$\hat{\boldsymbol{y}}_i(k) = [\hat{v}_i^x(k),$ $\hat{e}_i^p(k), \hat{e}_i^y(k), \hat{e}_i^\varphi(k)]^T$。矩阵 $\boldsymbol{A}_{\text{curve}}$、$\boldsymbol{B}_{\text{curve}}$、$\boldsymbol{C}_{\text{curve}}$ 与 $\boldsymbol{E}_{\text{curve}}$ 分别表示为

$$\boldsymbol{A}_{\text{curve}} = \begin{bmatrix} \boldsymbol{A}_{\text{DMDc}}^p & \boldsymbol{0}_{5\times3} \\ \boldsymbol{B}_{\text{DMDc}}^w & \boldsymbol{0}_{3\times2} & \boldsymbol{A}_{\text{DMDc}}^w \end{bmatrix}$$

$$\boldsymbol{B}_{\text{curve}} = \begin{bmatrix} \boldsymbol{B}_{\text{DMDc}}^p \\ \boldsymbol{0}_{3\times3} \end{bmatrix}$$

$$\boldsymbol{E}_{\text{curve}} = \begin{bmatrix} \boldsymbol{0}_{5\times1} \\ \boldsymbol{E}_{\text{DMDc}}^w \end{bmatrix}$$

$$\boldsymbol{C}_{\text{curve}} = \begin{bmatrix} \boldsymbol{I}_{1\times1} & \boldsymbol{0}_{1\times7} \\ \boldsymbol{0}_{3\times5} & \boldsymbol{I}_{3\times3} \end{bmatrix}$$

3. 车辆队列纵横耦合控制器设计

将整个车辆队列的控制问题转化为子车辆的优化问题，从而进一步降低车辆队列控制在线计算负担，实现对车辆队列的横纵向实时协同控制。这里在设计车辆纵横耦合控制器时做出了如下的假设：首先，车辆队列为同质队列，即队列中各车的车型、车身质量与载重、车辆参数均保持一致；其次，车队中各车时钟同步，即车队中所有成员车辆共用同一个时钟；最后，忽略队列各车辆间的通信延时及噪声干扰的影响。

（1）控制目标

1）纵向控制目标及约束。为实现车辆队列的纵向运动，设置队列通信拓扑为前车跟随拓扑结构，车距策略为固定距离策略，并设置纵向控制目标为队列中各车纵向速度保持一致、各车达到理想车距，具体如下所示：

$$\begin{cases} \lim_{k\to\infty} \|v_i^x(k) - v_{i-1}^x(k)\| = 0 \\ \lim_{k\to\infty} \|s_{i-1}(k) - s_i(k) - d_{\text{des}}\| = 0 \end{cases} \tag{3.94}$$

式中，$v_i^x(k)$ 与 $v_{i-1}^k(k)$ 分别为 k 时刻第 i 辆与第 $i-1$ 辆车的纵向速度；$s_i(k)$ 与 $s_{i-1}(k)$ 分别为第 i 辆与第 $i-1$ 辆车的纵向位置；d_{des} 为期望车间距。

为了满足车辆队列的安全性要求，相邻车辆距离应保持在允许的范围内，防止车辆出现碰撞，设置了纵向安全约束如下：

$$e_{\mathrm{p}}^{i,\min} \leqslant e_{\mathrm{p}}^{\mathrm{p}}(k) \leqslant e_{\mathrm{p}}^{i,\max} \tag{3.95}$$

式中，$e_{\mathrm{p}}^{i,\min}$ 与 $e_{\mathrm{p}}^{i,\max}$ 分别为第 i 辆车的需满足的最大与最小纵向间距误差。

2）横向控制目标及约束。为保证车辆队列沿车道线横向运动，希望车辆队列中各车相对于车道线的横向位置误差与横摆角误差尽可能接近 0，因此设置横向控制目标为

$$\begin{cases} \lim\limits_{k \to \infty} \left\| e_i^y(k) \right\| = 0 \\ \lim\limits_{k \to \infty} \left\| e_i^\varphi(k) \right\| = 0 \end{cases} \tag{3.96}$$

式中，$e_i^y(k)$ 与 $e_i^\varphi(k)$ 分别为 k 时刻第 i 辆车横向位置误差与横摆角误差。

为满足车辆队列的横向行驶安全性要求，使车辆始终在车道内行驶，防止车辆超出车道边界设置车辆横向位置误差与横摆角误差满足如下约束：

$$\begin{aligned} e_y^{i,\min} &\leqslant e_i^y(k) \leqslant e_y^{i,\max} \\ e_\varphi^{i,\min} &\leqslant e_i^\varphi(k) \leqslant e_\varphi^{i,\max} \end{aligned} \tag{3.97}$$

式中，$e_y^{i,\max}$ 与 $e_y^{i,\min}$ 分别为第 i 辆车应该满足的最大与最小横向位置误差；$e_\varphi^{i,\min}$ 与 $e_\varphi^{i,\max}$ 分别为需满足的最大与最小横摆角误差。

（2）优化问题描述

为实现队列的横向与纵向控制目标，设计了如下子车辆的优化问题：

$$\underset{U_i(k)}{\mathrm{minimize}} J_i\left[\hat{\boldsymbol{x}}_i(k), \boldsymbol{r}_i(k), \boldsymbol{U}_i(k)\right] \tag{3.98}$$

$$\mathrm{s.\,t.}$$

$$\hat{\boldsymbol{x}}_i(k+j+1 \mid k) = \boldsymbol{A}_{\mathrm{curve}}\hat{\boldsymbol{x}}_i(k+j \mid k) + \boldsymbol{B}_{\mathrm{curve}}\boldsymbol{u}_i(k+j \mid k) + \boldsymbol{E}_{\mathrm{curve}}v_{i-1}^x(k \mid k)$$

$$\hat{\boldsymbol{y}}_i(k) = \boldsymbol{C}_{\mathrm{curve}}\hat{\boldsymbol{x}}_i(k)$$

$$\hat{\boldsymbol{x}}_i(k \mid k) = \boldsymbol{x}_i(k)$$

$$v_{i-1}^x(k \mid k) = v_{i-1}^x(k)$$

$$\delta_{i,\min} \leqslant \delta_i(k) \leqslant \delta_{i,\max} \tag{3.99}$$

$$T_{i,\min} \leqslant T_i(k) \leqslant T_{i,\max}$$

$$e_{\mathrm{p}}^{i,\min} \leqslant e_i^{\mathrm{p}}(k) \leqslant e_{\mathrm{p}}^{i,\max}$$

$$e_y^{i,\min} \leqslant e_i^y(k) \leqslant e_y^{i,\max}$$

$$e_\varphi^{i,\min} \leqslant e_i^\varphi(k) \leqslant e_\varphi^{i,\max}$$

式中，$\hat{x}_i(k+j\,|\,k)$ 与 $\hat{y}_i(k)$ 分别为第 i 辆车基于线性队列模型 [式 (3.93)] 的预测状态与预测输出；$r_i(k)$ 为第 i 辆车的参考信号序列，令 $r_i(k) = [v_{i-1}^x(k), 0, 0, 0]^T$；$\delta_{i,\max}$ 与 $\delta_{i,\min}$ 分别为第 i 辆车需满足的最大与最小前轮转角；$T_{i,\max}$ 与 $T_{i,\min}$ 分别为第 i 辆车需满足的最大与最小整车力矩。第 i 辆车待优化的控制序列 $U_i(k)$ 表示为

$$U_i(k) = [u_i(k\,|\,k), u_i(k+1\,|\,k), \cdots, u_i(k+N_{i,p}-1\,|\,k)] \quad (3.100)$$

为完成对期望序列的跟踪，同时控制动作尽可能小，设计的目标函数如下：

$$J_i[\hat{x}_i(k), r_i(k), U_i(k)] = \sum_{j=0}^{N_{i,p}-1} \big[\|\hat{y}_i(k+j\,|\,k) - r_i(k+j\,|\,k)\|_{Q_i}^2 + \|u_i(k+j\,|\,k)\|_{R_i}^2 \big] \quad (3.101)$$

式中，$N_{i,p}$ 为预测时域；Q_i 与 R_i 为权重矩阵。通过求解优化问题，可得最优目标函数值 $J_i^*[\hat{x}_i(k), r_i(k), U_i(k)]$ 与对应的最优控制输入序列 $U_i^*(k)$：

$$U_i^*(k) = [u_i^*(k\,|\,k), u_i^*(k+1\,|\,k), \cdots, u_i^*(k+N_{i,p}-1\,|\,k)] \quad (3.102)$$

式中，$u_i^*(k\,|\,k)$ 为最优控制序列的第一个元素，并将其作用于系统。

4. 智能车辆队列纵横耦合控制策略仿真分析

在 MATLAB 与 Trucksim 联合仿真环境下进行试验，在仿真试验中对比了分布式非线性模型预测控制器（Distributed Nonlinear Model Predictive Controller，DNMPC）以及基于由附着系数 0.85 系统数据获取的 Koopman 模型所设计的模型预测控制器（记为 DLMPC）的性能，其中 DNMPC 为基于附着系数 0.85 下的非线性模型 [式 (3.88)] 所设计的。

仿真试验中设计由领航车与三辆跟随车组成，编号为 0、1、2、3。设置各车在初始时刻已形成车辆队列，各车初始纵向位置分别为：45m、30m、15m、0m。纵向位置偏差、横向位置误差、横摆角误差初始状态均为 0。设置队列中各车控制器参数保持一致，具体的工况设置如下：

选取现实中某一高速路段的路面附着系数可受天气变化或路面材质变化等因素的影响发生变化，而其他高速路段的路面附着系数为正常值。路面信息的突然变化将影响车辆队列行驶的安全性。设置工况的路面附着系数变化如图 3-11a 所示。车辆队列依次驶过附着系数为 0.85、0.3、0.85 的道路。该工况包含直线道路以及半径为 250m 的弯曲道路，道路曲率变化如图 3-11b 所示，设置队列中各车纵向速度初始状态均为 25m/s。

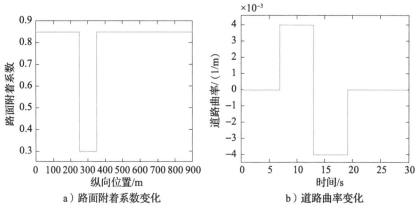

a）路面附着系数变化   b）道路曲率变化

图 3-11   工况下路面附着系数与道路曲率的变化[22]

此工况下 DLMPC 与 DNMPC 的仿真结果分别如图 3-12 与图 3-13 所示。在直线道路行驶时，DLMPC 与 DNMPC 控制算法下的各车纵向速度可保持为 25m/s。进入弯道后，车辆纵向速度及纵向间距误差发生波动，DLMPC 与 DNMPC

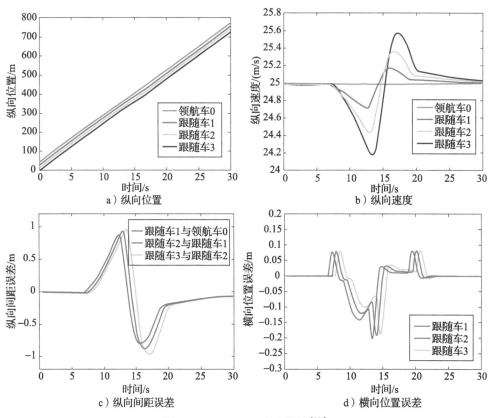

a）纵向位置   b）纵向速度

c）纵向间距误差   d）横向位置误差

图 3-12   DLMPC 仿真结果[22]

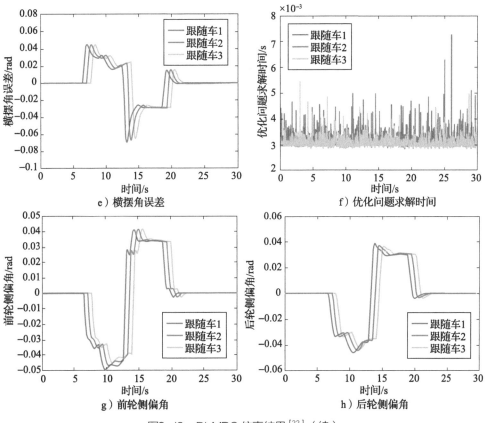

e）横摆角误差   f）优化问题求解时间

g）前轮侧偏角   h）后轮侧偏角

图3-12　DLMPC仿真结果[22]（续）

所对应的最大纵向间距误差分别为 0.965m、1.075m，最大横向位置误差分别为 0.201m、0.244m。相较于 DNMPC，DLMPC 控制算法下的横向位置误差幅值略小。

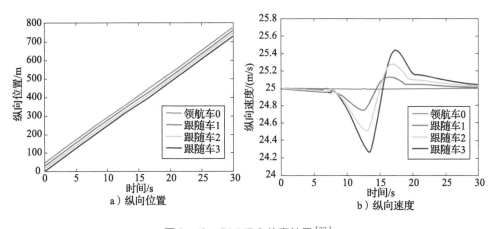

a）纵向位置   b）纵向速度

图3-13　DNMPC仿真结果[22]

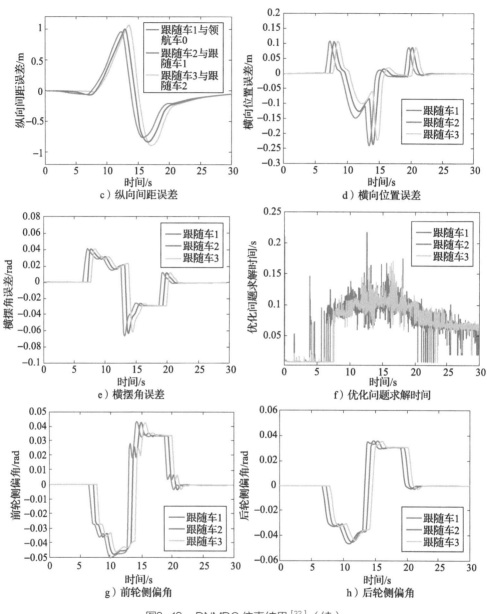

图3-13 DNMPC 仿真结果[22]（续）

此外,在此工况下各车 DLMPC 优化问题平均求解时间分别为 3.13ms、3.06ms、3.04ms,优化问题最大求解时间分别为 6.28ms、7.24ms、5.44ms。各车 DNMPC 的优化问题平均求解时间分别为 67.55ms、66.54ms、66.27ms,优化问题最大求解时间分别为 212.78ms、218.78ms、172.04ms,所提出的控制算法在变附着系数的路面下可实现车辆队列毫秒级安全控制。

3.3.3　分布式协同耦合控制

针对车辆队列分布式协同控制问题，各种控制算法已得到广泛研究，如线性反馈控制[49]、最优控制[50]、鲁棒控制[51]、滑模控制[52]和模型预测控制[53]等。在现有研究中，主要考虑的车辆队列系统稳定性指标为渐近稳定性和队列稳定性。其中，基于分布式模型预测控制（Distributed Model Predictive Control，DMPC）可以将复杂、大规模的队列系统分解为简单、小规模的车辆节点子系统，通过局部协作实现全局控制目标，并且分摊了计算负担，提高队列系统的可行性。文献［54］针对具有系统约束并考虑非线性动力学的车辆编队，设计了一种 DMPC 控制算法，用于保证车辆队列的闭环稳定性以及 γ 增益稳定性。文献［55］面向非线性车辆编队设计了 DMPC 控制器，并在队列速度发生变化的条件下，推导了保证队列渐近稳定性与领航车 – 跟随车串稳定性以及前车 – 跟随车串稳定性的充分条件。考虑具有单向拓扑和非线性动力学的车辆编队，文献［56］提出了一种 DMPC 算法，通过加入一个终端等式约束以确保渐进稳定性，同时该方法并不要求所有跟随车都已知期望的设定点。而考虑到车辆编队在弯道上行驶时，其纵向和横向运动之间存在着强烈的耦合关系。而解耦控制策略在一定程度上忽视了真实存在的耦合特性影响，虽然简化了问题，但可能会降低跟踪性能。因此，基于分布式的纵横耦合控制也是近年来车辆编队控制领域重要的研究问题。

1. 车辆队列纵横一体化模型

由于忽略了车辆实际存在的纵横耦合效应，解耦控制器在涉及更大曲率的工况下，有可能会使车辆超出道路边界，存在行驶安全隐患。本节在五自由度纵横耦合车辆动力学模型及车道保持模型的基础上，建立了纵横一体化模型，并设计了一种考虑纵横耦合的分布式预测控制器，其控制框图如图 3 – 14 所示。

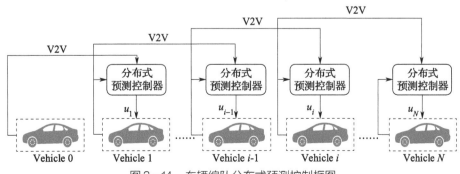

图 3 – 14　车辆编队分布式预测控制框图

（1）五自由度车辆动力学模型

本节采用的五自由度车辆动力学模型在经典的三自由度车辆动力学模型加入了车轮转动自由度。该模型建立在以下假设上：只考虑车辆的平面运动，即忽略侧倾及俯仰对车身运动的影响；不考虑前后车轮之间的载荷传递，且左右轮转向角相同。具体的建模过程见式（3.83）~式（3.85）。

该模型的状态量为车辆的纵向速度、侧向速度、横摆角速度、前轮角速度和后轮角速度，控制量为车辆的前轮转角、驱动或制动力矩。

（2）车辆队列纵横一体化模型建立

将五自由度车辆动力学模型与车道保持模型结合，得到综合反映纵向跟踪性能和横向稳定性能的纵横一体化模型，具体见式（3.87）。

定义系统的状态量为：$x_i = \begin{bmatrix} v_i^x & v_i^y & \dot{\varphi}_i & w_i^f & w_i^r & e_i^p & e_i^y & e_i^\varphi \end{bmatrix}^T$。根据车编队的控制目标，取系统输出量为：$y_i = \begin{bmatrix} v_i^x & e_i^p & e_i^y & e_i^\varphi \end{bmatrix}$。控制输入为驱动/制动力矩和前轮转角：$u_i = \begin{bmatrix} T_i^l & \delta_i \end{bmatrix}$。系统可以写成式（3.88）的形式。取采样步长 T_s，将系统离散化，可得以下方程：

$$\begin{cases} x_i(k+1) = f_i[x_i(k), u_i(k)] \\ y_i(k) = C_i x_i(k) \end{cases} \tag{3.103}$$

2. 车辆队列纵横耦合分布式预测控制器设计

为实现车辆编队横向和纵向控制目标，队列中的跟随车需要与其他车辆进行频繁可靠的信息交互，基于此信息设计分布式控制器，产生控制命令，实现车辆的加减速及转弯运动。如图 3-15 所示，采用前车领航车跟随式通信拓扑，即每一辆跟随车都可以与领航车及其前一辆车进行通信。基于纵横一体化模型，设计耦合控制器实现多车协同控制，在分布式预测控制框架下，将队列全局优化问题转化为每辆车的局部优化问题，所有跟随车辆并行求解其自身的优化问题。

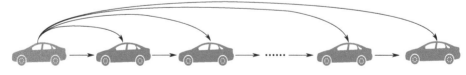

图 3-15　前车领航车跟随式通信拓扑

定义系统的期望输出为

$$y_{i,\text{des}}(k) = \begin{bmatrix} v_{i,\text{des}}^x(k) & e_{i,\text{des}}^p(k) & e_{i,\text{des}}^y(k) & e_{i,\text{des}}^\varphi(k) \end{bmatrix} \tag{3.104}$$

式中，$v_{i,\text{des}}^x(k)$ 为第 i 辆车期望纵向速度，在前车领航车通信拓扑结构下，$v_{i,\text{des}}^x(k)$

$= v_0^x(k)$；$e_{i,\mathrm{des}}^{\mathrm{p}}(k)$、$e_{i,\mathrm{des}}^{\mathrm{y}}(k)$、$e_{i,\mathrm{des}}^{\varphi}(k)$ 分别为第 i 辆车的期望纵向位置误差、期望横向位置误差、期望航向角误差，其值均为 0。对每辆跟随车 i，定义跟踪误差为：$e_i(k) = y_i(k) - y_{i,\mathrm{des}}(k)$。定义预测时域内的控制序列为：$U_i(k) = \{ u_i(k \mid k)$，$u_i(k+1 \mid k)$，$\cdots$，$u_i(k + N_{\mathrm{p}} - 1 \mid k) \}$，其中，$N_{\mathrm{p}}$ 表示预测时域，$k+j \mid k$ 表示 k 时刻对 $k+j$ 时刻的预测。每辆跟随车在 k 时刻需要求解的优化问题如下：

$$\underset{U_i(k)}{\mathrm{minimize}} J_i [e_i(k)，U_i(k)]$$

$$\mathrm{s.\,t.}\quad x_i(k+j+1 \mid k) = f_i [x_i(k+j \mid k)，u(k+j \mid k)]$$

$$y(k+j \mid k) = C_i x_i(k+j \mid k)$$

$$y_i(k \mid k) = y_i(k) \tag{3.105}$$

$$T_{i,\min}^{\mathrm{d}} \leqslant T_i^{\mathrm{d}}(k+j \mid k) \leqslant T_{i,\max}^{\mathrm{d}}$$

$$\delta_{i,\min} \leqslant \delta_i(k+j \mid k) \leqslant \delta_{i,\max}$$

$$e_i(k + N_{\mathrm{p}} \mid k) = 0$$

式中，$J_i [e_i(k), U_i(k)] = \displaystyle\sum_{j=0}^{N_{\mathrm{p}}-1} (\| e_i(k+j \mid k) \|_{Q_i}^2 + \| u_i(k+j \mid k) \|_{R_i}^2)$，$Q_i$ 和 R_i 为正定对称的加权矩阵；$T_{i,\min}^{\mathrm{d}} \leqslant T_i^{\mathrm{d}}(k+j \mid k) \leqslant T_{i,\max}^{\mathrm{d}}$ 与 $\delta_{i,\min} \leqslant \delta_i(k+j \mid k) \leqslant \delta_{i,\max}$ 分别为系统控制量约束；$T_{i,\min}^{\mathrm{d}}$ 与 $T_{i,\max}^{\mathrm{d}}$ 分别为车辆能提供的最小和最大力矩；$\delta_{i,\min}$ 与 $\delta_{i,\max}$ 分别为车辆允许的最小和最大前轮转角；$e_i(k + N_{\mathrm{p}} \mid k) = 0$ 为确保系统渐近稳定性的终端等式约束。然而终端等式约束在实际求解中难以满足，将约束条件 $e_i(k + N_{\mathrm{p}} \mid k) = 0$ 转化为软约束处理，将优化问题中的代价函数改为以下形式：

$$J_i [e_i(k)，U_i(k)] = \sum_{j=0}^{N_{\mathrm{p}}-1} (\| e_i(k+j \mid k) \|_{Q_i}^2 + \| u_i(k+j \mid k) \|_{R_i}^2) + \| e_i(k + N_{\mathrm{p}}) \|_{P_i}^2 \tag{3.106}$$

式中，P_i 为终端惩罚矩阵，这里取 $P_i = 10 Q_i$。

3. 车辆队列纵横耦合分布式预测控制算法高效求解

分布式预测控制可以把车辆编队的全局优化问题转化为局部优化问题。对于非线性系统 [式 (3.88)] 而言，由于其需要在每个采样时刻求解优化问题 [式 (3.105)]，且问题是非凸的，这也就导致了计算负担大的问题。为此，文献 [21] 在策略迭代思想与强化学习 actor-critic 网络结构的基础上，设计了一种迭代 RLPC 算法对耦合控制器的优化问题进行求解，以降低计算负担、加快求解效率。

本节使用强化学习中基于策略迭代思想的 actor-critic 网络结构对每辆车的约束优化问题进行求解，其基本原理如图 3-16 所示。强化学习 actor-critic 网络结构中的 actor 网络负责更新策略，并要求新策略的代价要小于旧策略，而 critic 网络负责对当前的策略好坏进行评估，并给出当前策略的代价。当新策略对应的奖励不再变化时，说明此时策略达到了最优或次优，此时 actor 网络输出即为所求优化问题的最优或次优解。为简化符号，在以下公式中将 $e_i(k+j \mid k)$、$u_i(k+j \mid k)$ 简写为 $e_i(j)$ 与 $u_i(j)$ 的形式，并定义阶段奖励为

$$r_i[e_i(j), u_i(j)] = \|e_i(j)\|_{Q_i}^2 + \|u_i(j)\|_{R_i}^2 \tag{3.107}$$

假设问题［式(3.104)］的最优控制策略存在。在预测时域 $j \in [k, k+N_p-1]$ 内，根据贝尔曼最优性原则，系统的最优代价函数满足：

$$\begin{cases} J_i^*[e_i(j)] = \min_{\|u_i(j)\| \leq \overline{U}} \{r[e_i(j), u_i(j)] + J_i^*[e_i(j+1)]\} \\ \qquad\qquad j \in [k, k+N_p-1] \\ J_i^*[e_i(k+N_p)] = \|e_i(k+N_p)\|_{P_i}^2 \end{cases} \tag{3.108}$$

最优控制量 $u_i^*[e_i(j)]$ 应满足：

$$u_i^*[e_i(j)] = \arg \min_{\|u_i(j)\| \leq \overline{U}} r_i[e_i(j), u_i(j)] + J_i^*[e_i(j+1)] \tag{3.109}$$

式中，$\overline{U}$ 为控制量约束矩阵，$\overline{U} = \text{diag}(T_{i,\max}^d, \delta_{i,\max})$。

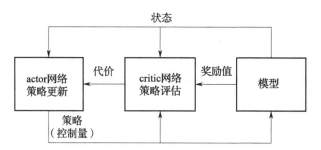

图 3-16　策略迭代与 actor-critic 网络结构基本原理

在迭代强化学习预测控制（Reinforcement Learning Predictive Control, RLPC）算法下，算法用于在每个采样时刻求解约束优化问题，但是更新控制量的公式 $u_i^1[e_i(j)] = \arg \min_{\|u_i(j)\| \leq \overline{U}} r_i[e_i(j), u_i(j)] + J_i^1[e_i(j+1)]$ 无法显式求解。文献［21］将神经网络用于迭代 RLPC 算法的具体实现，利用基于神经网络的函数逼近技术研究如何在预测时域内获得具有高计算效率的闭环最优或次优策略。在迭代 RLPC 算法中，actor 网络将用于近似最优控制策略 u_i^*，而 critic 网络用于近似 $\lambda_i^* = \partial J_i^*/\partial e_i$，表示最优代价函数 J_i^* 相对于 e_i 的导数。在预测时域 $j \in [k, k+N_p-1]$ 内，同时需要 N_p 个 actor 神经网络来逼近预测时域内每一步的最优控制量 $u_i^*(j)$，N_p 个 critic 神经网络来逼近 $\lambda_i^*[e_i(j)]$。本节中采用径向基函

数（Radial Basis Function，RBF）神经网络实现 actor 网络与 critic 网络的功能。

4. 考虑纵横耦合的分布式预测控制策略仿真分析

为了验证车辆队列纵横耦合的分布式预测控制器的性能，文献［21］利用 MATLAB/Simulink 与 TruckSim 进行联合仿真来进行验证，具体考虑一个由 4 辆车组成的车辆编队，即 1 辆领航车和 3 辆跟随车。在迭代 RLPC 算法中，每个 actor 与 critic 神经网络隐含层的激活函数均选为高斯径向基函数。每个 actor 网络与 critic 网络的隐含层中心点数量为 5。每个中心点的维度均与 actor 网络、critic 网络的输入（速度误差、纵向位置误差、横向位置误差、航向角误差）维度一致，即四维向量，每一维度的数值大小分别在［-3,3］、［-3,3］、［-1,1］、［-0.1,0.1］中随机选取。每个 actor 网络与 critic 网络的初始权重均在［-0.5,0.5］之间随机选取。设置最大迭代次数 l_{max}、p_{max}。权重收敛阈值为 10^{-2}。车辆的初始纵向位置设置为 64m，跟随车的初始纵向位置分别设置为：47m、30m、13m。路面附着系数为 0.85，领航车初始速度为 20m/s，首先进行匀速行驶，然后进行制动减速至 15m/s，最后保持匀速。跟随车初始速度均为 21m/s，初始横向位置误差和初始航向角误差均为 0。

为了验证算法的有效性，本节中将选择非线性模型预测控制（Nonlinear Model Predictive Control，NMPC）算法作为对比。图 3-17～图 3-20 所示为两种算法下耦合控制器的仿真结果对比。分图 a 和 b 分别是基于迭代 RLPC 算法求解耦合控制器中优化问题的仿真结果和基于 NMPC 算法求解耦合控制器中优化问题的仿真结果。图 3-17～图 3-20 分别表示队列中车辆纵向速度信息、跟随车纵向位置跟踪误差、跟随车航向角误差以及跟随车横向位置误差。

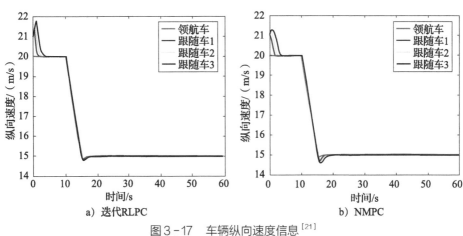

a) 迭代RLPC　　　　　　　b) NMPC

图 3-17　车辆纵向速度信息[21]

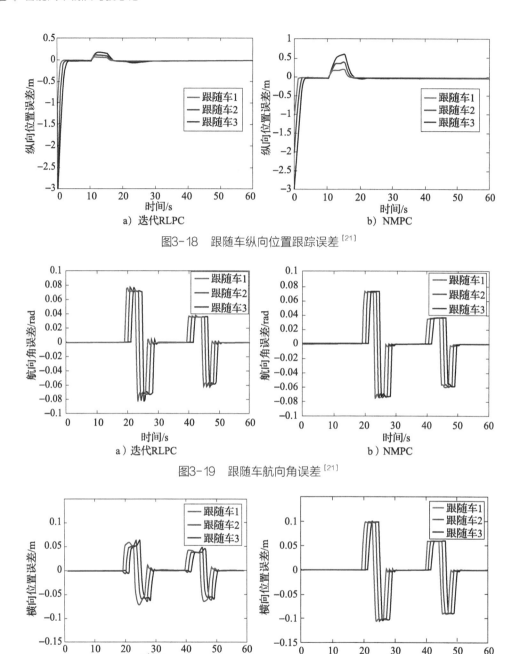

a）迭代RLPC　　　　　　　　b）NMPC

图3-18　跟随车纵向位置跟踪误差[21]

a）迭代RLPC　　　　　　　　b）NMPC

图3-19　跟随车航向角误差[21]

a）迭代RLPC　　　　　　　　b）NMPC

图3-20　跟随车横向位置误差[21]

通过图3-17与图3-18中所给出的车辆纵向速度与跟随车纵向位置跟踪误差曲线可以看出，基于迭代 RLPC 与基于 NMPC 的车辆队列耦合控制效果基本一致，但是进一步比较横向位置误差可以看出，基于 NMPC 的跟随车在弯道处

的最大横向位置误差为 0.1m 左右，而基于 RLPC 的跟随车最大横向误差则为
0.06m，这也体现出 RLPC 算法具有更高的跟踪精度。

将仿真过程中每辆跟随车的控制量在图 3 – 21 中展示，图 3 – 21a 和 b 表明
所有跟随车的力矩及前轮转角均满足控制量约束。图 3 – 22a 和 b 分别表示在迭
代 RLPC 算法与 NMPC 算法下跟随车每步的求解时间，比较可知迭代 RLPC 算法
的平均求解时间与最大求解时间均远小于 NMPC 算法，体现出 RLPC 算法在求
解上的优势，也体现出其理想的跟踪性能。

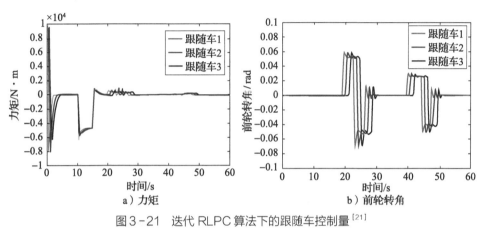

图 3 – 21　迭代 RLPC 算法下的跟随车控制量[21]

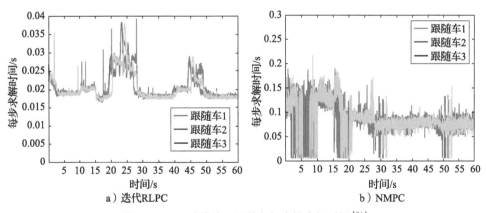

图 3 – 22　两种算法下跟随车每步的求解时间[21]

参考文献

[1] 蒋新华. 自适应 PID 控制(综述)[J]. 信息与控制, 1988(5): 69 – 72.

[2] DE Z I, DE C J, ROIG G, et al. LLM adaptive PID control for B5G truck platooning systems[J]. Sensors, 2023, 23(13): 5899.

［3］ KWON J W, CHWA D. Adaptive bidirectional platoon control using a coupled sliding mode control method［J］. IEEE Transactions on Intelligent Transportation Systems, 2014, 15(5): 2040 – 2048.

［4］ PENG B, YU D, ZHOU H, et al. A platoon control strategy for autonomous vehicles based on sliding-mode control theory［J］. IEEE Access, 2020, 8: 81776 – 81788.

［5］ LEE C C. Fuzzy logic in control systems: fuzzy logic controller. I［J］. IEEE Transactions on Systems, Man, and Cybernetics, 1990, 20(2): 404 – 418.

［6］ MULLER R, NOCKER G. Intelligent cruise control with fuzzy logic［C］//Proceedings of IEEE Intelligent Vehicles Symposium. New York: IEEE, 1992: 173 – 178.

［7］ HESSBURG T, TOMIZUKA M. Fuzzy logic control for lateral vehicle guidance［C］//Proceedings of IEEE International Conference on Control Applications. New York: IEEE, 1993: 13 – 16.

［8］ LEE G D, KIM S W. A longitudinal control system for a platoon of vehicles using a fuzzy sliding mode algorithm［J］. Mechatronics, 2002, 12(1): 97 – 118.

［9］ NARANJO J E, GONZÁLEZ C, GARCÍA R, et al. Lane-change fuzzy control in autonomous vehicles for the overtaking maneuver ［J］. IEEE Transactions on Intelligent Transportation Systems, 2008, 9 (3): 438 – 450.

［10］ MA Y, LI Z, MALEKIAN R, et al. Hierarchical fuzzy logic-based variable structure control for vehicles platooning［J］. IEEE Transactions on Intelligent Transportation Systems, 2018, 20(4): 1329 – 1340.

［11］ RAJU G V S, ZHOU J, KISNER R A. Hierarchical fuzzy control［J］. International Journal of Control, 1991, 54(5): 1201 – 1216.

［12］ ZHOU Y, AHN S, CHITTURI M, et al. Rolling horizon stochastic optimal control strategy for ACC and CACC under uncertainty［J］. Transportation Research Part C: Emerging Technologies, 2017, 83: 61 – 76.

［13］ MORBIDI F, COLANERI P, STANGER T. Decentralized optimal control of a car platoon with guaranteed string stability ［C］//2013 European Control Conference (ECC). New York : IEEE, 2013: 3494 – 3499.

［14］ NEGENBORN R R, MAESTRE J M. Distributed model predictive control: An overview and roadmap of future research opportunities［J］. IEEE Control Systems Magazine, 2014, 34(4): 87 – 97.

［15］ ZHENG Y, LI S B, LI K Q, et al. Distributed model predictive control for heterogeneous vehicle platoons under unidirectional topologies ［J］. IEEE Transactions on Control Systems Technology, 2017, 25(3): 899 – 910.

［16］ WEI R. Distributed consensus in multivehicle cooperative control: Theory and applications［J］. IEEE Control Systems Magazine, 2010, 30(3) : 85 – 86.

［17］ ELLA A, RANDAL B, WEI R. Information consensus and its application in multi-vehicle cooperative control［J］. IEEE Control Systems Magazine 2007, 4: 71 – 82.

［18］ CHIKA Y, TORU N. Observer-based consensus control strategy for multi-agent system with communication time delay［C］//2008 IEEE International Conference on Control Applications. New York: IEEE, 2008: 1037 – 1042.

［19］ HU J P, HONG Y G. Leader-following coordination of multi-agent systems with coupling time delays ［J］. Physica A: Statistical Mechanics and its Applications, 2007, 374(2): 853 – 863.

［20］ SEILER P, SENGUPTA R. An H∞ approach to networked control［J］. IEEE Transactions on Automatic Control, 2005, 50(3): 356 – 364,

［21］ 李云勇. 考虑横纵耦合的商用车编队分布式预测控制策略［D］. 长春：吉林大学, 2023.

［22］盛恩聪. 保证实时性的商用车队列纵横向协同控制［D］. 长春：吉林大学，2023.

［23］LIN F, FARDAD M, JOVANOVIC M R. Optimal control of vehicular formations with nearest neighbor interactions［J］. IEEE Transactions on Automatic Control, 2012, 57(9)：2203－2218.

［24］HAO H, BAROOAH P. Stability and robustness of large platoons of vehicles with double-integrator models and nearest neighbor interaction［J］. International Journal of Robust and Nonlinear Control, 2012, 23(18)：2097－2122.

［25］GHASEMI A, KAZEMI R, AZADI S. Stable decentralized control of a platoon of vehicles with heterogeneous information feedback［J］. IEEE Transactionson Vehicular Technology, 2017, 62(9)：4299－4308.

［26］QIONG W, GE G, BIN C B. Distributed receding horizon control for fuel efficient and safe vehicle platooning［J］. Science China Technological Sciences, 2016, 59(12)：1953－1962.

［27］GUO X, WANG J, LIAO F, et al. Distributed adaptive sliding mode control strategy for vehicle-following systems with nonlinear acceleration uncertainties［J］. IEEE Transactions on Vehicular Technology, 2017, 66(5)：981－991.

［28］聂光明. 具有换道辅助功能的协同自适应巡航控制理论与方法研究［D］. 长春：吉林大学，2022.

［29］SWAROOP D, HEDRICK J K, CHOI S B. Direct adaptive longitudinal control of vehicle platoons ［J］. IEEE Transactions on Vehicular Technology, 2001, 50(1)：150－161.

［30］RAJARAM V, SUBRAMANIAN S C. Heavy vehicle collision avoidance control in heterogeneous traffic using varying time headway［J］. Mechatronics, 2018, 50：328－340.

［31］SANTHANAKRISHNAN K, RAJAMANI R. On spacing policies for highway vehicle automation［J］. IEEE Transactions on Intelligent Transportation Systems, 2003, 4(4)：198－204.

［32］IDELCHI A, SALAMAH B B. Lateral control of vehicle platoons［C］//2013 IEEE International Conference on Systems. New York：IEEE, 2013：4561－4565.

［33］SATOURI M R, RAZMINIA A, MOBAYEN S, et al. Disturbance decoupling and tracking controller design for lateral vehicle dynamics［J］. IEEE Access, 2021, 9：40706－40715.

［34］王玥明. 分布式车队协同控制研究［D］. 成都：西南交通大学，2018.

［35］LATRECH C, CHAIBET A, BOUKHNIFER M, et al. Integrated longitudinal and lateral networked control system design for vehicle platooning［J］. Sensors, 2018. DOI：10.3390/s18093085.

［36］任殿波，崔胜民，吴杭哲. 车道保持预瞄控制及其稳态误差分析［J］. 汽车工程，2016, 38 (2)：192－199.

［37］LIM E H M, HEDRICK J K. Lateral and longitudinal vehicle control coupling for automated vehicle operation［C］//1999 American Control Conference. New York IEEE, 1999：3676－3680.

［38］史鸿枫，刘明春，黄菊花. 智能电动车辆横纵向协同运动控制［J］. 南昌大学学报(工科版)，2021, 43(1)：62－72.

［39］李玲，姚喜贵，施树明. 轮胎非线性对自主车队稳定性的影响分析［J］. 汽车工程，2019, 41 (9)：1065－1072＋1087.

［40］GUO J, LI K, LUO Y. Coordinated control of autonomous four wheel drive electric vehicles for platooning and trajectory tracking using a hierarchical architecture［J］. Journal of Dynamic Systems, Measurement, and Control, 2015. DOI：10.1115/1.4030720.

［41］陈龙，邹凯，蔡英凤，等. 基于 NMPC 的智能汽车纵横向综合轨迹跟踪控制［J］. 汽车工程，2021, 43(2)：153－161.

[42] ZHAO H, LU X, CHEN H, et al. Coordinated attitude control of longitudinal, lateral and vertical tyre forces for electric vehicles based on model predictive control[J]. IEEE Transactions on Vehicular Technology, 2022, 71(3): 2550 – 2559.

[43] DENG D, GAO F, HU Q. Motion planning for autonomous vehicles considering longitudinal and lateral dynamics coupling[J]. Applied sciences, 2020. DOI: 10.3390/app10093180.

[44] 邓涛, 李鑫. 智能车辆横纵向运动综合控制方法研究[J]. 重庆交通大学学报(自然科学版), 2021, 40(4): 133 – 140.

[45] 汪龚, 殷国栋, 耿可可, 等. 基于不同紧急工况辨识的车辆主动避撞自适应控制[J]. 机械工程学报, 2020, 56(4): 115 – 124.

[46] HOU R, ZHAI L, SUN T. Steering stability control for a four hub-motor independent-drive electric vehicle with varying adhesion coefficient[J]. Energies, 2018. DOI: 10.3390/en11092438.

[47] LIU D, XU K, CUI Y, et al. Learning-based motion control of autonomous vehicles considering varying adhesion road surfaces[C]//2022 IEEE 25th International Conference on Intelligent Transportation Systems (ITSC). New York: IEEE, 2022: 4259 – 4264.

[48] PROCTOR J L, BRUNTON S L, KUTZ J N. Dynamic mode decomposition withcontrol[J]. SIAM Journal on Applied Dynamical Systems, 2016, 15(1): 142 – 161.

[49] DARBHA S, KONDURI S, PAGILLA P R. Benefits of V2V communication for autonomous and connected vehicles[J]. IEEE Transactions on Intelligent Transportation Systems, 2019, 20(5): 1954 – 1963.

[50] LI S E, QIN X, LI K, et al. Robustness analysis and controller synthesis of homogeneous vehicular platoons with bounded parameter uncertainty[J]. IEEE/ASME Transactions on Mechatronics, 2017, 22(2): 1014 – 1025.

[51] ZHENG Y, LI S E, LI K, et al. Platooning of connected vehicles with undirected topologies: Robustness analysis and distributed H-infinity controller synthesis[J]. IEEE Transactions on Intelligent Transportation Systems, 2018, 19(5): 1353 – 1364.

[52] 王建美. 基于分布式滑模的互联车辆队列控制[D]. 秦皇岛: 燕山大学, 2023.

[53] 胡满江, 徐彪, 秦洪懋, 等. 基于MPC的多车纵向协同避撞算法[J]. 清华大学学报(自然科学版), 2017, 57(12): 1280 – 1286.

[54] LI H P, SHI Y, YAN W S. Distributed receding horizon control of constrained nonlinear vehicle formations with guaranteed γ-gain stability[J]. Automatica, 2016, 68: 148 – 154.

[55] ZHENG Y, LI S E, LI K. Distributed model predictive control for heterogeneous vehicle platoons under unidirectional topologies[J]. IEEE Transactions on Control Systems Technology, 2017, 25(3): 899 – 910.

[56] YU S, CHEN H, FENG Y. Nash optimality based distributed model predictive control for vehicle platoon[J]. IFAC-Papers online, 2020, 53(2): 6610 – 6615.

第 4 章
智能汽车编队驾驶协同调度
与规划技术

　　随着智能汽车编队驾驶控制技术逐渐成熟，编队驾驶调度与规划技术也已经开始发展。调度和规划是编队驾驶大规模应用和产生经济价值的关键。然而相关研究仍然较为零散，尚未形成一个完整的调度和规划系统。调度和规划的主要应用包括驾驶编队形成、变道、编队通过交通信号灯，以及车辆编队的资源调度和分配等。本章总结了编队调度和规划的主要应用和总体技术。

　　在编队驾驶调度与规划技术中，首先被研究的是由纵向间距控制演化来的纵向速度规划。与单个车辆的速度规划不同，编队速度规划还需要保持车辆间距和队列稳定性，继而引申到编队形成和分离的速度规划。车辆编队通过交通信号灯的速度规划也是一个相似的研究领域，但附加编队只可以在绿灯时通过这一约束条件。此外，纵向速度规划也被拓展至横向轨迹领域。由于车辆编队总长较长，如何规划编队变道的横向轨迹也是一个挑战。综上所述，车辆编队驾驶调度与规划系统的总体系统架构如图 4-1 所示。

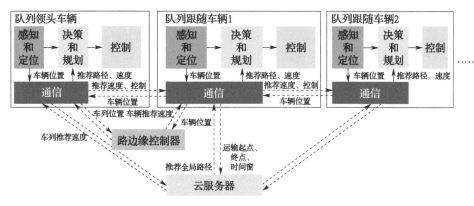

图 4-1　车辆编队驾驶调度与规划系统的总体系统架构

4.1 智能汽车编队驾驶调度与规划基本方法

智能汽车编队驾驶调度与规划基本方法涉及多个关键元素，以确保车辆之间的协同驾驶、安全性和高效性。编队驾驶的核心是确保车辆之间的信息共享和规划协调，以实现安全、高效和流畅的行驶。同时，这些方法需要满足交通法规和规则，以确保合规性。未来，随着自动驾驶技术的不断发展，基于机器学习和人工智能的方法也将被纳入编队驾驶的调度与规划中，以提高适应性和智能性。

4.1.1 基于规则的方法

基于规则的智能汽车编队驾驶调度与规划方法可以涵盖多个方面：

1）车辆间通信规则：车辆之间需要能够进行实时通信，以共享信息和协调行动。这可以通过车辆间通信技术，如车到车通信（Vehicle-to-Vehicle，V2V）来实现。通信包括位置、速度、加速度等信息的共享，以便车辆了解彼此的状态。

2）跟车规则：这些规则定义了车辆如何跟随前车，以维持适当的车距和安全距离。常见的跟车规则包括等距控制和基于速度的控制。车辆需要适应前车的速度和加速度，以维持相对稳定的车距。

3）交通法规和规则：编队中的车辆必须遵守当地的交通法规，包括速度限制、交通信号和交通标志。这些法规和规则的遵守是基于规则的编队驾驶的重要组成部分。在交通信号灯和路口行驶时，车辆必须根据信号灯的状态来加速、减速或停车。

4）超车规则：超车规则定义了车辆如何超越其他车辆，包括何时变道和何时加速。这确保了编队中的车辆可以协调地完成超车操作，而不会发生冲突。

5）紧急情况规则：这些规则规定了车辆在紧急情况下如何应对，包括避免碰撞或进行紧急制动。紧急情况规则可以包括避免碰撞的策略和紧急制动的方法。

6）任务分配：任务分配规则确定了每辆车的角色和责任。这包括确定哪辆车会领导编队、哪辆车会跟随，以及如何协调它们的行动。任务分配确保了编队中的车辆具有不同的功能和任务。

7）资源分配：资源分配规则涉及分配时间、空间和其他资源，以确保编队的顺利运行。这包括分配行驶道路、交通信号和停车位。资源分配确保了编队的资源利用效率。

8）路径规划：路径规划方法确定了车辆应该沿着哪条道路行驶，以到达目的地或避开拥堵。路径规划还需要考虑道路的拓扑结构、道路类型和其他因素。

9）速度规划：速度规划决定车辆的速度，以保持安全的车距和适应道路条件。这还包括与前车的速度匹配以及与交通信号的同步。

10）横向轨迹规划：横向轨迹规划确定车辆应如何在车道内行驶，包括变道和维护编队形态。这需要考虑车辆的横向位置和与其他车辆的关系。

这些规则和方法相互协同工作，以确保车辆在编队中以安全、高效和协同的方式行驶。

基于规则的算法包括有限状态机[1]、模糊逻辑[2]等，规则类算法的可解释性好，但无法处理较为复杂和随机的动态道路场景，每添加一条规则，都需要考虑与规则库中的其他规则是否存在冲突。

王新凯等[3]将规则引入深度强化学习算法，在保证智能车辆合理探索区间的前提下，减少训练过程中的危险动作。将引入的规则分为与变道相关的硬约束和与车道保持相关的软约束，分别通过动作检测模块与奖励函数实现，整体架构如图 4-2 所示。

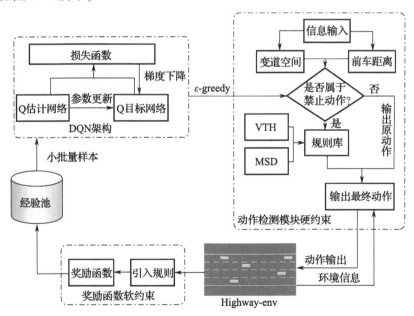

图4-2　基于规则约束的深度强化学习整体架构

基于规则的方法提供了一种可靠的框架，可以在不涉及复杂的机器学习或人工智能算法的情况下实现编队驾驶。然而，这些方法也面临着限制，特别是在应对复杂、不确定或非常规交通情况时。因此，未来的发展可能包括更多的自学习和自适应方法，以提高编队驾驶的适应性和安全性。

4.1.2 基于系统模型的方法

基于系统模型的智能汽车编队驾驶调度与规划方法是一种更复杂和智能的方法，它利用系统模型、优化算法和高级控制策略来实现车辆之间的高度协同工作。在这种方法中，车辆之间的相互关系和环境条件被建模为数学模型。这些模型可以包括车辆动力学模型、交通流模型、传感器模型等。这些模型提供了对车辆和环境的深入理解。系统模型利用传感器数据来估计车辆的状态，包括位置、速度、加速度等。状态估计有助于实时了解车辆的行为和周围环境。基于车辆的状态估计和系统模型，路径规划算法可以计划最佳的行驶路径，以达到编队的目标。这些规划方法可以考虑避免拥堵、最小化能源消耗或最大化车辆之间的协同。

（1）图模型

图模型的方法可以很好地表示车辆之间的信息传递或相对位置关系。车辆编队的信息流拓扑结构可以用图模型的方式来表示[4]。关于车辆位置关系，Navarro等[5]在与道路平行的纵向坐标系中使用基于图的分布式控制法则，研究了多车道编队的异质车辆群控制。Wu等[6]将协同车道分类视为基于图的路径规划问题。基于图的方法有其局限性，包括在某些情况下难以准确、全面地表示高能效的多车协同问题。此外，处理复杂的图结构需要大量的计算资源和时间。

对于交叉路口，应用基于图的方法来解决确定多个智能汽车最佳通过顺序的离散问题。深度优先生成树[7]、佩里特网[8]和冲突持续时间图[9]被用于解决调度问题。Chen等[10]提出了一种基于协同图的方法，用于无信号交叉路口的无冲突调度。车辆轨迹冲突使用冲突有向图和共存无向图来建模。该方法包括一种改进的深度优先生成树算法，用于局部最优通过顺序，以及一种最小团覆盖算法，用于全局最优解。

运动预测能够预测交通场景中的未来代理坐标，有助于优化多车系统状态并提高整体能效。基于图的方法越来越受到关注，因为交通场景可以自然地表示为图。车辆、行人和车道段等元素被定义为节点，它们之间的交互构成了边[11]。最近，许多研究都侧重于将深度学习（Deep Learning，DL）方法扩展到基于图的方法，其中包括图卷积网络[12]和图注意力网络[13]。这些方法使用神经网络和注意力机制来整合图中节点的特征信息（如位置或速度）和结构信息（如距离或关系类型），并通过图的边来传递这些信息。

图模型为车辆编队提供了一种强大的建模和分析工具，有助于理解车辆之间的关系和协同工作方式。这可以改善车辆编队的安全性、效率和流畅性，尤其在自动驾驶和自主驾驶车辆的未来应用中，图模型的应用可能变得更加重要。

（2）博弈论模型

博弈论模型对于模拟战略决策者之间的互动，包括驾驶员 – 车辆和车辆 – 车辆之间的互动，具有很高的价值[14-16]。车辆编队通常需要合作以实现共同的目标，如维持编队形态或避免交通拥堵。博弈论模型可用于分析车辆之间的合作和竞争关系，以确定最佳策略，例如确定何时合并或超越其他车辆。在车辆编队中，车辆通常需要共享有限的资源，如道路空间或停车位。博弈论可以用来分析资源分配问题，以确定如何分配资源，以最大限度地满足车辆的需求。

博弈论的一般表述如下：

$$G(N, S, U, P, T) \tag{4.1}$$

式中，N 为车辆数；S 为策略空间，$S = S_1 \times S_2 \times \cdots \times S_n$；$U$ 为收益空间，$U = (U_1, U_2, \cdots, U_n)$，$U_i: S \rightarrow \mathbb{R}$（其中 $\mathbb{R}$ 表示实数域）；P 为信息空间；T 为类型空间。

level – k 博弈论通过分层认知结构来模拟人类推理[17]，其中每个博弈者的推理水平用 $k \in \{0, 1, \cdots\}$ 表示。level – 0 玩家不考虑互动而凭直觉行事，而 level – k 玩家则假定他人是 level – $(k-1)$ 推理者。推理层次结构从 level – 0 开始，迭代地假设其他参与者的模型，直到达到所需的最高级别。Tian 等[18]介绍了一种基于 level – k 博弈论的自适应控制策略，整合了"自我"和"对手"的角色转换。通过显式在线实现完成了策略的验证过程，并利用函数逼近评估了控制算法的可行性。

博弈论分为非合作博弈、合作博弈、演化博弈、重复博弈、信息博弈、讨价还价博弈和其他特定种类，每种博弈论都研究各种互动场景下的决策。Jing[19]介绍了一种协同优化框架，利用多人博弈协调车辆，实现包括降低油耗在内的全局目标。该多人博弈被分解为多个双人博弈，在假设通过合流点后速度不变的情况下，确保每辆车在合流后形成稳定的排兵布阵。为实现全局优化，制定了一个联合成本函数，以表示燃料消耗、舒适度和行驶效率。博弈论模型为分析和优化车辆编队问题提供了一个强大的框架，有助于理解车辆之间的交互作用、策略制定和最终结果。这可以有助于改进车辆编队的安全性、效率和协同性，尤其在自主驾驶车辆的未来交通系统中，博弈论模型的应用有望变得更加重要。

基于系统模型的方法通常需要更多的计算资源和算法复杂性，但它们可以提供更高级别的智能化和适应性，以适应各种交通情况和环境。这些方法在实现自动驾驶编队调度与规划时具有重要潜力，尤其是在高度自动化的交通系统中。

4.1.3 基于优化的方法

最优化方法，是指解决最优化问题的方法。所谓最优化问题，指在某些约束条件下，决定某些可选择的变量应该取何值，使所选定的目标函数达到最优的问题。在实际生产中，运用最新科技手段和处理方法，使系统达到总体最优，从而为系统提出设计、施工、管理、运行的最优方案。由于实际的需要和计算技术的进步，最优化方法的研究发展迅速。

最优化问题一般可以描述为

$$\min f(\boldsymbol{x}), \text{ s. t. } x \in \mathcal{X} \tag{4.2}$$

式中，$\boldsymbol{x}$ 为决策变量（空间列向量，也可以为矩阵或张量等），$\boldsymbol{x} = (x_1, x_2, \cdots, x_n)^{\mathrm{T}} \in R^n$；$f$ 为目标函数，$f: R^n \rightarrow R$；$\mathcal{X}$ 为约束几何或可行域，$\mathcal{X} \subseteq R^n$；可行域包含的点称为可行解。当 $\mathcal{X} = R^n$ 时，式（4.2）为无约束优化问题。约束条件通常可以表示成

$$\mathcal{X} = \{x \in R^n \mid c_i(x) \leq 0, i = 1, 2, \cdots, m, c_j(x) = 0, j = m+1, m+2, \cdots, m+l\}$$

$$\tag{4.3}$$

约束条件包含 m 个不等式约束条件和 l 个等式约束条件。在满足上述约束条件的决策变量中，使式（4.2）取最小值的变量 $\boldsymbol{x}^*$ 为优化问题的最优解。因此，最优化问题主要涉及以下三个要素：

1）决策变量：$\boldsymbol{x} = (x_1, x_2, \cdots, x_n)^{\mathrm{T}}(x_n \in R^n)$ 表示我们在最优化问题中要求解的变量。

2）目标函数：$f: R^n \rightarrow R$ 表示我们需要最大化或最小化的表达式。

3）约束函数：$c_i: R^n \rightarrow R$ 表示我们需要满足的等式或不等式条件。

优化方法在编队驾驶协同调度中具有广泛的应用，有助于优化车队的路径规划、任务分配和资源调度，以提高车队的效率、安全性和可持续性。编队驾驶协同调度问题是一种复杂的优化问题，旨在将多辆智能汽车组织成编队，以达到一系列特定的目标。这些目标可以包括但不限于以下5个方面：

1）最小化总行驶距离：这是一个重要的优化目标，旨在减少燃油消耗和减轻交通拥堵，从而降低环境影响。

2）最小化总行驶时间：通过减少车辆的行驶时间，可以提高道路容量并减少交通拥堵，改善交通效率。

3）最大化编队的安全性：安全性是编队驾驶协同调度的关键因素，目标是避免碰撞和减少交通事故。

4）最大化能源效率：优化问题还可以考虑最大化能源效率，以减少碳排放和能源成本。

5）适应不同交通情况：问题定义需要能够适应不同路况和交通条件，如高速公路、城市道路或特殊气象情况。

常用的优化方法包括线性规划（Linear Programming，LP）、整数规划（Integer Programming，IP）、非线性规划（Nonlinear Programming，NLP）、整数线性规划（Integer Linear Programming，ILP）、二次规划（Quadratic Programming，QP）、多目标优化（Multi-Objective Optimization）、混合整数线性规划（Mixed-Integer Linear Programming，MILP）问题、动态规划（Dynamic Programming，DP）等[20-21]。

（1）动态规划方法

通过贝尔曼最优性原理，动态规划在为约束线性和非线性问题寻找全局最优解方面表现出色。当应用于智能汽车编队驾驶协同调度时，动态规划将求解最优控制问题的过程转化为多阶段决策过程，最终实现全局最优解[22]。Pei等[23]提出了匝道合流的动态规划策略，以车辆数的二次多项式复杂度 $O(N^2)$（其中 N 为车辆数）确定全局最优通过顺序。他们的工作为多车协同的动态规划方法提供了一个范例。动态规划将其状态表示为三元组，记为 $s_i(m_i, n_i, r_i)$，其中 s_i 为第 i 阶段的状态，m_i 为分配了路权（Right-Of-Way，ROW）的链路-1上的车辆总数，n_i 为分配了路权的链路-2上的车辆总数，r_i 为该阶段拥有路权的车辆的链路-ID。这种状态定义确保了马尔可夫性质，允许不同的通行顺序导致相同的状态。考虑到物理约束条件，即领域知识，状态转换设计合理。自适应动态规划因其强大的自学习和自适应能力而被认为是实现最优控制策略的基本方法，它发展成为一种类似于大脑神经过程的基本最优控制方法[24]。

动态规划算法通常无法满足实时多车应用的要求[25]。它的复杂度呈指数增长，不适合广泛的问题。此外，它严重依赖于约束条件，在设计最优子结构和重叠子问题时面临挑战。

（2）模型预测控制

模型预测控制（Model Predictive Control，MPC）是一种广受认可的反馈控制方法，在处理带约束条件的多目标最优控制问题时表现出色，尤其是在多车协同中，它能有效解决汽车跟随动力学和能耗方面的问题。在不同的应用领域和问题背景下，MPC 有许多变体。分布式 MPC（Distributed MPC，DMPC）[26-27] 和非线性 MPC（Nonlinear MPC，NMPC）[28-29] 是能够实现高能效优化的两种基本变体。Ma 等[30]介绍了一种考虑跟车速度、航程偏差和能耗权重系数的 NMPC 策略，以实现生态自适应巡航控制。

高能效的多车协同提出了复杂的非线性问题，需要大量实时 MPC 解决能力。稳定性和安全性约束对于多车节能至关重要。MPC 成本函数考虑了跟车距离和能量消耗等方面。MPC 以每一步的局部最优解为目标，生成控制输入。然而，多车协同往往需要全局协调，因为 MPC 可能会陷入局部最优，从而降低整体性能。整合旅行时间成本和信号相位配时（Signal Phase and Timing，SPaT）有助于 MPC 的车辆，通过以燃油消耗换取旅行时间效率来平衡性能[31]。

（3）混合整数线性规划

Ye 等[32]提出了一种双层最优边缘计算模型用于匝道合流以最大化车辆的通行能力。其中，第一层模型具体将每辆车进行合流的时间作为优化变量，将车辆通过匝道的总延时作为目标函数，将车辆能力和车辆安全间距作为约束条件，将匝道合流序列优化建模成一个 MILP 问题，最后验证这种基于混合整数线性规划的最优合流序列方法提高了通行能力，然而求解 MILP 问题的计算复杂度随着车辆数量的增加呈指数性增长。

（4）生成树与图模型

Li 等[20]提出一种方法，这种方法基于生成树的思想，来获取最佳的合流顺序。这种方法的核心思想是使用生成树的结果来表示合流顺序的解空间，并应用剪枝规则来在生成树中搜索全局最佳的合流顺序。Yuan[33]考虑实时性和优化性的平衡，提出了一种基于图模型的方法对匝道合流序列进行优化，并在图模型中考虑合流序列对运动轨迹的影响，以减少车辆合流时的总能耗，同时保证入口匝道的通行效率。

下面以一个基于动态规划的匝道合流协同驾驶策略为例，展示优化理论在车辆编队调度与规划中的应用。

考虑一个典型的高速公路入口匝道，每个环节都有单车道，如图 4-3 所示。深色区域为合流区，不同路段的车辆可能发生碰撞。每条线路都有一个控制区，控制区内的车辆是可控的。控制区的长度定义为从控制区入口到合流区域入口的距离。

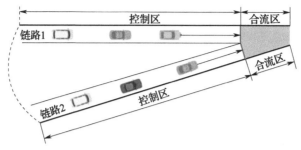

图 4-3　匝道合流示意

合流问题的协同驾驶策略旨在通过优化车辆的通行顺序来提高交通效率。为了达到这个目标，我们将目标函数表述为

$$J = \max t_i^{\text{assign}},\ t_i^{\text{assign}} \in T^{\text{assign}} \tag{4.4}$$

式中，t_i^{assign} 为车辆 i 进入合流区时间；T^{assign} 为控制区内所有车辆进入时间的集合；显然，J 为车辆的总进入时间。

在考虑车辆动力学的情况下，访问时间有一个下界 $t_i^{\min}$ 和一个上界 $t_i^{\max}$。

$$t_i^{\max} {}^{\text{assign}} t_i^{\min} \tag{4.5}$$

为了防止碰撞，施加追尾安全约束：

$$t_{i+1}^{\text{assign}} - t_i^{\text{assign}} \geqslant \Delta_{t_1} \tag{4.6}$$

式中，Δ_{t_1} 为避免追尾碰撞的最小允许安全间隙。假设车辆 i 和车辆 j 是来自不同路段的两辆车。为了避免合流区域的收敛碰撞，施加了收敛安全约束：

$$t_i^{\text{assign}} - t_j^{\text{assign}} \geqslant \Delta_{t_2} \text{ 或 } t_j^{\text{assign}} - t_i^{\text{assign}} \geqslant \Delta_{t_2} \tag{4.7}$$

为了表述整个优化问题，用一些二元变量 $\big[\boldsymbol{K} = \{k_{11}, \cdots, k_{ij}, \cdots, k_{mn}\}, (i, j)$ $\in M \times N, \boldsymbol{K} \in \{0, 1\}^{m \times n}\big]$ 来进行传递顺序约束。

$$t_{i+1}^{\text{assign}} - t_i^{\text{assign}} + M k_{ij} \geqslant \Delta_{t_2} \tag{4.8}$$

式中，Δ_{t_2} 为避免汇聚碰撞的最小允许安全间隙。

$$t_{i+1}^{\text{assign}} - t_i^{\text{assign}} + M(1 - k_{ij}) \geqslant \Delta_{t_2} \tag{4.9}$$

M 是一个足够大的正数，显然，$k_{ij} = 1$ 意味着车辆 i 可以比车辆 j 更早进入合流区。

如上所述，整个归并问题的优化问题可表述为

$$\min_{T^{\text{assign}}, \boldsymbol{K}} \max t_i^{\text{assign}} \text{ s. t. } (4.5)(4.6)(4.8)(4.9) \tag{4.10}$$

这样，该问题转化成一个混合整数线性规划问题。分支定界法可以直接求解小规模的 MILP 问题，得到全局最优解。式（4.10）解空间的大小为 2^{mn}。因此，随着车辆数量的增加，解决方案的数量呈指数增长。基于现有的方法，要

得到全局最优解是一个非常耗时的过程。利用文献［23］提出的一种基于 DP 的匝道合流协同驾驶策略进行求解。将该策略与传统策略通过仿真试验进行对比得到以下结果，如图 4-4 和图 4-5 所示。

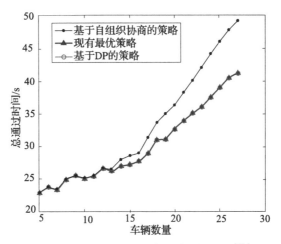

图 4-4　总通过时间与车辆数量的关系[23]

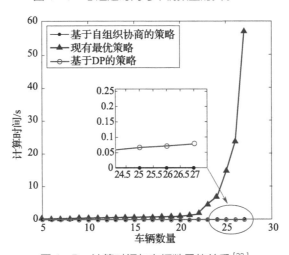

图 4-5　计算时间与车辆数量的关系[23]

仿真结果表明，基于 DP 的策略的总通过时间与现有最优策略的总通过时间完全相等，并且当车辆数量大于 15 时，基于 DP 的策略的总通过时间比基于自组织协商的策略明显减少。此外，基于 DP 的策略的计算时间与基于自组织协商的策略的计算时间接近，而现有最优策略的平均计算时间随着车辆数量的增加几乎呈指数增长。结果表明，基于 DP 的策略可以在足够短的计算时间内找到合流问题的最优解。

其他基于优化的方法有庞特里亚金最小原理（Pontryagin's Minimum Principle，PMP）[34]、滑模控制（Sliding Mode Control，SMC）[35]等。然而，计算复杂度随车辆数量呈指数级上升，使得这些方法在实施时不那么实用，尤其是在高交通流量的情况下。

4.1.4　机器学习方法

在智能汽车编队驾驶协同调度技术中，基于学习的方法可以帮助车辆编队更有效地协同行驶、减少拥堵、提高燃油效率和安全性。使用大量的车辆信息作为样本数据进行训练，获得内部关系，从而解决实际的运动规划与调度问题。

强化学习（Reinforcement Learning，RL）是一种将未来状态预测纳入当前决策的动态算法。He 等[36]提出了一种用于高速公路匝道稳健决策的约束对抗 RL（Constrained Adversarial RL，CARL）方法，使智能体能够在对抗性环境不确定性的情况下学习稳健的匝道合流策略，确保驾驶安全和出行效率。在文献［37］中，RL 和 MPC 被结合起来以提高学习效率，从而实现乘客舒适度、效率和稳健性之间的平衡。然而，这种方法是为单一智能汽车量身定制的，将其他车辆视为环境的一部分。

多车协同涉及多车和车路系统的时空演变，包括车辆群和环境子系统。车辆集群子系统分解为车辆间子系统。这种合作过程可通过混合可观测马尔可夫决策过程（Mixed Observable Markov Decision Process，MOMDP）[38]有效建模。MOMDP 框架采用 7 元组形式：

$$\{S, A, T, Z, O, R, \gamma\} \tag{4.11}$$

式中，S 为状态空间，即所有可能的环境状态集合；A 为行动空间，即自车产生的所有可能行动的集合；T 为转移函数，$T(s', s, a) = \Pr(s' \mid s, a)$：$S \times A \times S$，即当 S 中的状态 $s \in S$ 建立后，主车采取了 $a \in A$ 行动后，模型状态转移函数的转移概率为 $s' \in S$；Z 为观测空间；O 为观测函数，$O(z, s', a) = \Pr(z \mid s', a)$：$S \times A \times Z$，即在采取特定行动 $a \in A$ 和结果状态 $s' \in S$ 时，相应观测值 $z \in Z$ 的观测概率；R 为奖励函数，$R(s, a)$：$S \times A$，即在 S 中的状态 $s \in S$ 中采取特定行动 $a \in A$ 所获得的奖励；γ 为贴现因子，$\gamma \in [0, 1]$，用于平衡瞬时奖励和未来奖励[39]。

奖励函数的设计在 RL 中具有极其重要的意义，并直接影响收敛性[40]。通常，奖励函数与决策者的目标相一致。值得注意的是，加速度的绝对值能很好地反映能量消耗，最小化加速度的绝对值能确保最低的能量消耗。奖励函数可

以设为 $r_i^{\text{accl}} = u_i^2(t)$。

常用的 RL 算法包括基于 Q 表的 Q-learning 算法、基于值函数的深度 Q 网络（Deep Q-Networks，DQN）算法和基于策略网络的深度确定性策略梯度（Deep Deterministic Policy Gradient，DDPG）算法。其中一些被归类为深度强化学习（Deep RL，DRL）。

深度强化学习是深度学习与强化学习相结合的产物，它集成了深度学习在视觉等感知问题上强大的理解能力，以及强化学习的决策能力，实现了端到端学习。根据有无模型的分类方式，深度强化学习可分为有模型的强化学习方法和无模型的强化学习方法。基于模型的强化学习方法通过学习一个模型来描述状态转换和奖励评价，该方法大大提高了样本效率，但由于无法对所有的未知情况进行预先建模，难以构建有模型的控制过程，所以只能用神经网络来近似环境模型，具有较强的模型依赖性。因此对自动驾驶的研究采用无模型的强化学习方法，不依赖于特定的模型，直接采用试错学习的方法，来找到最佳策略。

DRL 在交通领域逐渐受到重视，有效地解决了交通场景中的各种挑战，包括交叉路口控制和匝道合流[41]。例如，DQN 被用于合流，但它仍然采用离散的动作空间来描述合流行为，这导致动作行为相对有限[42]。DQN 还可以与长短期记忆（Long Short-Term Memory，LSTM）[43] 和部分可观测马尔可夫决策过程（Partially Observable Markov Decision Process，POMDP）[44] 相结合。在交叉路口协同中，Isele 等[45] 提出了一种 DQN 方法，使用 3 种不同的行动表示：时间 – 行动、顺序行动和爬行 – 行动。

另一种流行的 DRL 算法是 DDPG，该算法可与 MPC 集成，用于自动匝道合流[37]。同样，Lin 等[46] 应用了具有多目标奖励函数的 DDPG，通过修改加速惩罚权重来提高安全性和舒适性。然而，DDPG 在实践中往往会高估 Q 值，从而影响性能和学习效率。在文献［47］中，研究人员开发了一种融合 DDPG 和 DQN 的混合 RL 方法，用于学习智能汽车在交叉路口的生态驾驶策略。

尽管强化学习已经在一些应用场景中得到了广泛应用，但仍然存在一些重要的挑战和难题，包括算法的稳定性和收敛性、模型的可解释性以及泛化性能等方面，需要进一步深入研究和探索。

下面我们以一个无信号交叉口车辆协同控制为例，展示机器学习方法在车辆编队调度与规划中的应用。设定典型的双向六车道无信号交叉口作为试验场景，在交叉口场景中，车辆具有直行、左转、右转三种驾驶轨迹，忽略超车和变道行为[48]，车辆保持固定轨迹通过交叉路口，并采用车辆纵向动力学线性模型来描述车辆的动力学特性[49]。无信号交叉口场景及车辆运动示意图如图 4-6 所示。

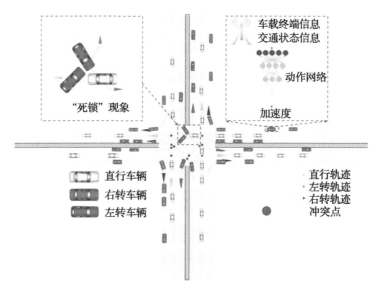

图 4-6　无信号交叉口场景及车辆运动示意图

车辆在 t 时刻的纵向控制可以表示为

$$\begin{cases} a_t = \pi(s_t \mid \theta^{\pi}) \\ p_{t+1} = p_t - v_t T - \dfrac{1}{2} a_t T^2 \\ v_{t+1} = v_t + a_t T \end{cases} \tag{4.12}$$

式中，s_t 为 t 时刻交叉口的车辆状态；a_t 为决策模型在 s_t 下的决策加速度；$\pi(s_t \mid \theta^{\pi})$ 为预训练的决策模型，该决策模型可以根据当前时刻的交叉口车辆状态，对驾驶行为做出决策；p_{t+1} 为 $t+1$ 时刻车辆与交叉口的距离；v_{t+1} 为下一时刻的速度；T 为控制周期。

利用文献 [50] 提出的一种基于强化学习的渐进式价值期望估计的多智能体协同控制（Progressive Value expectation Estimation Multi-agent Cooperative Control，PVE-MCC）算法，提高模型训练的稳定性和策略收敛精度。该算法从安全性、通行效率和舒适度三个方面设计了多目标奖励函数引导策略优化，实现在提高车辆安全性的同时，兼顾交通效率和乘客舒适感。所构建的神经网络结构如图 4-7 所示。

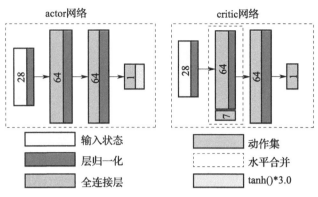

图4-7　神经网络结构

为了验证所提算法的协同控制精度，基于 Python 3.5 开发了双向六车道无信号交叉口仿真试验平台，设定车辆进入交叉口的时间服从泊松分布，且交通流量大小可控。将 PVE-MCC 算法应用到更高车流密度和更复杂的双向六车道带转向的无信号交叉口场景，具体数据见表4-1。从数据可以看出，即使在较高车流量和更复杂的交叉口场景中，所提出的算法在综合控制性能方面依然可以保持较好的性能，说明 PVE-MCC 算法具有良好的协同控制精度。

表4-1　双向六车道无信号交叉口场景 PVE-MCC 算法性能

吞吐量/(veh/h)	平均延时/s	平均车辆舒适度/(m/s³)	安全通过率(%)
2473	0.039	66.293	100
4660	0.111	111.761	100
7035	0.240	160.495	100
9335	0.368	204.112	100
10535	0.393	216.065	100
11546	0.452	238.826	100
13588	0.594	282.186	99.97

4.1.5　多智能体系统方法

自然界中大量个体聚集时往往能够形成协调、有序，甚至令人感到震撼的运动场景，比如天空中集体翱翔的庞大的鸟群、海洋中成群游动的鱼群、陆地上合作捕猎的狼群。这些群体现象所表现出的分布、协调、自组织、稳定、智能涌现等特点，引起了生物学家的研究兴趣。而后为了满足工程需要，美国麻省理工学院（Massachusetts Institute of Technology，MIT）的 Minsky 提出了智能体（Agent）的概念，并且把生物界个体社会行为的概念引入计算机学科领域，生物学和计算机科学领域发生了交叉。所谓的智能体可以是相应的软件程序，也可以是实物，例如人、车辆、机器人、人造卫星等。

　　智能体指具有自治性、社会性、反应性和预动性等基本特性的实体，可以看作相应的软件程序或者一个实体（如人、车辆、机器人等），它嵌入环境中，通过传感器感知环境，通过执行器自治地作用于环境并满足设计要求，智能体与环境交互的示意图如图 4-8 所示。

图 4-8　智能体与环境交互的示意图

　　多智能体系统的目标是让若干个具备简单智能且便于管理控制的系统能通过相互协作实现复杂智能[51]，使得在降低系统建模复杂性的同时，提高系统的鲁棒性、可靠性、灵活性。在各种多智能体系统中，多智能体强化学习（Multi-Agent RL，MARL）取得了重大成就，能有效处理错综复杂的动态环境。MARL 算法分为两大类：协同型和非协同型。与单智能体环境不同，MARL 中的每个代理不仅要考虑自己的行动和回报，还要考虑其他智能体的行为[40]。从交通系统的角度来看，多车协同可以提高整体交通性能，这是一个典型的多智能体问题。

　　关于合流问题，Chen 等[52]设计了一个高效、可扩展的 MARL 框架，专门针对具有不同信息流拓扑（Information Flow Topology，IFT）的动态交通场景。通过参数共享和本地化奖励，促进了智能体间的协同。多智能体近端策略优化（Multi-Agent Proximal Policy Optimization，MAPPO）是一种最先进的 MARL 方法，可为智能汽车提供先进的匝道合流解决方案[53]。在编队控制中，协同多智能体演员 – 评论员（Multi-Agent Actor-Critic，CMAA）策略通过将感知信息直接映射到群体决策来优化排管理[54]。Wang 等[55]提出了一种基于 MARL 的混合动力汽车生态驾驶控制。与最先进的分层 MPC 相比，MARL 方法在保持安全性和舒适性的同时，实现了 15.8% 的燃油节约。

　　其他基于数据驱动和学习的方法，如端到端自动驾驶[56]和模仿学习，通过专家驾驶数据模仿来实现策略学习[57]。然而，许多针对不同场景的现有方法往往是孤立的，缺乏连通性和通用性。近期只有少数研究从多场景角度出发，或提出了统一的决策和控制方法。

4.2 智能汽车编队驾驶调度与规划应用场景

智能汽车编队协同驾驶可以在兼顾道路交通安全与高效，充分利用道路情况下，将若干单车组成跨车道柔性车队，使其能够根据不同交通状况，通过协作的方式完成巡航、跟随、组合与拆分、变道等相关协作策略，简化交通控制，增加交通的可组织性，从而提高交通通行效率，缓解交通拥堵。

4.2.1 地图层级车列成组调度

智能汽车车列成组调度主要涉及感知、决策、控制三大类模块，如图 4-9 所示，感知层接收由各种传感器采集到车辆周围环境的信息，输出环境感知；决策层通过 GPU 与 CPU 等芯片完成信息融合，产生环境感知结果，决策层根据环境感知结果和内部算法逻辑输出策略结果以及路径规划结果，自动驾驶车辆通过线控转向、线控自动等底层执行机构操纵对智能汽车进行横向控制和纵向控制。除此之外，高精度地图与融合定位系统两大支撑技术可以加强智能汽车编队系统整体的感知与定位能力。

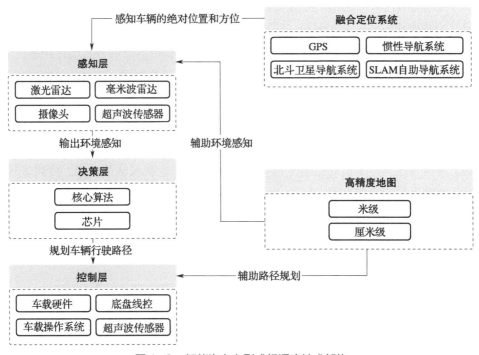

图 4-9 智能汽车车列成组调度技术架构

对于车辆导航系统，车辆定位是环境感知功能中最基本的问题，目前主要采用 GPS 进行定位。Park 等[58]研究了 GPS-RTK 组合可以低成本地实现自动驾驶车辆在高速行驶中的车辆定位的可行性。定位与地图构建技术（Simultaneous Localization and Mapping，SLAM）也提供了在未知环境中可以重建车辆感知的途径[59]，可以基于单目视觉构建环境三维地图。高精度地图更是限定场景下自动驾驶不可分割的技术之一。

在路径规划技术上，场景的路径规划方法有 A*、Dijkstra、RRT[60]、遗传算法等。在多车调度系统方面，浙江大学研究了限定场景下的网联云控自动驾驶服务系统[61-62]，利用车辆网系统架构和云计算技术，对车辆提供轨迹规划和持续监控服务，并收集和存储日志、视频和各类传感器数据。唐猛[63]提出了多升降机系统模型，利用改进的离散人工鱼群算法实现调度模型求解，运用了动态时间窗法和改进 Banke 算法来解决多车冲突，对冲突类型进行预判，只对可能发生冲突的节点或弧进行处理。贺启才[64]基于行车安全场理论，以场强为优化指标，结合模型预测控制，进行了多车避撞的相关研究。

4.2.2　车列成组规划

在多车道场景中，车列成组规划是一种解决车道分配、匝道合并和车道减少瓶颈难题的协同方法[65]。车道分配包括将车道分配给车辆或队列中的领航车辆，以管理道路空间分配、提高交通效率并减少拥堵[66]。匝道合并和车道减少瓶颈解决的是不同车道上车辆之间的潜在冲突，重点是解决局部冲突。值得注意的是，车道减少瓶颈允许在任何无冲突点进行变道，而匝道合并则要求车辆进入合并区域进行变道。

Kato 等[67]首次提出了车列成组规划框架并进行了试验研究。在他们的方法中，智能汽车被组织成一个灵活的队列，在交替车道上紧密排列，类似于大雁和海豚的行为。这种排列方式有助于安全高效地变道、合并和退出编队。在不同的场景中，车列成组规划将智能汽车视为一个统一的实体，使用全局控制来引导车辆成组，并根据驾驶环境动态调整编队结构。车列成组规划典型应用场景如图 4-10 所示，这种方法可有效处理各种场景，包括车道减少瓶颈、上下匝道、低速或紧急车辆的车道清理以及车道分类[68]。车道分类也可以将紧急车道清空场景[69]和高速公路工作区合并场景[70]包含在内。

车列成组规划包括三个阶段：目标位置生成、车辆分配和目标跟踪控制[71]。标准的车列成组规划的构型分为交错编队和平行编队[72]。虽然平行编队可实现更高的车辆密度，但交错编队利用基于纵向位置的分层方法，在编队调整方面提供了更好的灵活性和协同安全性。

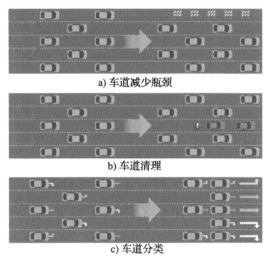

a) 车道减少瓶颈

b) 车道清理

c) 车道分类

图4-10 车列成组规划典型应用场景[68]

车列成组规划的一种方法是对整个多车辆系统进行协同控制。例如，Xu等[72]采用匈牙利算法进行车辆和目标位置分配，提升了各种场景下的灵活性，并降低了整体能耗。Cai等[65]提出了一种双层车列成组规划结构，上层利用相对坐标系规划无碰撞的相对路径，下层优化多阶段轨迹，并作为带路径约束的最优控制进行跟踪。

另一种方法是在多车道上规划控制多个单车道队列[73]。多个队列共享信息和基础设施，实现合流和分流行为。不同的队列可以形成理想的队列模式，向不同的情况切换。具体而言，Li等[74]提出了队列内和队列间控制的四层框架，为领航车辆和跟随车辆分别设计了不同的协同机制。Firoozi等[73]提出了一种紧密的多队列协同结构，使智能汽车能够根据环境变化形成具有自适应几何配置的队列结构。

车列成组规划与多队列规划的主要区别在于车辆优先权的处理和信息共享。在车列成组规划中，不同车道的车辆具有同等优先权。而在后者中，车辆只与同一车道上的车辆通信，协同任务由多队列的领航车承担，这可能会限制协同效率。

4.2.3 信号灯路口车列调度

交通震荡（又称"时停时走"交通现象）是微观交通个体行为的群体表

现，即车辆减速 – 加速过程中运动波向上游传播的现象，常伴随交通拥堵现象出现[75]。信号灯路口是城市交通中的关键冲突点，频繁的启动、停止和速度变化大大增加了能耗，降低了交通效率[76]。对于安全和机动性而言，交叉路口可能是最关键的场景之一[77]。单个智能汽车或基于智能汽车的多车系统可利用 V2X 获取有关周围交通参与者、SPaT 以及交叉路口几何描述的精确信息。采用最优控制算法，引导这些车辆实现绿波和生态接近与离开（Eco-Approach and Departure，EAD）。这减少了红灯等待期间能效低下的走走停停过程，促进了道路车辆的可持续发展[78]。

一些研究提出了交叉口分区策略。例如，Malikopoulos 等[79]提出了合并区（Merging Zone，MZ）和控制区（Control Zone，CZ）。同样，Pei 等[80]将其分为冲突区和控制区。在此基础上，Chen 等[81]将其扩展为 3 个区域：MZ、观察区（Observation Zone，OBZ）和 CZ。更进一步，Bian 等[82]在 OBZ 和 CZ 之间增加了一个优化区（Optimization Zone，OPZ）。这种分区框架通过将不同的驾驶任务分配到特定区域，促进了多车协同系统的设计。在指定区域，车辆可以执行类似变道的操作。在 CZ 中，车辆根据系统协调器的指令建立排成队形、进行跟车行驶、追求最佳速度轨迹，这些都有助于提高整体能效。上述分区策略比较如图 4–11 所示。交叉路口分区策略分解了车辆状态，以增强控制目标。

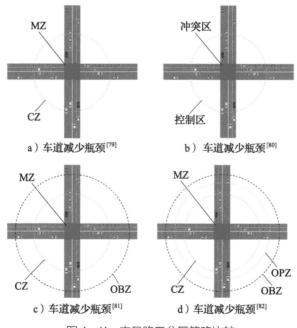

a）车道减少瓶颈[79]　　　　b）车道减少瓶颈[80]

c）车道减少瓶颈[81]　　　　d）车道减少瓶颈[82]

图 4–11　交叉路口分区策略比较

在混合信号交叉口协同控制中，"$1+n$" MP 优化控制框架可使整个 MP 在接近期间的能耗最小化。作为领航车的智能汽车的目标是在交通信号灯变绿时到达交叉口停止线，同时保持跟随人类驾驶车辆的理想平衡速度[81]。该优化基于波尔扎形式的成本函数：

$$J = \varphi[X(t_f)] + \int_{t_0}^{t_f} L[X(t), u(t)]dt \qquad (4.13)$$

式中，t_0 为智能汽车进入 CZ 的时间；t_f 为智能汽车进入 MZ 的时间；$\varphi[X(t_f)]$ 为终端成本函数，衡量系统最终状态与期望状态的偏差；$L[X(t), u(t)]$ 为队列在 t 时刻的瞬时燃料消耗。

多车控制与单车控制的主要区别在于它们在最优控制框架内对能耗的处理。随着智能汽车的日益普及，对通过交叉路口的多排车辆进行节能控制变得至关重要。在智能汽车的市场渗透率（Market Penetration Rate，MPR）为 50% 的情况下，混合队列算法实现了 37.21% 的总体节能[81]。类似地，Fang 等[83]针对信号灯路口提出了一种混合车辆轨迹规划方法，实现了 15%~20% 的能耗降低。Yang 等[84]开发了一种 Eco-CACC 算法，利用 V2I 接收来自下游信号交叉路口的 SPaT，在智能汽车的 MPR 为 100% 的情况下实现了高达 40% 的节能。值得注意的是，在单车道场景中，更高的 MPR 会带来更大的节能效果。然而，在多车道情况下，较低的 MPR 会对整个交叉路口的能效产生负面影响，只有当 MPR 超过一定水平时才会产生节能效果。

在交叉路口实施协同控制对解决潜在碰撞问题提出了挑战，可通过集中式和分布式方法进行设计。其主要目标是确定车辆安全高效通过交叉路口的顺序。集中式方法可优化平均延时或交通流量等指标，而分布式方法则依靠道路优先权来分配通行权[85]。现有的交叉口协同控制方案可分为两大类：资源预留和轨迹规划方法。

资源预留方法使用基于协商的方法[86-87]为接近的车辆全局预留空间和时间资源，通过先到先得（First-Come-First-Served，FCFS）和先进先出（First-In-First-Out，FIFO）等原则解决碰撞问题[88-89]。轨迹规划方法侧重于消除潜在的轨迹重叠和碰撞风险，确保车辆安全通过[76,90]。在轨迹规划方法中，虚拟排法优先考虑车辆间的相对运动，以确定安全通过顺序[85]，如图 4-12 所示。它通过将具有不同意图的车辆投射到不同车道上，将二维交叉路口问题转化为一维虚拟排问题。这种鲁棒的方法既能确保安全通行，又能保证较高的交通吞吐量。通过动态合作，车辆可以在不停车的情况下无缝通过交叉路口，从而有效降低能耗。

通过类似的多车列调度方式，可以在交叉路口实现节能。Wang 等[91]提出了集群式协同 EAD 系统，该系统根据估计的到达时间将接近的智能汽车分成不同的集群。每个集群由来自不同车道的多个 CACC 排组成，集群领导者之间协调耦合不同的 CACC 排。通过独立的协同纵向运动控制，与现有的 Ego-EAD 相比，能耗降低了 11%。同样，Zhang 等[92]提出了信号灯路口电动汽车排的生态驾驶模型，实现了车辆平均等待时间减少 8.97%，总能耗减少 21.3%。

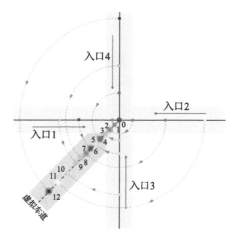

图 4-12　交叉路口的虚拟排法[7]

考虑到实际应用中的排队效应，Yang 等[84]引入了运动波模型来描述排队的产生和释放。他们使用基本交通流模型预测队列长度，优化了单车接近交叉路口的能效。同样，Dong 等[93]提出了一种考虑多个交叉路口、队列、限速和前车的节能控制策略。该策略涉及分层控制、虚拟交通信号灯和基于距离的速度优化，在各种交通条件下显著降低了能耗和行车时间。

含有多信号灯路口的交通网络是一种非常典型的节能驾驶应用场景[94]。Asadi 等曾通过仿真发现节能驾驶在该场景下的应用能达到 47% 的节油效果[95]。目前，多信号灯下的节能驾驶研究主要分为两类，即基于经验规则的方法和基于优化计算的方法。近年来，车联网技术的发展使得车与车、车与道路、车与行人等之间的信息传递成为可能，更加促进了最优控制、模型预测控制等优化计算方法的发展。

Xia 等基于交通流而非单车进行了仿真分析，结果表明，当交通流量处于中等水平且动态节能驾驶技术渗透率较低时，油耗最低。在此条件下，整个交通网络中的汽车节油率是所有采用节油驾驶汽车节油率之和的 3 倍，这说明"动态节能车速规划"算法不仅会减少配有此技术的汽车油耗，更会减少整个交通流的油耗[96]。Kamal 等基于 MPC 进一步添加了对前车速度和加速度的预测模型，使仿真更逼近车辆实际行驶状况[31]。Yamaguchi 等也采用 MPC 策略并基于信号灯信息计算得出最优控制输入，策略中并没有假设汽车只能从绿灯区间通过，而是对汽车红灯区间还是绿灯区间通过路口进行了判断[97]。以上研究虽给出了信号灯工况下节能驾驶的控制策略，但是建模过程均采用了简化的油耗模型，即采用车辆速度和加速度的多项式近似估计发动机油耗。此类油耗模型过于简单，会造成较大的油耗预测误差。

He 等利用多阶段伪谱法求解车队通过多交叉口的节能策略，求解速度快，可用于实时系统[98]。De Nunzio 等在 V2I 环境下先利用速度剪枝算法求解在道路限速下汽车的可行路径，再由 Dijkstra 最短路径搜索算法得到汽车通过多个交叉口的最优路径，该方法与动态规划算法相比，具有更小的计算量[99]。Asadi 等控制车辆适时绿灯到达（制动次数最少），并保持与前车的安全车距，以设定巡航车速为控制目标，利用 MPC 求解出最优速度轨迹，仿真结果显示，通过规划预测速度，可达到减少油耗、降低排放和减少车辆行驶时间的目的[100]。以上研究均假设车辆在两个交叉口之间匀速行驶，未考虑车辆的纵向动力学模型，而在实际情况中，车辆会因为发动机转速、滚动阻力、空气阻力、坡道阻力和变速比等可能存在加速或减速情况。

下面我们以混合车辆队列在信号灯路口的最优控制为例，介绍信号灯路口车列调度[81]。构建一个混合交通环境下典型的信号灯交叉路口场景，即人工驾驶车辆和自动驾驶车辆并存，所构建的"1 + n"混合车辆队列如图 4 – 13 所示。由一辆领先的自动驾驶车辆和 n 辆跟随的人工驾驶车辆组成。具体来说，每辆自动驾驶车辆都被设计为混合队列的领航车，它引导后面的 n 辆人工驾驶车辆的运动，以提高整个混合队列通过交叉路口时的性能。

图 4 – 13　"1 + n"混合车辆队列

（1）代价函数

在"1 + n"混合车辆队列的最优控制框架中，主要目标是使领航的自动驾驶车辆在交通信号灯变为绿色时到达交叉口停止线，同时保持跟随的 n 辆人工驾驶车辆稳定在期望的平衡速度 v^*。此外，还以最小化整个混合队列在接近交叉路口过程中的燃油消耗为目标。因此，以 Bolza 形式定义如下代价函数：

$$J = \varphi[X(t_f)] + \int_{t_0}^{t_f} L[X(t), u(t)] \mathrm{d}t \qquad (4.14)$$

式中，t_0 为智能网联车辆进入 CZ 的时间；t_f 为智能网联车辆进入 MZ 的时间，即到达停止线；$\varphi[X(t_f)]$ 为终端成本函数，衡量系统最终状态与期望状态的偏差，定义为

$$\varphi[X(t_{\mathrm{f}})] = \omega_1[x_0(t_{\mathrm{f}}) - x_{\mathrm{tar}}]^2 + \omega_2\sum_{i=0}^{n}[v_i(t_{\mathrm{f}}) - v^*]^2 \qquad (4.15)$$

式中，ω_1 和 ω_2 分别为领航自动驾驶车辆位置偏差和混合队列中所有车辆速度偏差的权重系数；$x_0(t_{\mathrm{f}})$ 为领航自动驾驶车辆在 $t = t_{\mathrm{f}}$ 时刻的位置；x_{tar} 为领航自动驾驶车辆的目标最终位置，即路口停止线的位置。

$L[X(t), u(t)]$ 表示混合队列在 t 时刻的瞬时燃料消耗。

$$L[X(t), u(t)] = G_0(t) + \sum_{i=1}^{n}G_i(t) \qquad (4.16)$$

式中，$G_0(t)$ 和 $G_i(t)(i=1, \cdots, n)$ 分别为领航自动驾驶车辆和跟随的人工驾驶车辆的瞬时油耗，使用 Akcelik 的燃油消耗模型来计算瞬时油耗：

$$G_i(t) = \alpha + \beta_1 P_{\mathrm{T}}(t) + [\beta_2 m a_i(t)^2 v_i(t)]_{a_i(t)>0} \qquad (4.17)$$

式中，m 为车辆质量；$[\beta_2 m a_i(t)^2 v_i(t)]_{a_i(t)>0}$ 项为车辆加速时的额外惯性（发动机/内部）阻力功率；α 为怠速燃油消耗率；P_{T} 为驱动车辆的总功率，其中包含发动机拖动功率、转动惯量、空气摩擦等能量损失，计算方式如下：

$$P_{\mathrm{T}}(t) = \max\{0, d_1 v_i(t) + d_2 v_i(t)^2 + d_3 v_i(t)^3 + m a_i(t)v_i(t)\} \qquad (4.18)$$

Akcelik 的燃油消耗模型的参数设置见表 4-2。

表 4-2　燃油消耗模型的参数设置

参数	$\alpha/(\mathrm{mL/s})$	β_1	β_2	m/kg	d_1	d_2	d_3
取值	0.666	0.072	0.0344	1680	0.269	0.0171	0.000672

（2）终端速度

期望的平衡速度 v^* 也代表终端成本函数中的终端速度。目标是在一定的绿灯相位时间 T_{Green} 内，使平衡状态下通过交叉路口的车辆数量最大化。由人工驾驶车辆的跟车模型的平衡方程 $\dot{v}_i(t) = F[d_i(t-\tau), \dot{d}_i(t-\tau), v_i(t-\tau)]$ 可知，平衡车头距 d^* 依赖于平衡速度 v^*。对于恒定的绿灯相位时间，优化目标是使人工驾驶车辆数目在 T_{Green} 内最大化：

$$\underset{v^*}{\mathrm{argmax}}\ n = \frac{v^* T_{\mathrm{Green}}}{d^*}$$
$$\mathrm{s.t.}\ F(d^*, 0, v^*) = 0 \qquad (4.19)$$

基于最优速度模型，得到平衡状态下车速和车头时距的关系如下：

$$d_i = \frac{1}{C_1}\left[\arctan\left(\frac{v_i - V_1}{V_2}\right) + C_2\right] + L_{\mathrm{veh}} \qquad (4.20)$$

（3）约束条件

为了实际实现所获得的自动驾驶车辆控制器，还需要考虑几个约束条件，包括过程约束和终端约束。在过程约束方面，首先是安全约束，即混合队列中的每辆车与前一辆车保持安全距离 d_{safe}：

$$x_i(t) - x_{i-1}(t) - L_{\text{veh}} \geq d_{\text{safe}}, \text{ for } t_0 \leq t \leq t_f, i = 0, 1, 2, \cdots, n \quad (4.21)$$

其次是混合队列中各车辆的速度和加速度值的实际约束。记 v_{max} 为最大速度，a_{min} 和 a_{max} 分别为最小和最大加速度，应该满足于：

$$0 \leq v_i(t) \leq v_{\text{max}}, \text{ for } t_0 \leq t \leq t_f, i = 0, 1, 2, \cdots, n \quad (4.22)$$

$$a_{\text{min}} \leq a_i(t) \leq a_{\text{max}}, \text{ for } t_0 \leq t \leq t_f, i = 0, 1, 2, \cdots, n \quad (4.23)$$

对于终端约束，主要关注自动驾驶车辆的终端位置。自动驾驶车辆的终端位置 $x_0(t_f)$ 与目标位置 x_{tar} 的偏差已经在终端成本函数中被扣除。进一步增加一个不等式约束，要求动驾驶车辆既不能通过停止线，也不能与停止线保持较大的距离，如下所示：

$$0 \leq x_0(t_f) \leq x_0^{\text{max}}(t_f) \quad (4.24)$$

式中，x_0^{max} 为自动驾驶车辆距停止线的最大容许间距。在混合交通路口的控制中，"$1+n$" 混合队列的控制目标是以最优速度 v^* 通过交叉口，同时降低油耗。如果预先确定终端时间 t_f 和终端位置 $x_0(t_f)$ 的固定设置，与单一自动驾驶车辆的控制算法类似，其控制输入的可行区域可能会受到很大限制，这可能会影响整个混合队列系统的最优性能。

（4）最优控制方程

将上述代价函数的设计和约束条件综合起来，整体最优控制问题可表述为

$$\underset{u(t)}{\arg\max} J = \varphi[X(t_f)] + \int_{t_0}^{t_f} L[X(t), u(t)] \mathrm{d}t$$

$$\text{s. t. } \dot{v}_i = \kappa[V_{\text{des}}(d_i) - v_i]$$

$$V_{\text{des}}(d_i) = V_1 + V_2 \tanh[C_1(d_i - L_{\text{veh}}) - C_2] \quad (4.25)$$

$$式(4.20) \sim 式(4.23)$$

$$X(t_0) 已知$$

为避免混合队列之间的潜在碰撞，设计了事件触发算法。

（5）基准算法

基准算法是预测巡航控制（Predictive Cruise Control, PCC）算法。在预先利用 V2I 技术获得 SPaT 后，提出了一种选择目标绿灯相位窗方法：

$$[v_{\text{low}}, v_{\text{high}}] = \left[\frac{D_k}{r_j - t}, \frac{D_k}{g_j - t}\right] \cap [v_{\text{min}}, v_{\text{max}}] \quad (4.26)$$

式中，D_k 为自动驾驶车辆 k 到停止线的距离；t 为当前时间；r_j 为第 j 个红灯相位的开始时间；g_j 为第 j 个绿色相位，可以得到，绿灯相位时间 $T_{\text{Green}} = r_j - g_j$，

$T_{\text{Green}} > 0$；$v_{\min}$ 和 $v_{\max}$ 为自动驾驶车辆的速度限制；$[v_{\text{low}}, v_{\text{high}}]$ 为允许自动驾驶车辆不空转通过的可行速度窗口。然后，自动驾驶车辆获得目标速度 $v_{\text{target}} = v_{\text{high}}$，计算相应的终端时间 $t_{\text{f}} = D_k / v_{\text{target}}$，并通过 MPC 算法调度最优速度轨迹。

然而，PCC 不能将前方的人工驾驶车辆(特别是排队的人工驾驶车辆)考虑到优化中。考虑一种改进方法，自动驾驶车辆 k 到停止线距离 D_k 优化为

$$D_k^* = \frac{v_k}{v_k + v_{\text{AC}}} \left[D_k + v_{\text{AC}}(r_j - t) \right] \tag{4.27}$$

式中，v_k 为自动驾驶车辆 k 的当前速度；v_{AC} 为交通上游激波速度。记此改进的 PCC 算法命名为 PCC + 算法。

（6）混合队列算法设计

将交通信号视作固定的 SPaT，设计分层的混合队列算法，如图 4 - 14 所示。在交通流密度不饱和的情况下，轨迹干扰很少发生，分配额外的计算带来的好处非常有限，设计了一种以最小计算量保证安全的事件触发算法。自动驾驶车辆的状态分为四种状态：未控制、计算、控制和重计算。

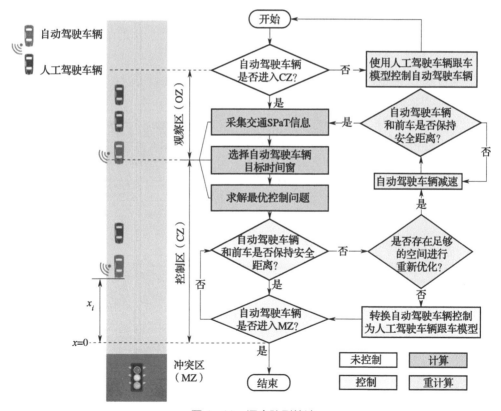

图 4 - 14　混合队列算法

1）未控制：所有的自动驾驶车辆在 OZ 中行驶时都处于未控制状态，其长度记为 L_{obs}。在此期间，所有的自动驾驶车辆都将直接按照人工驾驶车辆的跟车模型进行自我控制。同时，所有车辆都可以在 OZ 中自由变道。

2）计算：当自动驾驶车辆到达 CZ 时，它的状态变为计算。此时，自动驾驶车辆首先接收到交通 SPaT，并选择目标时间窗。基于时间窗，采用最优控制框架计算最优速度轨迹。

3）控制：当自动驾驶车辆处于 CZ 状态时，CAV 处于重计算状态。在此状态下，自动驾驶车辆执行计算状态下规划的速度轨迹。如果前面有一辆车，自动驾驶车辆在每一步中只与前面的车检查安全距离约束。如果没有，自动驾驶车辆的状态变为重计算。

4）重计算：在控制状态下，如果领航自动驾驶车辆距离前车太近，则进入重计算状态，其目的是使自动驾驶车辆减速，避免与前车发生碰撞。具体来说，如果距离停止线足够远，CAV 可以进行另一次优化（$D_i > k_c L_{ctrl}$，L_{ctrl} 为 CZ 的长度，$k_c \in [0, 1]$），它将在计算状态下按照相同的过程重计算其新的最优轨迹。如果自动驾驶车辆离交叉口太近（$D_i \leqslant k_c L_{ctrl}$），则自动驾驶车辆的优化空间很小，在剩余时间内，自动驾驶车辆将直接按照人工驾驶车辆的跟车模型通过交叉口。

通过基于 SUMO 的仿真，评估了 MPR 为 50% 的算法性能，如图 4-15 所示。

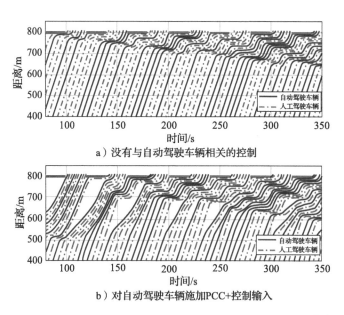

a）没有与自动驾驶车辆相关的控制

b）对自动驾驶车辆施加PCC+控制输入

图 4-15 无控制、PCC+控制和混合队列控制的车辆轨迹[81]

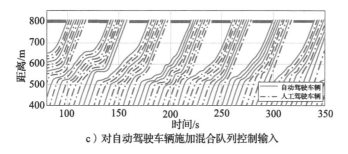

c）对自动驾驶车辆施加混合队列控制输入

图 4 - 15　无控制、PCC + 控制和混合队列控制的车辆轨迹[81]（续）

在 750 车辆/（时·车道）上有三组车辆轨迹，分别代表无控制输入、PCC +
控制和提出的混合队列控制。三种场景中的车辆分布是完全相同的。可以看
出，在图 4 - 15a 中，所有车辆都因为红灯而排队，造成车辆空转和燃油浪费。
在图 4 - 15b 中，排队被推迟，但仍在逐渐累积。而应用混合队列控制时，排队
积累被限制在 CZ 范围（300m）内，这意味着排队的影响被限制在一个交叉口
内，而不是向上游交叉口扩散，这对城市交通控制具有重要意义。在 PCC + 中，
自动驾驶车辆能够为自己获得合适的轨迹。然而，它周围的人工驾驶车辆阻止
自动驾驶车辆成功前进。

4.2.4　车列变道规划

车辆编队正在成为城市组织的一种有益方法。在队列内，车辆经常进行合
并和分离操作，这不可避免地会导致变道操作[101]。协同变道是通过规划一个或
多个参考轨迹来实现的，以达到各种目标，包括提高驾驶安全性、减少交通干
扰和降低能耗。

在接近交叉路口时，车道分类至关重要，以便将车辆分配到不同的目标方
向，从而提高后续交叉路口的效率[102]。排队变道调度的优化至关重要，包括确
定车辆操作的最佳顺序和方向。这有助于并行排以最小的成本从初始状态过渡
到目标状态[6, 68]。

为了解决合作变道过程中的冲突碰撞问题，引入了节奏控制（Rhythmic
Control，RC）框架[103]，并将其进一步扩展到网格网络和一般单向道路网
络[104]。RC 的核心原理是使用虚拟排来组织网络交通并协调其移动。RC 可确
保中等流量时延时最小，高流量时吞吐量最大。RC 的计算效率进一步保证了其
实施的可扩展性。其他解决冲突的方法包括分层控制和基于图的调度。Cai
等[68]提出了一种双层运动规划框架。上层采用基于冲突的搜索（Conflict-Based

Searching，CBS）方法来制定车辆在相对坐标系中的相对运动策略，而下层则在大地坐标系中跟踪相对路径。上层规划是集中式的，需要所有车辆和道路的信息，而下层规划是分布式的，使车辆能够单独接收控制输入并规划其运动。Chen 等[105]提出了一种迭代框架和基于图的最小团覆盖（Minimum Clique Cover，MCC）方法来解决无信号交叉路口的变道调度问题。该方法有效地解决了目标分配和路径规划问题，同时也防止了目标车道不同的智能汽车之间的死锁。

在文献［6，68］中，车辆被建模为网格坐标系中的同质的"点"或"单元"。基于 A^* 及其变体，所提出的搜索算法旨在以最小成本优化车辆调度。然而，某些场景会优先考虑更快或在更短的距离内完成变道过程，这可能会导致在最小化运行时间时增加机动性或成本。此外，现实世界中的车辆在尺寸和形状上表现出异质性，这就需要像网格这样更全面的车辆表示方法。Liu 等[101]将虚拟网格系统用于协同变道，允许不同长度的车辆占据不同的单元。他们还介绍了精确法和近似法。精确法采用了整数线性规划框架来获得全局最优解，并整合了多目标函数以满足不同要求。不过，精确法在高流量情况下需要大量计算资源。相反，近似法采用启发式树型搜索框架来确定可行的操作，并将其简化为较少的步骤，从而将一定的成本降至最低。Chen 等[106]提出了一种 DRL 框架，该框架将图卷积神经网络与 DQN 结合起来，形成图卷积 Q 网络。该框架既是信息融合模块，又是决策处理器，有助于为多个智能汽车做出有效的变道决策。

下面我们以一个两阶段的协同框架为例[105]，介绍车辆队列变道规划。在第一阶段，采用编队控制方法引导自动驾驶车辆进入目标车道。第二阶段，优化自动驾驶车辆的到达时间，提高交通效率。MCC 方法将自动驾驶车辆的纵向和横向控制问题解耦，变道区和跟车区示意如图 4-16 所示。

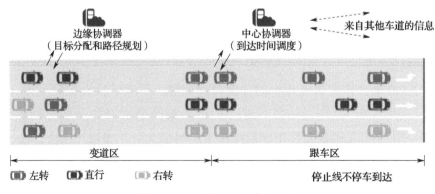

图 4-16　变道区和跟车区示意

如图 4-16 所示，变道行为与周围的自动驾驶车辆密切相关，在变道区部署了一个边缘协调器来协调自动驾驶车辆向目标车道的移动。进入变道区后，首先完成任务分配，为自动驾驶车辆分配优选车道。然后，开发多车辆路径规划，以确保在变道过程中无碰撞。因此，当驶出变道区时，所有的自动驾驶车辆都与目标位置对齐。当自动驾驶汽车进入跟车区域后，中央协调器在十字路口收集所有自动驾驶车辆的信息，并生成最佳到达时间计划，以提高交通效率。随后，自动驾驶车辆根据跟车区内的调度结果修改自己的跟车距离。由于自动驾驶车辆的到达时间是错开的，所以每辆自动驾驶车辆都在十字路口行驶，而不会在路口空转。变道区车道线为白色虚线，跟车区车道线为白色实线。这意味着只允许在变道区内变道，这与当前的交通规则相对应。

（1）相对坐标系

如图 4-17 所示，自动驾驶车辆到达变道区起点时，它们不太可能在自己想要行驶的车道上。值得注意的是，在队形控制中有两种常见的队形几何结构，即平行结构和交错结构。

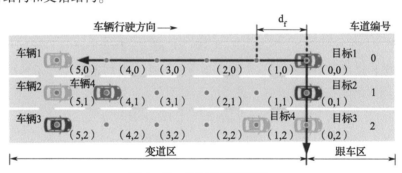

图 4-17　相对坐标系示意

研究重点是在变道区寻找一个可行的变道方案。因此，选择平行结构，其中相对坐标系中的每个点都可以被占用。当为一组自动驾驶车辆开发无冲突路径规划时，它们首先被分配到相对坐标系中最近的点。如果自动驾驶车辆 i 的二维位置为 (x_i, y_i)，则其在相对坐标系中的相对坐标为 (x_i^r, y_i^r)：

$$\min \ (x_i - x_i^r)^2 + (y_i - y_i^r)^2$$
$$\text{s.t.} \ \ x_i^r \in \mathbb{N}, \ y_i^r \in \mathbb{N} \tag{4.28}$$

（2）车辆目标分配

在将自动驾驶车辆分配到相对坐标系中的主要位置后，还将根据其目的地分配其目标位置。由于使用了平行结构开展研究，因此自动驾驶车辆完全占据了相对坐标系，如图 4-17 的跟车区所示。如果在主要位置 (x_i^r, y_i^r)，$i \leq N$，$i \in \mathbb{N}^+$，

有 N 辆自动驾驶车辆，则也存在 N 个目标位置 $(x_j^{\mathrm{t}}, y_j^{\mathrm{t}})$，$j \leqslant N$，$j \in \mathbb{N}^+$。每辆自动驾驶车辆 i 应该分配给一个目标位置 j。例如，在图 4-17 中，$N=4$，存在 4 辆车辆 $(5, 0)$，$(5, 1)$，$(5, 2)$，$(4, 1)$ 和 4 个目标 $(0, 0)$，$(0, 1)$，$(0, 2)$，$(1, 2)$。车辆的颜色表示偏好车道，即蓝色车辆 1 和 2 倾向于右车道右转，红色车辆 4 倾向于左车道左转，黑色车辆 3 倾向于中间车道直行。

在将目标位置分配给自动驾驶车辆之前，应定义此分配的成本。使用每个主位置到每个目标位置的距离作为每辆自动驾驶车辆的代价，其中欧几里得距离作为评价指标。因此，我们可以得到代价矩阵 $\boldsymbol{C}$ 如下：

$$\boldsymbol{C} = [c_{ij}] \in \mathbb{R}^{N \times N}, \ i, j \in \mathbb{N}^+$$

$$c_{ij} = \sqrt{(x_k^{\mathrm{t}} - x_i^{\mathrm{r}})^2 + (y_k^{\mathrm{t}} - y_i^{\mathrm{r}})^2} \tag{4.29}$$

式中，c_{ij} 为车辆 i 分配给目标 j 的代价。

例如，在图 4-17 中，代价矩阵 $\boldsymbol{C}$ 可以计算为

$$\boldsymbol{C} = \begin{bmatrix} 5.00 & 5.10 & 5.39 & 4.47 \\ 5.10 & 5.00 & 5.10 & 4.12 \\ 5.39 & 5.10 & 5.00 & 4.00 \\ 4.12 & 4.00 & 4.12 & 3.16 \end{bmatrix} \tag{4.30}$$

每辆自动驾驶车辆都有一个首选车道；因此，得到偏好矩阵 $\boldsymbol{L}$ 来定义自动驾驶车辆的偏好。

$$\boldsymbol{L} = [l_{ij}] \in \mathbb{R}^{N \times N}, \ i, j \in \mathbb{N}^+$$

$$l_{ij} = \begin{cases} 1, & \text{车辆 } i \text{ 的首选车道可以分配给目标 } j \\ 0, & \text{其他} \end{cases} \tag{4.31}$$

式中，l_{ij} 表示考虑到车辆 i 的首选车道是否可以分配给目标 j。

例如，在图 4-17 中，偏好矩阵 $\boldsymbol{L}$ 计算为

$$\boldsymbol{L} = \begin{bmatrix} 0 & 0 & 1 & 1 \\ 0 & 0 & 1 & 1 \\ 0 & 1 & 0 & 0 \\ 1 & 0 & 0 & 0 \end{bmatrix} \tag{4.32}$$

定义分配矩阵 $\boldsymbol{A}$，其第 i 行第 j 列的元素 a_{ij} 表示车辆 i 的首选车道是否分配给目标 j，定义如下：

$$\boldsymbol{A} = [a_{ij}] \in \mathbb{R}^{N \times N}, \ i, j \in \mathbb{N}^+$$

$$a_{ij} = \begin{cases} 1, & \text{车辆 } i \text{ 的首选车道可以分配给目标 } j \\ 0, & \text{其他} \end{cases} \tag{4.33}$$

由于每辆车只分配一个目标，因此对 $\mathcal{A}$ 存在必要的约束，即每列每行只放置一辆车。随后，将成本矩阵 $\mathcal{C}$、偏好矩阵 $\mathcal{L}$ 和分配矩阵 $\mathcal{A}$ 以及约束归纳为 $0-1$ 整数规划分配问题：

$$
\min \sum_{i=1}^{N} \sum_{j=1}^{N} (c_{ij} \times l_{ij} \times a_{ij})
$$

$$
\text{s.t.} \sum_{i=1}^{N} a_{ij} = 1, \sum_{j=1}^{N} a_{ij} = 1, i, j \in \mathbb{N}^+
$$

(4.34)

式中，N 为自动驾驶车辆的个数；c_{ij} 为代价矩阵元素；l_{ij} 为偏好矩阵元素；a_{ij} 为分配结果。

例如，在图 4-17 中，求解式 (4.33) 的分配问题后，分配矩阵 $\mathcal{A}$ 为

$$
\mathcal{A} = \begin{bmatrix} 0 & 0 & 1 & 0 \\ 0 & 0 & 0 & 1 \\ 0 & 1 & 0 & 0 \\ 1 & 0 & 0 & 0 \end{bmatrix}
$$

(4.35)

匈牙利算法通常用于解决这类等分配问题，在方法中采用该算法生成成本最低的可行分配。

（3）变道行为中的冲突类型

在分配后，需要为自动驾驶车辆制定路径规划，它们的轨迹不应该有冲突。首先，需明确自动驾驶汽车变道行为中的碰撞类型。值得注意的是，我们规定自动驾驶车辆仅沿相对坐标系的正交方向移动，即禁止沿相对坐标系的对角线方向移动。在相对坐标系中，沿对角线方向的运动在变道行为中产生较大的加减速，这不仅是危险的，而且增加了多车路径规划的计算负担。因此，为了简单起见，设定在相对坐标系中将自动驾驶车辆的运动约束为正交方向。

自动驾驶车辆路径规划中的冲突类型如图 4-18 所示。第一种类型是节点冲突 I，如图 4-18a 所示，如果两辆自动驾驶车辆在相对坐标系中被安排到相同的坐标，它们将不可避免地发生碰撞。类似的情况出现在图 4-18b 中，即节点冲突 II，其中一辆自动驾驶车辆被安排到另一辆自动驾驶车辆的坐标中。第二种类型是边缘冲突，如图 4-18c 所示，其中两辆自动驾驶车辆的调度坐标互换。第三种类型是中间冲突，如图 4-18d 所示。在这种情况下，当另一辆自动驾驶车辆即将离开时，一辆自动驾驶车辆被安排到另一辆 CAV 的坐标上。与前两种冲突不同，中间冲突的发生取决于车辆的大小和变道行为的持续时间。出

于安全考虑，在进一步的分析中包括这种类型的冲突。请注意，这两种手段在决定冲突关系方面具有同等地位。

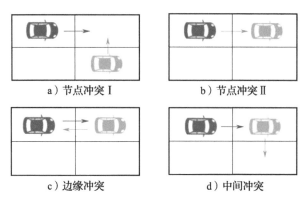

a）节点冲突 I   b）节点冲突 II

c）边缘冲突   d）中间冲突

图 4-18   自动驾驶车辆路径规划中的冲突类型

（4）无碰撞路径规划

使用基于冲突搜索（Conflict-based Search，CBS）的方法来构建约束树来获得最优解。单一车辆的路径规划则采用 A^* 算法，其输入是起始点、结束点和障碍点。输出是一条从起点到终点的可行路径，可以有效避开障碍物。

对于第 k 次迭代的每次赋值 A_k，定义 P_k 为对应的无碰撞路径集：

$$\boldsymbol{P_k} = [p_{it}] \in \mathbb{R}^{N \times T}, \ i \in \mathbb{N}^+, \ t \in \mathbb{N}$$

$$p_{it} = (x_{it}^r, \ y_{it}^r) \tag{4.36}$$

式中，$(x_{it}^r, \ y_{it}^r)$ 为自动驾驶车辆 i 在时刻 t 的相对坐标系坐标。值得注意的是，A_i 中有 N 辆自动驾驶车辆，因此，在 P_i 中有 N 行代表 N 条路径。考虑到变道区长度有限，最大步数定义为 T。为了简单起见，我们用 p_i 来表示自动驾驶车辆 i 在 T 个时间步长的规划路径，用 p_t 来表示所有 N 辆自动驾驶车辆在时间步长 T 的坐标。

设置的无碰撞路径 P_k 应符合以下规则：首先，自动驾驶车辆 i 的起始点 $(x_{i0}^r, \ y_{i0}^r)$ 和结束点 $(x_{iT}^r, \ y_{iT}^r)$ 应该对应于 A_k 中的赋值；其次，在每个时间步 t，坐标集 p_t 不应包含冲突关系。

（5）分配与路径规划的迭代解

本节提出了一个迭代框架来寻找全局最优解，如图 4-19 所示。在图 4-19 中，使用黄色表示使用匈牙利算法解决的目标分配部分，绿色表示使用基于 A^* 的 CBS 解决的多车辆路径规划部分。

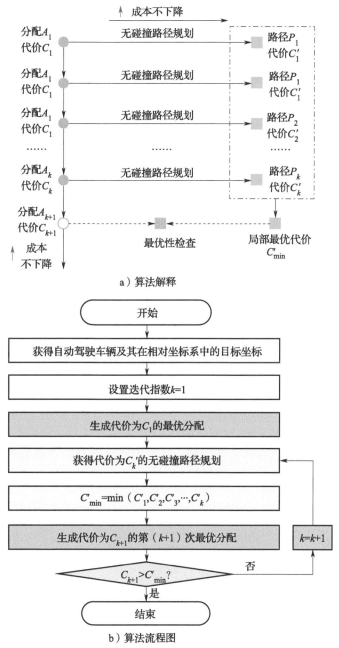

a）算法解释

b）算法流程图

图 4-19　求解目标分配与路径规划问题的迭代框架

　　如图4-19b 所示，首先将自动驾驶车辆分配到目标坐标。匈牙利算法提供了成本最低的最优分配 A_1，即每辆自动驾驶车辆根据其允许的总距离最短的车道分配到唯一的目标坐标。然后，为每辆自动驾驶车辆制定初始路径规划，并获得初始无碰撞路径 P_1，代价为 C'_1。然而，并不能声称 P_1 是全局最优解，因为使用另一个 A_k 生成的 P_k 可能具有更低的成本。因此，使用匈牙利算法生成次优分配 A_2，它具有除 A_1 之外的最低成本。A_1 不是最好的分配，因此，代价 $C_1 \geqslant C_2 \geqslant C_k$，$k > 2$。很明显，如果 $C_2 > C'_1$，P_1 是全局最优解，因为从 P_2 生成的路径 C'_1 的代价大于 C_2，并且所有剩余的分配也具有更大的代价。在其他情况下，当 $C_2 \leqslant C'_1$ 时，进一步生成规划路径 P_2 和第三优分配 A_3，继续迭代。图 4-19 中最优性的确定用紫色表示。

（6）变道区的车辆控制

在得到由迭代求解法生成的规划路径集 P_{min} 后，每辆自动驾驶车辆都有一条到目标位置的无碰撞路径。设计线性反馈预览控制器实现车辆横向控制，构建了带路径约束的最优控制器实现车辆纵向控制。采用二阶车辆模型实现车辆纵向控制，将自动驾驶车辆 i 当前位置与目标位置在 t 时刻的偏差定义为

$$\delta_p^{(i,t)} = x_{i,t}(t) - x_{it}^r$$
$$\delta_v^{(i,t)} = v_{i,t}(t) - v_p \tag{4.37}$$

式中，$x_{i,t}(t)$ 和 $v_{i,t}(t)$ 分别为自动驾驶车辆 i 在 t 时刻的纵向位置和速度；v_p 为预定义的队列速度，设定为 10m/s；x_{it}^r 为自动驾驶车辆 i 在 t 时刻的相对坐标系纵坐标。线性反馈控制器设计如下：

$$u_i = -k_p \delta_p^{(i,j)} - k_v \delta_v^{(i,j)} \tag{4.38}$$

式中，k_p 和 k_v 分别为距离和速度的反馈增益。相对坐标系坐标和控制器的设计还考虑了跟车区的自动驾驶车辆控制。这种两阶段的方法有效解决了车辆队列协同变道过程中的目标分配和路径规划问题，也防止了目标车道不同的智能汽车之间的死锁。

参考文献

[1] XIONG G, KANG Z, LI H, et al. Decision-making of lane change behavior based on RCS for automated vehicles in the real environment[C]//2018 IEEE Intelligent Vehicles Symposium (IV). New York: IEEE, 2018: 1400 - 1405.

[2] ZHAO X, MO H, YAN K, et al. Type-2 fuzzy control for driving state and behavioral decisions of unmanned vehicle[J]. IEEE/CAA Journal of Automatica Sinica, 2019, 7 (1): 178 - 186.

[3] 王新凯, 王树凤, 王世皓. 基于规则约束的深度强化学习智能车辆高速路场景下行驶决策[J]. 汽车技术, 2023(9): 18 - 26.

[4] MARJOVI A, VASIC M, LEMAITRE J, et al. Distributed graph-based convoy control for networked intelligent vehicles[C]//2015 IEEE Intelligent Vehicles Symposium (IV). New York: IEEE, 2015: 138 - 143.

[5] NAVARRO I, ZIMMERMANN F, VASIC M, et al. Distributed graph-based control of convoys of heterogeneous vehicles using curvilinear road coordinates [C]//2016 IEEE 19th International Conference on Intelligent Transportation Systems (ITSC). New York: IEEE, 2016: 879 - 886.

[6] WU J, AHN S, ZHOU Y, et al. The cooperative sorting strategy for connected and automated vehicle platoons[J]. Transportation Research Part C: Emerging Technologies, 2021, 123: 102986.

[7] XU B, LI S E, BIAN Y, et al. Distributed conflict-free cooperation for multiple connected vehicles at unsignalized intersections[J]. Transportation Research Part C: Emerging Technologies, 2018, 93: 322 - 334.

[8] LIN Y T, HSU H, LIN S C, et al. Graph-based modeling, scheduling, and verification for intersection management of intelligent vehicles[J]. ACM Transactions on Embedded Computing Systems (TECS), 2019, 18 (5s): 1 - 21.

[9] DENG Z, SHI Y, HAN Q, et al. A conflict duration graph-based coordination method for connected and automated vehicles at signal-free intersections[J]. Applied Sciences, 2020, 10 (18): 6223.

[10] CHEN C, XU Q, CAI M, et al. Conflict-free cooperation method for connected and automated vehicles at unsignalized intersections: Graph-based modeling and optimality analysis[J]. IEEE Transactions on Intelligent Transportation Systems, 2022, 23 (11): 21897 - 21914.

[11] DEO N, WOLFF E, BEIJBOM O. Multimodal trajectory prediction conditioned on lane-graph traversals [C]//Conference on Robot Learning. New York: PMLR, 2022: 203 - 212.

[12] KIPF T N, WELLING M. Semi-supervised classification with graph convolutional networks[C]// Proceedings of 5th International Conference on Learning Representations. Washing ton DC: ICLR, 2017: 1 - 14.

[13] VELICKOVIC P, CUCURULL G, CASANOVA A, et al. Graph attention networks[C]// Proceedings of the 6th International Conference on Learning Representations. Vancouver: ICLR, 2018.

[14] WASCHL H, KOLMANOVSKY I, WILLEMS F. Control Strategies for Advanced Driver Assistance Systems and Autonomous Driving Functions: Development, Testing and Verification [M]. Berlin: Springer, 2019: 89 - 106.

[15] TALEBPOUR A, MAHMASSANI H S, HAMDAR S H. Modeling lane-changing behavior in a connected environment: A game theory approach[J]. Transportation Research Procedia, 2015, 7: 420 - 440.

[16] ELHENAWY M, ELBERY A A, HASSAN A A, et al. An intersection game-theory-based traffic control algorithm in a connected vehicle environment[C]//2015 IEEE 18th international conference on intelligent transportation systems. New York: IEEE, 2015: 343 - 347.

[17] COSTA-GOMES M A, CRAWFORD V P, IRIBERRI N. Comparing models of strategic thinking in van huyck, battalio, and beil's coordination games [J]. Journal of the European Economic Association, 2009, 7 (2 - 3): 365 - 376.

[18] TIAN R, LI S, LI N, et al. Adaptive game-theoretic decision making for autonomous vehicle control at roundabouts[C]//2018 IEEE Conference on Decision and Control (CDC). New York: IEEE, 2018: 321 - 326.

[19] JING S, HUI F, ZHAO X, et al. Cooperative game approach to optimal merging sequence and on-ramp merging control of connected and automated vehicles[J]. IEEE Transactions on Intelligent Transportation Systems, 2019, 20 (11): 4234 - 4244.

[20] LI P T, ZHOU X. Recasting and optimizing intersection automation as a connected-and-automated-vehicle (CAV) scheduling problem: A sequential branch-and-bound search approach in phase-time-traffic hypernetwork[J]. Transportation Research Part B: Methodological, 2017, 105: 479 - 506.

[21] MÜLLER E R, CARLSON R C, JUNIOR W K. Intersection control for automated vehicles with milp [J]. IFAC-PapersOnLine, 2016, 49 (3): 37 – 42.

[22] SUNDSTROM O, GUZZELLA L. A generic dynamic programming matlab function[C]//2009 IEEE control applications, (CCA) & intelligent control, (ISIC). New York: IEEE, 2009: 1625 – 1630.

[23] PEI H, FENG S, ZHANG Y, et al. A cooperative driving strategy for merging at on-ramps based on dynamic programming[J]. IEEE Transactions on Vehicular Technology, 2019, 68 (12): 11646 – 11656.

[24] LI D D, DONG J X. Robust control for a class of nonlinear systems with input constraints based on actor-critic learning[J]. International Journal of Robust and Nonlinear Control, 2022. DOI: https://doi. org/10. 1002/rnc. 6190.

[25] WANG Y, ZHAO S, ZHANG R, et al. Multi-vehicle collaborative learning for trajectory prediction with spatio-temporal tensor fusion [J]. IEEE Transactions on Intelligent Transportation Systems, 2020, 23 (1): 236 – 248.

[26] ZHENG Y, LI S E, LI K, et al. Distributed model predictive control for heterogeneous vehicle platoons under unidirectional topologies [J]. IEEE Transactions on Control Systems Technology, 2016, 25 (3): 899 – 910.

[27] ZHAI C, LUO F, LIU Y. Cooperative look-ahead control of vehicle platoon for maximizing fuel efficiency under system constraints[J]. IEEE Access, 2018, 6: 37700 – 37714.

[28] YU J, LUO Y, KONG W, et al. Hierarchical and distributed eco-driving approach for mixed vehicle clusters at unsignalized intersections[J]. Journal of Advanced Transportation, 2023. DOI: https://doi. org/10. 1155/2023/7114792.

[29] VAJEDI M, AZAD N L. Ecological adaptive cruise controller for plug-in hybrid electric vehicles using nonlinear model predictive control [J]. IEEE Transactions on Intelligent Transportation Systems, 2015, 17 (1): 113 – 122.

[30] MA F, YANG Y, WANG J, et al. Predictive energy-saving optimization based on nonlinear model predictive control for cooperative connected vehicles platoon with V2V communication[J]. Energy, 2019, 189: 116120.

[31] KAMAL M A S, MUKAI M, MURATA J, et al. Model predictive control of vehicles on urban roads for improved fuel economy[J]. IEEE Transactions on control systems technology, 2012, 21 (3): 831 – 841.

[32] YE F, GUO J, KIM K J, et al. Bi-level optimal edge computing model for on-ramp merging in connected vehicle environment[C]//2019 IEEE Intelligent Vehicles Symposium (IV). New York: IEEE, 2019: 2005 – 2011.

[33] 袁志恒. 车联网下匝道合流序列优化与编队规划[D]. 大连: 大连理工大学, 2022.

[34] CHEN H, GUO L, DING H, et al. Real-time predictive cruise control for eco-driving taking into account traffic constraints[J]. IEEE Transactions on Intelligent Transportation Systems, 2018, 20 (8): 2858 – 2868.

[35] BIAN Y, LI S E, XU B, et al. Behavioral harmonization of a cyclic vehicular platoon in a closed road network[J]. IEEE Transactions on Intelligent Vehicles, 2021, 6 (3): 559 – 570.

[36] HE X, LOU B, YANG H, et al. Robust decision making for autonomous vehicles at highway on-ramps: A constrained adversarial reinforcement learning approach [J]. IEEE Transactions on Intelligent Transportation Systems, 2022, 24 (4): 4103 – 4113.

[37] LUBARS J, GUPTA H, CHINCHALI S, et al. Combining reinforcement learning with model predictive control for on-ramp merging[C]//2021 IEEE International Intelligent Transportation Systems Conference (ITSC). New York: IEEE, 2021: 942 – 947.

[38] SEZER V. Intelligent decision making for overtaking maneuver using mixed observable markov decision process[J]. Journal of Intelligent Transportation Systems, 2018, 22 (3): 201 – 217.

[39] KOVACS D L, LI W, FUKUTA N, et al. Mixed observability markov decision processes for overall network performance optimization in wireless sensor networks[C]//2012 IEEE 26th International Conference on Advanced Information Networking and Applications. New York: IEEE, 2012: 289 – 298.

[40] ZHOU S, ZHUANG W, YIN G, et al. Cooperative on-ramp merging control of connected and automated vehicles: Distributed multi-agent deep reinforcement learning approach[C]//2022 IEEE 25th International Conference on Intelligent Transportation Systems (ITSC). New York: IEEE, 2022: 402 – 408.

[41] WU S, TIAN D, ZHOU J, et al. Autonomous on-ramp merge strategy using deep reinforcement learning in uncertain highway environment[C]//2022 IEEE International Conference on Unmanned Systems (ICUS). New York: IEEE, 2022: 658 – 663.

[42] WANG H, YUAN S, GUO M, et al. A deep reinforcement learning-based approach for autonomous driving in highway on-ramp merge[J]. Proceedings of the Institution of Mechanical Engineers, Part D: Journal of Automobile Engineering, 2021, 235 (10 – 11): 2726 – 2739.

[43] WANG P, CHAN C Y. Formulation of deep reinforcement learning architecture toward autonomous driving for on-ramp merge[C]//2017 IEEE 20th International Conference on Intelligent Transportation Systems (ITSC). New York: IEEE, 2017: 1 – 6.

[44] BOUTON M, NAKHAEI A, FUJIMURA K, et al. Cooperation-aware reinforcement learning for merging in dense traffic[C]//2019 IEEE Intelligent Transportation Systems Conference (ITSC). New York: IEEE, 2019: 3441 – 3447.

[45] ISELE D, RAHIMI R, COSGUN A, et al. Navigating occluded intersections with autonomous vehicles using deep reinforcement learning [C]//2018 IEEE international conference on robotics and automation (ICRA). New York: IEEE, 2018: 2034 – 2039.

[46] LIN Y, MCPHEE J, AZAD N L. Anti-jerk on-ramp merging using deep reinforcement learning[C]// 2020 IEEE Intelligent Vehicles Symposium (IV). New York: IEEE, 2020: 7 – 14.

[47] ANTONIO G P, MARIA D C. Multi-agent deep reinforcement learning to manage connected autonomous vehicles at tomorrow's intersections[J]. IEEE Transactions on Vehicular Technology, 2022, 71 (7): 7033 – 7043.

[48] PEI H, ZHANG Y, TAO Q, et al. Distributed cooperative driving in multi-intersection road networks [J]. IEEE Transactions on Vehicular Technology, 2021, 70 (6): 5390 – 5403.

[49] ZHAO X, WANG J, YIN G, et al. Cooperative driving for connected and automated vehicles at non-signalized intersection based on model predictive control[C]//2019 IEEE Intelligent Transportation Systems Conference (ITSC). New York: IEEE, 2019: 2121 – 2126.

[50] 蒋明智, 吴天昊, 张琳. 基于深度强化学习的无信号交叉口车辆协同控制算法[J]. 交通运输工程与信息学报, 2022, 20(2): 14 – 24.

[51] 谢光强, 章云. 多智能体系统协调控制一致性问题研究综述[J]. 计算机应用研究, 2011, 28 (6): 2035 – 2039.

[52] CHEN D, HAJIDAVALLOO M R, LI Z, et al. Deep multi-agent reinforcement learning for highway on-ramp merging in mixed traffic[J]. IEEE Transactions on Intelligent Transportation Systems, 2023, 24(11): 11623 – 11638.

[53] YU C, VELU A, VINITSKY E, et al. The surprising effectiveness of ppo in cooperative multi-agent games[J]. Advances in Neural Information Processing Systems, 2022, 35: 24611 – 24624.

[54] HE X, LV C. Toward intelligent connected e-mobility: Energy-aware cooperative driving with deep

multiagent reinforcement learning[J]. IEEE Vehicular Technology Magazine, 2023, 18(3): 101 – 109.

[55] WANG Y, WU Y, TANG Y, et al. Cooperative energy management and eco-driving of plug-in hybrid electric vehicle via multi-agent reinforcement learning[J]. Applied Energy, 2023, 332: 120563.

[56] TENG S, CHEN L, AI Y, et al. Hierarchical interpretable imitation learning for end-to-end autonomous driving[J]. IEEE Transactions on Intelligent Vehicles, 2022, 8(1): 673 – 683.

[57] CODEVILLA F, MÜLLER M, LÓPEZ A, et al. End-to-end driving via conditional imitation learning [C]//2018 IEEE international conference on robotics and automation (ICRA). New York: IEEE, 2018: 4693 – 4700.

[58] PARK S, RYU S, LIM J, et al. A real-time high-speed autonomous driving based on a low-cost rtk-gps[J]. Journal of Real-Time Image Processing, 2021, 18: 1321 – 1330.

[59] 刘浩敏, 章国锋, 鲍虎军. 基于单目视觉的同时定位与地图构建方法综述[J]. 计算机辅助设计与图形学学报, 2016, 28 (6): 855 – 868.

[60] TAHERI E, FERDOWSI M H, DANESH M. Fuzzy greedy rrt path planning algorithm in a complex configuration space[J]. International Journal of Control, Automation and Systems, 2018, 16: 3026 – 3035.

[61] 陈安. 网联车自动驾驶系统研究及停车场场景下的应用[D]. 杭州: 浙江大学, 2017.

[62] 杨维杰. 限定场景下网联云控自动驾驶服务系统研究与实现[D]. 杭州: 浙江大学, 2018.

[63] 唐猛. 自动小车存取系统建模及调度优化研究[D]. 武汉: 武汉大学, 2015.

[64] 贺启才. 基于行车安全场理论的汽车避撞方法研究[D]. 重庆: 重庆理工大学, 2018.

[65] CAI M, XU Q, CHEN C, et al. Formation control for connected and automated vehicles on multi-lane roads: Relative motion planning and conflict resolution[J]. IET Intelligent Transport Systems, 2023, 17 (1): 211 – 226.

[66] SUBRAVETI H H S N, SRIVASTAVA A, AHN S, et al. On lane assignment of connected automated vehicles: Strategies to improve traffic flow at diverge and weave bottlenecks[J]. Transportation Research Part C: Emerging Technologies, 2021, 127: 103126.

[67] KATO S, TSUGAWA S, TOKUDA K, et al. Vehicle control algorithms for cooperative driving with automated vehicles and intervehicle communications [J]. IEEE Transactions on Intelligent Transportation Systems, 2002, 3 (3): 155 – 161.

[68] CAI M, XU Q, CHEN C, et al. Formation control with lane preference for connected and automated vehicles in multi-lane scenarios[J]. Transportation research part C: Emerging Technologies, 2022, 136: 103513.

[69] WU J, KULCSÁR B, AHN S, et al. Emergency vehicle lane pre-clearing: from microscopic cooperation to routing decision making[J]. Transportation Research Part B: Methodological, 2020, 141: 223 – 239.

[70] CAO D, WU J, WU J, et al. A platoon regulation algorithm to improve the traffic performance of highway work zones[J]. Computer-Aided Civil and Infrastructure Engineering, 2021, 36 (7): 941 – 956.

[71] CAI M, XU Q, LI K, et al. Multi-lane formation assignment and control for connected vehicles[C]// 2019 IEEE Intelligent Vehicles Symposium (IV). New York: IEEE, 2019: 1968 – 1973.

[72] XU Q, CAI M, LI K, et al. Coordinated formation control for intelligent and connected vehicles in multiple traffic scenarios[J]. IET Intelligent Transport Systems, 2021, 15 (1): 159 – 173.

[73] FIROOZI R, ZHANG X, BORRELLI F. Formation and reconfiguration of tight multi-lane platoons [J]. Control Engineering Practice, 2021, 108: 104714.

[74] LI Y, TANG C, LI K, et al. Consensus-based cooperative control for multi-platoon under the connected vehicles environment[J]. IEEE Transactions on Intelligent Transportation Systems, 2018,

20（6）：2220 - 2229.

［75］ SHI H. Mixed platoon control strategy of connected and automated vehicles based on physics-informed deep reinforcement learning［D］. Madison：University of Wisconsin-Madison，2023.

［76］ LEE J, PARK B. Development and evaluation of a cooperative vehicle intersection control algorithm under the connected vehicles environment ［J］. IEEE Transactions on Intelligent Transportation systems，2012，13（1）：81 - 90.

［77］ LI S, SHU K, CHEN C, et al. Planning and decision-making for connected autonomous vehicles at road intersections：A review［J］. Chinese Journal of Mechanical Engineering，2021，34（1）：1 - 18.

［78］ HAO P, WU G, BORIBOONSOMSIN K, et al. Eco-approach and departure（EAD）application for actuated signals in real-world traffic［J］. IEEE Transactions on Intelligent Transportation Systems，2018，20（1）：30 - 40.

［79］ MALIKOPOULOS A A, CASSANDRAS C G, ZHANG Y J. A decentralized energy-optimal control framework for connected automated vehicles at signal-free intersections［J］. Automatica，2018，93：244 - 256.

［80］ PEI H, ZHANG Y, ZHANG Y, et al. Optimal cooperative driving at signal-free intersections with polynomial-time complexity［J］. IEEE Transactions on Intelligent Transportation Systems，2021，23（8）：12908 - 12920.

［81］ CHEN C, WANG J, XU Q, et al. Mixed platoon control of automated and human-driven vehicles at a signalized intersection：Dynamical analysis and optimal control［J］. Transportation Research Part C：Emerging Technologies，2021，127：103138.

［82］ BIAN Y, LI S E, REN W, et al. Cooperation of multiple connected vehicles at unsignalized intersections：Distributed observation, optimization, and control［J］. IEEE Transactions on Industrial Electronics，2019，67（12）：10744 - 10754.

［83］ FANG S, YANG L, WANG T, et al. Trajectory planning method for mixed vehicles considering traffic stability and fuel consumption at the signalized intersection［J］. Journal of Advanced Transportation，2020，11：1 - 10.

［84］ YANG H, RAKHA H, ALA M V. Eco-cooperative adaptive cruise control at signalized intersections considering queue effects［J］. IEEE Transactions on Intelligent Transportation Systems，2016，18（6）：1575 - 1585.

［85］ MEDINA A I M, VAN D W N, NIJMEIJER H. Cooperative intersection control based on virtual platooning［J］. IEEE Transactions on Intelligent Transportation Systems，2017，19（6）：1727 - 1740.

［86］ DRESNER K, STONE P. A multiagent approach to autonomous intersection management［J］. Journal of artificial intelligence research，2008，31：591 - 656.

［87］ HUANG S, SADEK A W, ZHAO Y. Assessing the mobility and environmental benefits of reservation-based intelligent intersections using an integrated simulator［J］. IEEE Transactions on Intelligent Transportation Systems，2012，13（3）：1201 - 1214.

［88］ WU W, ZHANG J, LUO A, et al. Distributed mutual exclusion algorithms for intersection traffic control［J］. IEEE Transactions on Parallel and Distributed Systems，2014，26（1）：65 - 74.

［89］ ZHANG K, ZHANG D, DE L F A, et al. State-driven priority scheduling mechanisms for driverless vehicles approaching intersections［J］. IEEE Transactions on Intelligent Transportation Systems，2015，16（5）：2487 - 2500.

［90］ KAMAL M A S, IMURA J I, HAYAKAWA T, et al. A vehicle-intersection coordination scheme for smooth flows of traffic without using traffic lights［J］. IEEE Transactions on Intelligent Transportation

Systems, 2014, 16 (3): 1136 – 1147.

[91] WANG Z, WU G, HAO P, et al. Cluster-wise cooperative eco-approach and departure application for connected and automated vehicles along signalized arterials[J]. IEEE Transactions on Intelligent Vehicles, 2018, 3 (4): 404 – 413.

[92] ZHANG J, DONG S, LI Z, et al. An eco-driving signal control model for divisible electric platoons in cooperative vehicle-infrastructure systems[J]. IEEE Access, 2019, 7: 83277 – 83285.

[93] DONG S, CHEN H, GAO B, et al. Hierarchical energy-efficient control for cavs at multiple signalized intersections considering queue effects[J]. IEEE Transactions on Intelligent Transportation Systems, 2021, 23 (8): 11643 – 11653.

[94] LIN Q, DU X, LI S E, et al. Vehicle-to-infrastructure communication based eco-driving operation at multiple signalized intersections[C]//2016 IEEE Vehicle Power and Propulsion Conference (VPPC). New York: IEEE, 2016: 1 – 6.

[95] ASADI B, VAHIDI A. Predictive cruise control: Utilizing upcoming traffic signal information for improving fuel economy and reducing trip time [J]. IEEE Transactions on Control Systems Technology, 2010, 19 (3): 707 – 714.

[96] XIA H, BORIBOONSOMSIN K, BARTH M. Dynamic eco-driving for signalized arterial corridors and its indirect network-wide energy/emissions benefits[J]. Journal of Intelligent Transportation Systems, 2013, 17 (1): 31 – 41.

[97] YAMAGUCHI D, KAMAL M, MUKAI M, et al. Model predictive control for automobile ecological driving using traffic signal information[J]. Journal of System Design and Dynamics, 2012, 6 (3): 297 – 309.

[98] HE X, LIU H X, LIU X. Optimal vehicle speed trajectory on a signalized arterial with consideration of queue[J]. Transportation Research Part C: Emerging Technologies, 2015, 61: 106 – 120.

[99] DE NUNZIO G, DE WIT C C, MOULIN P, et al. Eco-driving in urban traffic networks using traffic signals information[J]. International Journal of Robust and Nonlinear Control, 2016, 26 (6): 1307 – 1324.

[100] XU S, LI S E, DENG K, et al. A unified pseudospectral computational framework for optimal control of road vehicles[J]. IEEE/ASME Transactions on Mechatronics, 2014, 20 (4): 1499 – 1510.

[101] LIU Q, LIN X, LI M, et al. Coordinated lane-changing scheduling of multilane cav platoons in heterogeneous scenarios [J]. Transportation Research Part C: Emerging Technologies, 2023, 147: 103992.

[102] YU C, SUN W, LIU H X, et al. Managing connected and automated vehicles at isolated intersections: From reservation-to optimization-based methods[J]. Transportation Research Part B: Methodological, 2019, 122: 416 – 435.

[103] CHEN X, LI M, LIN X, et al. Rhythmic control of automated traffic art I: Concept and properties at isolated intersections[J]. Transportation Science, 2021, 55 (5): 969 – 987.

[104] LIN X, LI M, SHEN Z J M, et al. Rhythmic control of automated traffic art II: Grid network rhythm and online routing[J]. Transportation Science, 2021, 55 (5): 988 – 1009.

[105] CHEN C, CAI M, WANG J, et al. Cooperation method of connected and automated vehicles at unsignalized intersections: Lane changing and arrival scheduling [J]. IEEE Transactions on Vehicular Technology, 2022, 71 (11): 11351 – 11366.

[106] CHEN S, DONG J, HA P, et al. Graph neural network and reinforcement learning for multi-agent cooperative control of connected autonomous vehicles[J]. Computer-Aided Civil and Infrastructure Engineering, 2021, 36 (7): 838 – 857.

第5章
智能汽车编队驾驶其他
相关技术研究

本章全面剖析了智能汽车编队驾驶的其他核心技术，包括通信拓扑、人为因素、空气动力学以及测试验证等多个要素，为了解和应对智能汽车编队驾驶的复杂挑战提供了全面而深入的理解。这些领域的综合分析有助于推动技术的进步，为未来智能交通系统的发展奠定坚实基础。

5.1 智能汽车编队驾驶通信拓扑研究

多车协同系统中的 IFT 定义了信息传递规则以及车辆如何获取周围数据[1]。设计良好的 IFT 可以增强稳定性、控制效果和系统动态性能[2]。拓扑结构的准确模型对于在分布式控制算法中设计耦合成本函数至关重要。车辆排列中的通信拓扑可以通过有向图 $\mathbb{G} = \{\mathbb{V}, \mathbb{E}\}$ 进行建模，其中 $\mathbb{V}$（ $= \{0, 1, 2, \cdots, N\}$）是节点集，$\mathbb{E}$（$\subseteq \mathbb{V} \times \mathbb{V}$）是相连的边的集。图 $\mathbb{G}$ 的性质可以进一步简化为三个矩阵，即邻接矩阵 $\boldsymbol{A}$、拉普拉斯矩阵 $\boldsymbol{L}$ 和连接矩阵 $\boldsymbol{P}$。

邻接矩阵 $\boldsymbol{A}$ 用于描述跟随车之间的定向通信，定义为 $\boldsymbol{A} = [a_{ij}] \in \mathbb{R}^{N \times N}$，其中每项表示为

$$\begin{cases} a_{ij} = 1, & \{j, i\} \in \mathbb{E} \\ a_{ij} = 0, & \{j, i\} \notin \mathbb{E} \end{cases} \tag{5.1}$$

$\{j, i\} \in \mathbb{E}$ 表示从节点 j 到节点 i 有一条有向边，即节点 i 可以接收节点 j 的信息。拉普拉斯矩阵 $\boldsymbol{L} \in \mathbb{R}^{N \times N}$ 被定义为

$$\boldsymbol{L} = \boldsymbol{D} - \boldsymbol{A} \tag{5.2}$$

式中，$\boldsymbol{D}$（$\in \mathbb{R}^{N \times N}$）为入度矩阵，定义为

$$\boldsymbol{D} = \mathrm{diag}\{\deg_1, \deg_1, \cdots, \deg_N\} \tag{5.3}$$

$\deg_i = \sum\limits_{j=1}^{N} a_{ij}$ 表示节点 i 在 $\mathbb{G}$ 中的入度。连接矩阵 $\boldsymbol{\mathcal{P}} \in \mathbb{R}^{N \times N}$ 用于表示每个跟随车是否连接到领航车，定义为

$$\boldsymbol{\mathcal{P}} = \mathrm{diag}\{p_1, p_2, \cdots, p_N\} \tag{5.4}$$

如果边 $\{0, i\} \in \mathbb{E}$，则 $p_i = 1$；否则 $p_i = 0$。如果 $p_i = 1$，则称节点 i 连接到领航车；只有连接到领航车的节点才知道所需的设定点。进一步，将节点 i 可连接到的领航车节点集 $\mathbb{P}_i$ 定义为

$$\mathbb{P}_i = \begin{cases} \{0\}, & p_i = 1 \\ \varnothing, & p_i = 0 \end{cases} \tag{5.5}$$

为完整起见，若干定义如下所述：

1）有向路径：从节点 i_1 到节点 i_k 的有向路径是一系列边 $(i_{j-1}, i_j) \in \mathbb{E}$，$\forall j = \{2, \cdots, k\}$。

2）生成树：如果对于根节点，存在从此节点到每个其他节点的有向路径，称图 $\mathbb{G}$ 包含生成树。

3）邻集：当且仅当 $a_{ij} = 1$，$j \in \mathcal{N}$，节点 j 被称为节点 i 的邻居节点。节点 i 的邻集由 $\mathbb{N}_i = \{j \mid a_{ij} = 1, j \in \mathcal{N}\}$ 表示。

集合 $\mathbb{N}_i$ 意味着节点 i 可以接收任何节点 $j \in \mathbb{N}_i$ 的信息。类似地，我们定义了一个对偶集合 $\mathbb{O}_i = \{j \mid a_{ji} = 1, j \in \mathcal{N}\}$，这意味着节点 i 会将其信息发送到任何节点 $j \in \mathbb{O}_i$。对于无向拓扑，$\mathbb{N}_i = \mathbb{O}_i$；但对于任何有向拓扑，这个等式都不成立。定义集合 $\mathbb{I}_i = \mathbb{N}_i \cup \mathbb{P}_i$ 来表示所有可以将其信息发送到节点 i 的节点。只有 $\mathbb{I}_i$ 中节点的信息才能用于构建节点 i 的局部最优控制问题。集合 $\mathbb{N}_i$ 和 $\mathbb{O}_i$ 定义示意图如图 $5-1$ 所示.

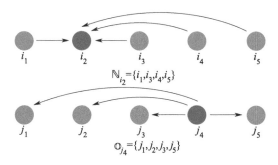

图 5-1 集合 $\mathbb{N}_i$ 和 $\mathbb{O}_i$ 定义示意图

信息流拓扑的一些典型类型包括前置跟随（Predecessor-Following，PF）、双向前置跟随（Bidirectional Predecessor-Following，BPF）、前置领导跟随（Predecessor-

Leader Following，PLF）、双前置跟随（Two Predecessor-Following，TPF），双前置领导跟随（Two Predecessor-Leader Following，TPLF）和双向双前置跟随（Bidirectional Two Predecessor Following，BTPF），如图 5 - 2 所示。早期提出的协同自适应巡航控制系统主要基于车载传感器（如雷达等）来检测周围环境，这意味着协同自适应巡航控制系统中的车辆仅能从其紧跟前车或紧随后车获取信息。因此，前置跟随和双向的信息流拓扑是这些协同自适应巡航控制系统的典型选择。随着通信技术的发展，利用车对车通信，最近提出的协同自适应巡航控制系统允许自动化互联车辆在更宽的范围内相互传输信息，因此其他几种信息流拓扑结构，如前置领导跟随、双前置领导跟随被提出并发展了起来。

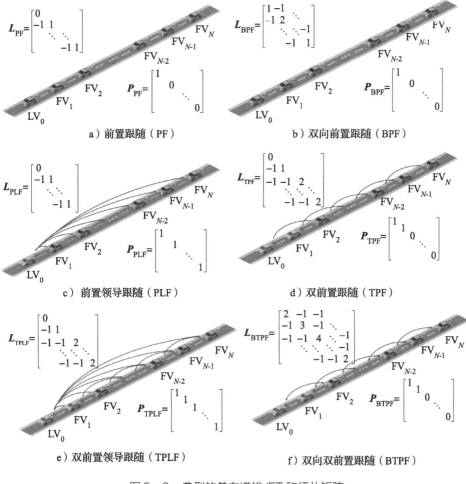

a）前置跟随（PF）

b）双向前置跟随（BPF）

c）前置领导跟随（PLF）

d）双前置跟随（TPF）

e）双前置领导跟随（TPLF）

f）双向双前置跟随（BTPF）

图 5 - 2 典型的单车道排 IFT 和拓扑矩阵

不同的 IFT 会极大地影响信息交换和控制性能，进一步影响节能效果。在多车排控制中，理论上每辆车都有可能获取排中其他车辆的信息或路端/云端系统传输的数据，这将影响 IFT 和优化设计。考虑到 HDV 和 CAV 共存的情况，以及上下游交通流之间信息交换的整合，针对单车道排引入了互联巡航控制（Connected Cruise Control，CCC）[3] 和领先巡航控制（Leading Cruise Control，LCC）[4]。CACC、CCC 和 LCC 之间的区别如下：

1）CACC 涉及多辆 CAV 以受控方式主动跟随指定的 LV。

2）CCC 结合了 HDV 的动力学，使后续 CAV 能够利用前方多辆 HDV 的信息制定控制策略。

3）LCC 综合考虑了前车和后车的动力学。

5.2 智能汽车编队驾驶人为因素研究

5.2.1 智能汽车编队驾驶员行为因素影响

驾驶员在智能汽车驾驶中表现出强大的决策能力，但这些决策往往随着驾驶时间的变化而变化。事实上，有研究指出，"人为失误是 75% 的碰撞事故的关键原因"[5]。改善驾驶员驾驶习惯和行为，有望创造一个更加和谐的驾驶和交通环境，有利于操作和安全。

智能汽车编队行驶时，驾驶员行为不稳定对整个编队驾驶的安全性会有极大影响，其中驾驶员驾驶行为不稳定的人为因素主要包括攻击性驾驶行为、疲劳驾驶行为、性格和情绪特征、视力不良因素等方面。

每个驾驶员的驾驶风格和冒险能力都有所差异，年龄和性别在对危险驾驶情况的感知方面起着重要作用。此外，特定的驾驶需求会影响攻击性驾驶，这是驾驶失误的潜在来源。许多数学模型用来描述汽车跟随时驾驶员的行为，一般基于刺激 – 反应框架，该框架最初是在通用汽车研究实验室开发的[6-7]。其假设每个驾驶员根据以下关系对给定的刺激做出反应：

$$\text{response} = \text{sensitivity} \times \text{stimulus} \tag{5.6}$$

Gazis-Herman-Rothery（GHR）跟随车辆模型是跟随车辆建模领域中研究较多的模型。线性的跟随车辆模型为[7]

$$a_n(t) = \lambda \Delta V_n(t - \tau_n) \tag{5.7}$$

式中，$a_n(t)$ 为车辆 n 在 t 时刻的加速度；$\Delta V_n(t - \tau_n)$ 为被试车辆与前车在 $(t - \tau_n)$ 时刻的速度差；τ_n 为反应时间；λ 为灵敏度参数。

上述模型主要关注驾驶员的行为因素，并不能反映驾驶员的心理反应。有研究表明人为因素主要包括[8]：

1）社会经济特征（如年龄、性别、收入、教育程度、家庭结构）。

2）反应时间。

3）估计误差：间距和速度只能以有限的精度估计。

4）感知阈值：人类无法感知刺激的微小变化。

5）时间预期：驾驶员可以预测未来几秒钟的交通状况。

6）空间预测：驾驶员考虑前面的车辆和前面更远的车辆。

7）语境敏感性：交通状况可能会影响驾驶风格。

8）不完美驾驶：在相同的情况下，驾驶员在不同的时间可能会有不同的行为。

9）侵略性或冒险倾向。

10）驾驶技术。

11）驾驶需求。

12）驾驶员分心。

13）期望速度。

14）期望间距。

15）期望时距。

在上述模型中，很难体现出驾驶员感知驾驶环境中的微小变化并对其做出的反应（驾驶环境中的微小变化主要包括速度差值、后车与前车间距的微小变化），为了克服这个问题，引入术语“感知阈值”[9]来定义驾驶员可以感知并将做出反应的刺激的最小值。基于感知阈值的模型也被称为“心理 - 物理”模型。阈值表示为前车和主车之间的速度差和间距的函数，并且对于加减速决策是不同的。当间距小时，它可以提高驾驶员的警觉性，当间距大时，它可以提供更多的自由。阈值分布如图 5 - 3 所示。

阈值定义如下：AX 是在队列行驶队伍中，两辆连续车辆的前方所期望的间距；BX 是期望最小跟随距离，是 AX、安全距离和速度的函数；SDV 是驾驶员有意识地注意到他正在接近一辆较慢的前车的动作点，SDV 随速度差的增加而增加；CLDV 是一个额外的阈值，用于解释应用制动所产生的额外减速；OPDV 是驾驶员注意到自己比前车慢并开始再次加速的动作点；SDX 是模拟最大跟随距离的感知阈值，为 BX 的 1.5 ~ 2.5 倍。

图 5 - 3 中的虚线表示接近车辆的决策路径。一辆行驶速度比前车快的车会

靠近它，直到超过减速感知阈值（SDV）（在 A 点）。然后驾驶员会减速以匹配前车的速度。然而，作为一个人，驾驶员无法准确地复制前车的速度，间隔会增加，直到达到加速感知阈值（OPDV）（在 B 点）。驾驶员会再次加速以匹配领队的速度，并继续这个过程，如无意识反应区所示。

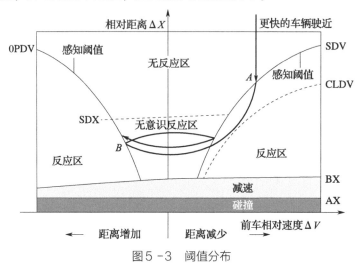

图5-3　阈值分布

此外，有研究指出，前车的视觉范围或大小对驾驶员对驾驶情况的感知有所影响。视角模型[10]的基本假设是当驾驶员接近前面的车辆时，他们通过车辆外观尺寸的变化来感知情况。具体来说，相对速度是通过前车的视角变化来感知的。可视角度可以表示为

$$\theta_n(t) = 2\arctan\left(\frac{W}{2S_n(t)}\right) \approx \frac{W}{S_n(t)} \tag{5.8}$$

式中，$S_n(t)$ 为 t 时刻从该车前端到前车尾部的两车间距；W 为前车宽度。

通过微分，角速度可以表示为

$$\frac{\mathrm{d}}{\mathrm{d}t}\theta_n(t) = -W\frac{\Delta V_n(t)}{[S_n(t)]^2} \tag{5.9}$$

式中，$\Delta V_n(t)$ 为 t 时刻两车的相对速度。

然而，选择一个合适的视角阈值可能是具有挑战性的。视角阈值范围在 0.0003~0.001rad/s 之间，平均值为 0.0006rad/s。如果考虑前车宽度为 1.8m，车速差为 10km/h，则阈值为 0.0006rad/s 时，驾驶员可以在相对间距小于 91m 时检测到前车所承受的角速度变化。

驾驶员的冒险行为、分心和在容易发生碰撞和其他极端情况下的错误策略也是队列驾驶时重要的人为因素。在冒险情况下驾驶的行为过程包括感知、判

断和执行特定的决策策略（例如，制动或变道）。这个过程可以被视为一个人类的决策问题，其中诸如周围交通、环境和驾驶员本身的性质（不同的年龄、性别、驾驶经验和风险态度）等变量可能会影响驾驶选择。风险决策的预期效用理论[11]是现代决策理论的基础。然而，实际决策与效用理论预测的决策之间的不一致性导致需要开发更现实的模型来描述实际决策过程。前景理论[12]是一个被广泛接受的描述性模型，描述了当存在风险结果的可能性时人类的决策。

基于前景理论建立的驾驶员行为模型[13-15]认为驾驶是一项连续的冒险任务。在该模型中，前景理论为权衡驾驶员的选择提供了理论和操作基础。模型中的主要变量是与前车发生追尾碰撞的主观概率（$p_{n,i}$）。这个概率取决于加速度、间距和速度差，可以表示为

$$p_{n,i} \approx p_n(t + \hat{\tau}_n) = \phi\left(\frac{\Delta V_n(t)\hat{\tau}_n + 0.5 a_n(\hat{\tau}_n)^2 - S_n(t)}{\sigma(V_{n-1})\hat{\tau}_n}\right) \tag{5.10}$$

式中，$\hat{\tau}_n$ 为预期时间跨度；$\phi(z)$ 为标准化高斯函数的累积分布函数；a_n 为驾驶员施加的加速度。

该模型中的增益（或损失）受到驾驶员最大期望速度和速度非负性的约束。利用前景理论解释收益或损失的价值函数定义为

$$U_{PT}(a_n) = x[w + 0.5(1-w)(\tanh x + 1)](1 + x^2)^{0.5(\gamma-1)} \tag{5.11}$$

式中，$x = a_n/a_0$；γ 为非负灵敏度参数；a_0 为加速度归一化因子（设为 1m/s^2）；w 为负加速度相关的权值。驾驶员依次评估候选加速度，并最终选择概率最高的加速度，使用以下公式：

$$U(a_n) = (1 - p_{n,i})U_{PT}(a_n) - p_{n,i}w_c k(V_n, \Delta V_n) \tag{5.12}$$

如果驾驶员 n 决定在 i 加速，他可能会增加速度（被认为是增益）或卷入追尾碰撞（被认为是损失），其概率为 $p_{n,i}$。假设可能发生碰撞的损失与两个项有关：一个是严重性项 $k(V_n, \Delta V_n)$，表示碰撞发生后的预期后果，另一个是加权因子 w_c（较高的 w_c 对应保守的驱动，较低的 w_c 对应激进的驱动）。最后，为了反映驾驶员响应的随机性，选择的加速度从以下概率密度函数中获得：

$$f(a_n) = \begin{cases} \dfrac{\exp[\beta \times U(a_n)]}{\displaystyle\int_{a_{max}}^{a_{min}} \exp[\beta \times U(a')]\,\mathrm{d}a'}, & a_{min} \leqslant a_n \leqslant a_{max} \\ 0, & \text{其他} \end{cases} \tag{5.13}$$

式中，参数 $\beta > 0$ 反映了选择对效用 $U(a_n)$ 的敏感性。它还可以解释驾驶员的经验，经验丰富的驾驶员的驾驶风格比经验不足的驾驶员的驾驶风格更稳定。

人类驾驶员在驾驶时容易犯驾驶失误，"人为失误"是一个比较宽泛的术

语，它几乎被用来涵盖几乎所有导致车祸的不安全行为。驾驶员错误行为主要分为五类：行动错误、认知和决策错误、观察错误、信息检索错误和违规行为。跟随车辆模型可能受到这些错误中任何一个的影响；然而，它如何以及在多大程度上受到影响仍然是难以捉摸的，需要未来的研究。这里主要讨论的是驾驶员分心引起的错误。

随机车辆跟随模型[16]计算驾驶员所需的加速度，是跟随距离、速度差及车头时距的函数；其误差机制来源于道路偏离碰撞预警系统现场操作测试（Road Departure Collision Warning，RDCW）。在计算最终加速度时也考虑了不确定性，假设当跟随距离较大时，驾驶员无法准确感知，有更大的偏离空间。随机车辆跟随模型可以表示为

$$\tilde{a}_n(t) = f_{\tilde{a}_n}\left[\Delta X_n(t),\ \Delta V_n(t),\ T_n\right] \tag{5.14}$$

$$a_n(t) = f\left[\tilde{a}_n(t),\ \sigma\right] \tag{5.15}$$

式中，$\tilde{a}_n$ 为期望的加速度；σ 为偏差。模型参数由 RDCW 数据库计算得到。主要包括三种类型的驾驶错误：知觉限制、时间延迟和分心。引入驾驶员可以检测到并将做出响应的速度差的最小阈值。通过递推最小二乘识别方法估计延时并根据 RDCW 数据的统计分析识别干扰。估计分心的频率和持续时间。在分心期间，模型继续使用前一个时间步的信息而不更新它。

5.2.2　智能汽车编队驾驶员偏好与行为的研究方法

这里主要讨论驾驶员在编队 CACC 系统下的偏好与行为。CACC 是一种利用车与车之间的无线通信实现比自适应巡航控制更快的制动响应和更短的行驶距离的驾驶辅助技术[17]。以下从时间间隔偏好、货车位置偏好、信任和满意度等多个角度了解驾驶员在真实交通条件下在公共道路上驾驶 CACC 货车时的偏好与行为[18]。对配备 CACC 的汽车编队驾驶员的经验、偏好和行为调查主要包括：

1）时间间隔偏好。

2）在编队中的位置。

3）使用 CACC 插队行驶。

4）在道路等级上使用 CACC。

5）驾驶员重新完全控制货车的情况。

调查中驾驶员可以自由选择车辆跟随的时间间隔设置，但实时货车速度由货车上的 CACC 系统决定。驾驶员负责转向，制动和发动机控制动作由 CACC 系统决定。

通过招募专业车队驾驶员参加道路上的试验。其中所有测试驾驶员均为男性，具有 20 年以上的驾龄及较高的驾驶水平，在最近三年无交通违规行为。在道路上的试验，每辆货车后面都有一个空拖车。所有货车都配备了 CACC，意味着它们可以通过 DSRC 相互交换与控制相关的消息，如图 5 – 4 所示。可以通过 CACC 激活或停用按钮激活或停用 CACC。

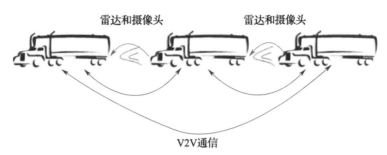

图 5 – 4　基于 DSRC 的 V2V 通信系统

时间间隔的平均偏好排名存在显著差异，如图 5 – 5 所示，1.2s 的偏好等级显著高于 0.6s、0.9s 和 1.8s 的时间间隔，但与 1.5s 的时间间隔差异不显著。驾驶员更喜欢时间间隔为 1.2s 及 1.5s 的 CACC 设置。

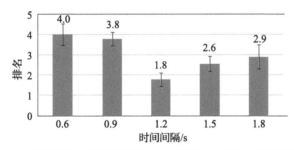

图 5 – 5　在每个设置的时间间隔的平均偏好排名（值越小表示优先级越高）

当时间间隔很小的时候，驾驶员会被前面货车的拖车挡住前方道路的视野。在问卷中，9 名驾驶员中有 8 名不喜欢两个最短的 CACC 时间间隔（0.6s 和 0.9s），因为这两个时间间隔里，他们很难看到足够的前方道路，从而舒适地驾驶。驾驶员也不喜欢 1.8s，这是最大的 CACC 时间间隔。他们提到，巨大的差距往往会鼓励道路上的其他车辆插队行驶。因此，两种中等间距设置（1.2s 和 1.8s）认为是驾驶员考虑到驾驶安全、舒适及阻止其他车辆插队的首选。

驾驶员对其在 CACC 编队中的位置偏好见表 5 – 1。货车在 CACC 编队中的位置并不是限制或提高驾驶员前瞻能力的关键因素。只有一名参与者认为驾驶第三辆货车可以更好地看到高速公路，并对未来的事件有更多的预期。因此，他更喜欢驾驶最后一辆货车。另外两名驾驶员注意到的是制动性能的差异，而不是后面两辆货车的路面能见度，认为第二辆货车的制动性能比第三辆货车好，所以他们更喜欢第二辆货车。大多数驾驶员（8人中有5人）没有注意到驾驶第二辆和第三辆货车之间的任何区别，并且没有位置偏好。

表5-1　驾驶员位置偏好

问题	结果
你注意到在第2位和第3位驾驶有什么不同吗	5名没有
	3名有
	2名优先第二位
你更喜欢排在第二位还是第三位	5名不优先
	1名优先第三位
如果你注意到在第2位和第3位驾驶有什么区别，区别是什么	第三辆货车提供了更清晰的高速公路视野
	第三辆货车的制动控制不如第二辆好
如果你喜欢第2位或第3位驾驶，请解释为什么有这样的偏好	第三位，可以更好地预测在路上事件
	第二位，更好地对领航货车做出反应

在试验中，CACC系统检测到车辆插队时，让编队减速，使自己与插队的车辆保持更大的距离。一旦车辆驶出，货车自动加快速度，缩小与前面货车的距离直至达到CACC设定的时间间隔（或相应的跟随距离）。当行驶上坡或下坡时，CACC系统需要操纵发动机和制动控制来抵消路面坡度引起的加速和减速，并保持适当的跟随时间间隔。驾驶员对插队和道路等级的反应见表5-2。驾驶员对CACC对插队车辆的反应感到满意。此外，他们似乎对CACC的安全性深信不疑，尤其是在车辆插队时。然而，当CACC在陡峭的道路上运行时，尤其是在等级较低的道路上，参与者对其可靠性的信心降低，主要因为测试前提醒驾驶员，要求他们在对CACC的表现感到不舒服时（包括在陡峭道路上）脱离CACC。

表5-2　驾驶员对插队和道路等级的反应

类别	问题	结果平均值（标准差）
插队	当一辆车在你和你前面的货车之间插队时，你对CACC系统的反应的信任程度	5.2（2.1）/7
	当前方发生紧急事故时，你对CACC系统确保安全的信任程度	5.0（1.8）/7
道路等级	当行驶在高路面等级时，你认为CACC的工作有多可靠	4.6（2.0）/7
	当行驶在低路面等级时，你认为CACC的工作有多可靠	3.1（1.8）/7

在试验过程中，驾驶员被允许关闭 CACC 系统，并在必要时完全控制货车。8 名驾驶员由于交通拥堵而停用了 CACC 系统，这是迄今为止驾驶员干预的最重要原因。交通拥堵增加了车辆插队的可能性，而频繁的插队会扰乱 CACC 线路的行驶。此外，交通拥堵可能会使货车减速，这导致在不变的时间间隔基础上的跟随距离缩短设置，这可能会让驾驶员感到不舒服。当车流量较少且可预测时，驾驶员表现出更大的使用 CACC 的意愿。道路等级是导致切换为手动驾驶的第二个最常提到的因素（4 名驾驶员）。高速公路合并也是驾驶员切换手动模式操作的情况（1 名驾驶员）。当其他车辆在通过有限长度的入口匝道后必须并入高速公路时，自动货车编队可能会"阻挡"其他车辆，驾驶员必须切换到手动模式，让其他车辆插队，或者改变车道，为其他车辆并拢提供足够的空间，或者加速以超过并拢的车辆。

在提高交通安全、降低人为因素影响的过程中，智能汽车的预警和提示信息具有显著的价值，因为这些信息能提醒驾驶员留意潜在的危险状况，或引导他们在遇到复杂的交通环境前采取最佳的驾驶操作。这一理念的实现主要依赖于通过排除意外因素来优化驾驶员的驾驶表现。尽管这些预警系统为驾驶员提供了额外的时空资源以处理复杂的驾驶决策和操作，但仍然需要驾驶员对接收到的信息进行确认，对信息进行处理，并依据信息做出相应的驾驶反应。

另外，这些预警和提示信息对驾驶员的生理状态也产生了显著的影响。在一项由欧洲智能道路安全合作系统（COOPERS）进行的研究中，驾驶速度、车道变换行为、视觉分心程度、认知负荷以及压力水平被确定为评估该系统对驾驶员能力影响的主要指标[19]。预警系统的存在改善了驾驶员的驾驶速度和跟车行为，这表明该系统可以提高交通流的安全性和稳定性。另一个由该系统带来的安全效益是驾驶员倾向于保持较长的车辆间距。然而，该系统对车道变换行为的影响并未如预期般显著。

相比于未启用该系统，驾驶员在启用该系统驾驶时表现出较低的压力水平。虽然该系统要求驾驶员在接收到警告时查看车载设备，但这种短暂的分神并不会对驾驶任务产生负面影响，其频率远未达到被认为是妨碍驾驶任务的临界阈值。一项针对 COOPERS 预警系统的模拟器研究表明，向驾驶员提供警告可以缩小不同年龄组的反应时间差异，从而减少不稳定的驾驶行为[20]。但针对驾驶员在使用自动驾驶系统时行为的研究仍具有一定的局限性。

5.3 智能汽车编队驾驶空气动力学研究

5.3.1 空气动力学影响理论分析

随着全球变暖和污染问题变得更加明显和普遍，需要多种措施以防止环境的进一步恶化。其中全球约12%的温室气体排放是由公路运输产生的，其中货运占40%[21]。现有研究证明编队行驶的燃料消耗潜在减少可高达15%，占全球年排放量的0.7%[22]。由于驾驶环境、路况等可能存在的问题，燃料消耗减少较为有限，然而，在某些高速公路行驶情况下，燃料消耗减少仍然高达10%[23]。虽然实际的燃料消耗可能会多一些，但仍有较好的效果，这使编队行驶通过空气动力学节约能源成为一种可行的方案。此外，国内外许多法规要求减少汽车碳排放量，这也迫使汽车制造商寻找新的解决方案。

空气动力学对智能汽车编队驾驶的主要影响是空气阻力和能耗：智能汽车编队驾驶中，车辆之间距离的变化和智能汽车形状会影响空气阻力的变化，进而影响到智能汽车的能耗。智能汽车编队驾驶空气动力学的研究对节能减排、汽车安全都有重要的意义。

在智能交通系统的快速发展下，智能汽车编队驾驶这种方式更多依赖于车辆之间的紧密协作和通信，以实现安全高效的道路出行。在智能汽车编队驾驶中，空气动力学对节能减排起着重要的作用。许多因素推动着智能汽车提高其编队的行驶能效，以及确保电动汽车有足够的续驶里程和功耗，其中一些是法规（要求减少温室气体排放）。提高智能汽车能源效率的一个重要部分是减少其空气动力学阻力。在改善货车、轿车和公共汽车的空气动力学方面，由于车辆行驶间距、空气密度等许多因素，可达到的空气动力学性能是有限的。

本节关注的是一种利用编队驾驶来减少能耗的方法，随着车辆自动化和通信技术的进步，通过编队行驶减少其空气动力学阻力成为可能。

（1）空气动力学特性对智能汽车编队驾驶动力性的影响

假设智能汽车编队所有车辆型号、配置及载重相同，队首智能汽车前后车轮的滚动阻力相同，智能汽车的重力和空气升力均匀分布在每个车轮上，智能汽车编队的驱动能力可以表示为[24]

$$P = \eta v(F_r + D) = \eta v\left(r_0 mg + \frac{1}{2}\rho v^2 A C_D\right) \tag{5.16}$$

式中，η 为效率系数；v 为车速；F_r 为滚动阻力；D 为空气阻力；r_0 为滚动阻力系数；m 为整车质量；g 为重力加速度；ρ 为空气密度；A 为车轮正投影面积；C_D 为阻力系数。

可见，通过减小智能汽车编队的空气阻力，在驱动能力一定的前提下，可以提高整个编队的行驶速度。

（2）智能汽车编队空气动力特性对经济性的影响

通过改变编队行驶纵向间距、编队形式等，可以减少能源消耗。

智能汽车编队行驶时智能汽车的能源消耗可表达为

$$FC = bsfc[P] \tag{5.17}$$

式中，bsfc 为发动机制动的能耗率。节能率可以表示为

$$\Delta FC = \frac{FC_0 - FC}{FC_0} = \frac{\frac{1}{2}\rho v^2 A (C_{D0} - C_D)}{r_0 mg + \frac{1}{2}\rho v^2 A C_{D0}} \tag{5.18}$$

式中，FC_0 为参考能耗，空气阻力系数的降低率可以表示为

$$\Delta C_D = \frac{C_{D0} - C_D}{C_{D0}} = 1 - \frac{C_D}{C_{D0}} \tag{5.19}$$

根据式（5.18）和式（5.19），节能效率可以表示为

$$\Delta FC = \frac{\Delta C_D}{1 + \dfrac{r_0 mg}{\dfrac{1}{2}\rho v^2 A C_{D0}}} = \xi \Delta C_D \tag{5.20}$$

由此可见，在高速行驶时，智能汽车编队行驶所需要克服的空气阻力以及所消耗的空气阻力功率急剧上升，优化智能汽车造型及编队车辆之间的间距，可以有效降低高速时的空气阻力，减少能源消耗。此外，能耗的减少与空气阻力的减少成正比。

5.3.2　智能汽车编队驾驶空气动力学的研究方法和技术

1. 编队驾驶空气动力学研究相关定义

为了能够更清楚地讨论智能汽车编队及其气动效应，给出与编队中车辆的位置、车间距离、横向偏移和偏航角相关的定义，如图 5 - 6 所示。本节中以两辆货车组成的智能汽车编队，以及一辆货车与一辆乘用车或一辆公共汽车组成的混合智能汽车编队为例进行说明。其中，编队中的第一辆称为领航车，第二辆车被称为跟随车。它们之间的间距为领航车的尾部到跟随车前部的距离，称为车间距离（Inter-Vehicle Distance，IVD）。通常情况下车间距离被限制在

0.5～30m 之间[25]。这个距离范围被认为是一个合理的最小值和最大值。此外一些计算流体力学（Computational Fluid Dynamics，CFD）模拟也在更长的距离下进行，以寻找车间距离在远距离下可能存在的潜在减少能源消耗的效果。

其中，跟随车的横向偏移定义为与前车的纵向中心线之间的水平距离，如图 5-6 所示。横向偏移量为领航车和跟随车纵向中心线之间的距离。为进一步了解智能汽车编队在近距离行驶时的真实空气动力学行为，考虑侧向风的作用，其中偏航角为风向与车身纵向中心线之间的夹角。

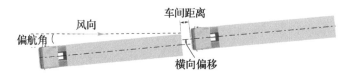

图 5-6　智能汽车在编队中的位置、车间距离、横向偏移和偏航角

2. 面向 CFD 分析的车体建模

（1）两辆货车组成的智能汽车编队模型

本节所提到的相关仿真和物理模型是两辆货运货车的简化版本。为精简计算量，相比于物理模型，仿真模型所做的修改是对内部几何形状的去特征化。例如，发动机舱去掉电缆和发动机等部件，去除分割线和侧视镜等小部件。两辆货运货车模型的渲染图如图 5-7 所示，展示了外观、发动机舱和传感器位置。该模型的尾部车厢部分进行了简化，由一个矩形和车轮组成，但增加了侧裙，以尽量减少简化后底盘的影响。

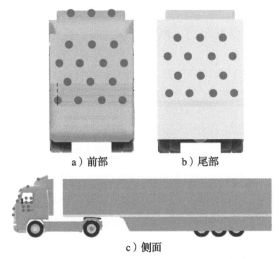

a）前部　　　　b）尾部

c）侧面

图 5-7　两辆货运货车模型的渲染图[25]

仿真模型和试验模型的都代表了真实智能汽车在编队模型。在 CFD 中，通过探针来测量关键位置的表面压力。试验模型上装有压力传感器，图 5-7 中圆圈的位置显示了压力传感器的位置。

（2）一辆货车与一辆乘用车组成的混合智能汽车编队模型

使用此模型的领航车是一种简化的运动型多用途车（SUV）。仿真模型所做的简化考虑了现代电动汽车的设计方向，例如简化侧视镜、底板平整，以及密封的格栅。此外，将车轮视为实心车轮，去除了发动机舱和分割线。试验模型上装有压力传感器，用来测量车身受到的压力，图 5-8 中圆圈的位置显示了压力传感器的位置。

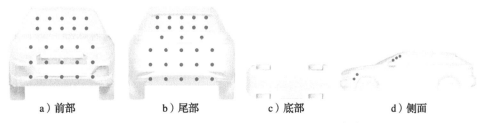

a）前部　　　　　　b）尾部　　　　　　c）底部　　　　　　d）侧面

图 5-8　简化的运动型多用途车（SUV）[25]

3. 编队驾驶空气动力学仿真模拟

（1）车体网格划分

仿真模拟使用 STAR-CCM + 软件，采用 k - ω SST IDDES 模型，使用六面体为主的非结构化网格，在车辆表面和地面上设置棱柱层。隐式时间行进方案为二阶精度；对流项采用了 85% 中央差分和 15% 二阶上卷的混合方案。对于所有智能汽车编队组合，仿真域的大小一般相当于 5~10 个车长、40 个车宽、10 个车高，仿真域长度的变化是为了保持最后一辆车到出口的距离不变。选择这样的大小是为了尽量减少仿真域边界的影响，并允许进行横向偏移和偏航模拟。在对智能汽车编队驾驶进行模拟时，表面被分成 5 个细化部分和 5 个细化体积。选择这样的分割方法是为了充分捕捉流动物理特性，同时尽量减少元素数量以节约计算时间。这里主要讨论两辆货车组成的智能汽车编队模型的研究。

（2）收敛和求解器设置

当使用离散时间求解时，确保每个时间步长内的收敛是很重要的。仿真模拟的步长及迭代设置对是否收敛影响较大，较大的时间步长需要更长的时间才能收敛。在复杂几何形状上使用具有薄棱柱层的自动网格时，可能会出现一些求解器不稳定。通过在每个时间步长结束时对速度过高的单元体应用梯度平滑来提高仿真模拟的稳定性。

（3）边界条件

由于智能汽车编队驾驶仿真模拟主要涉及公路环境，因此设置边界条件来模拟车辆与道路之间的相对速度，可以将移动墙壁设置为与入口速度相同的值。出口边界条件为压力出口边界条件，壁面和顶棚为零梯度边界。对于带有偏航的模拟，可以在仿真域的左壁上施加一个速度入口，在右侧施加一个压力出口。将风速设置与零偏航条件下相同，只改变了风来流的方向，保证在模拟横风条件时与风洞实验保持一致。将车辆上的表面设置为无滑移边界，并给予车轮适当的转速。

（4）智能汽车编队驾驶仿真及试验结果分析

本部分通过比较 CFD 仿真结果和试验数据，进一步确保仿真及试验结果的可靠性。对数值结果进行了归一化处理，以孤立车辆的相应值为基准，重点在于捕捉正确的趋势而非绝对值。

智能汽车编队中领航车具有较为直接的减阻机制，主要来源是两车之间的压力。阻力主要由来自跟随车辆停滞区的基底压力增加引起。跟随车辆的距离对其影响较大，且变化率较均匀，与偏航角的大小相关性较弱。在有横向偏移的情况下，5m 车间距离内，随着车间距离的增加，阻力增大，降低了编队的效率；但在较大车间距离（大于 5m）时，与无横向偏移变化一致，如图 5-9 所示。

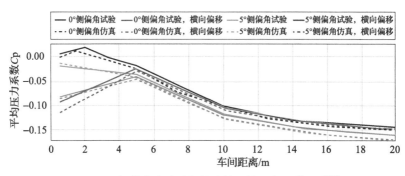

图 5-9　智能汽车编队领航车的平均压力系数 C_p [25]

对于跟随车辆，压力变化较为复杂。在零偏航和无侧偏时，它们对减阻作用的影响主要表现在以下几个方面：

1）减小迎面速度使滞止压力降低，进而减小阻力。

2）在较短的车间距离下，气流对前圆角的冲击增加了阻力。

3）由于迎面空气流量的降低以及车辆顶部气流角度的变化，车顶导流板效率降低，增加了领航车与跟随车之间的压力差，进而增加了阻力。

当编队条件考虑到偏航和横向偏移时，阻力变化的复杂性会进一步增强。主要包括：

1）尾流的偏移增加了跟随车辆角落处的滞止压力和流动加速度，增加了阻力（这与零偏航条件下横向偏移的影响类似）。

2）横向偏移使跟随车处于尾流中，使有效偏航角减小，从而减小了阻力。

3）有效偏航角的减小使阻力减少。

4. 编队驾驶风洞实验

为研究现实情况下编队驾驶中车辆所受的阻力情况，根据相对运动原理和相似理论通过风洞来测量编队驾驶缩比模型的空气动力特性，并研究相应的空气流动现象与流动机理，以了解实际的编队驾驶空气动力学特性。

风洞实验的吸气装置主要由吸盘、分布式吸气装置和位于 5 条传送带后面的换向鼓风机组成[25]。分布式吸气系统包含两次抽吸。驱动装置由 4 个轮式驱动单元和一个中心带组成。

图 5-10 所示为风洞实验布局。该图中的红色区域表示模型所占据的空间，黄色填充区域表示被测量模型覆盖的区域，黄色矩形区域表示智能汽车编队驾驶位置示例。

通过将一根钢梁固定在风洞天花板上，实现了一种悬挂模型的方法，用来测量空气动力特性。该方法从钢梁垂下两根钢缆，穿过模型屋顶到达模型内部，如图 5-11 所示。这种悬挂方式的优点是可以充分利用风洞现有的平衡设备，其中钢缆是垂直悬挂的，假设车辆位移很小不会抵消模型所受的力量。通过预先张紧钢缆来确保模型的稳定性。然而，由于这种悬挂方式不能限制模型在水平面的移动，因此还需要将模型通过钢缆连接到风洞现有的固定柱上。这些柱子通常固定在正在进行风洞实验的智能汽车编队上，并连接到地面上的平衡器。

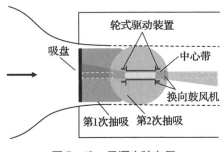

图 5-10　风洞实验布局

图 5-11　智能汽车编队领航车和跟随车[25]

在智能汽车编队驾驶试验中，为深入研究两辆编队车辆空气动力学上的相互影响，需要对中心带驱动的货车车轮进行特殊处理。然而，中心带并未与平衡装置进行连接。因此，在试验中，从总阻力值中排除滚动阻力。为确保试验数据的准确性，需在无风状态下，将中心带调至适当的速度，并在进行每个力的测量前，对平衡装置进行调平。此外，由于空气动力作用模型在试验过程中可能会稍有移动，在这个过程中仍需保证滚动阻力值的正确测量。为保证试验能够顺利进行，在车轮和中心带之间需保持一定间隙，防止零部件磨损。

由于空气流动和压力变化较为复杂，可以通过 $\Delta C_{D,PR} A$ 和 $\Delta C_{D,PR} A$ 的 X 射线图和车身上累积阻力来确定车辆的哪些区域出现了阻力变化。

根据文献 [25]，在货车 – 货车组成的编队风洞实验中，不同的车间距离对领航车空气动力特性的影响不同，在偏航角为 0°时，阻力变化主要体现在领航车的尾部，车辆底盘的阻力变化较小；然而，在短车间距离和 10°偏航角时，会出现性能的适度损失，这种性能损失主要源于车辆起落架（向尾部）的变化。

对于跟随车来说，编队驾驶对其空气动力特性的影响更为复杂，这表明存在不同的流动效应，并且这些效应的强度随距离的变化而变化。在偏航角为 0°时，跟随车辆的阻力变化主要为车头部分，一般来说，编队车辆中的跟随车，车辆前部减少阻力的区域（低压区）往往会随着车间距离的降低而增加阻力，反之亦然。偏航角的增加并不会使跟随车的阻力产生一致的变化，偏航下变化最大的区域是车辆前部，偏航角和车间距离越大，阻力越大；底盘位置的阻力有所减小，且减小量随着车间距离的减小和偏航角的增大而增大。车辆前部由于偏航而产生的变化主要包括车辆背风角和前部阻力的增加。跟随车前半部分直接受到迎风压力，阻力增加，在偏航条件下，阻力较小的区域向车辆右侧延伸。

因此，分析队列车辆的空气动力学时应重点分析领航车和跟随车底盘的空气动力学。

5.4 智能汽车编队驾驶测试及验证

针对汽车电子系统的开发一般按照 V 流程进行，包括设计、开发、试验和认证等多阶段，以保证产品及系统的功能、性能、安全、稳定和鲁棒性，进而可以进入量产交付阶段。此外，团队还可以在 V 流程中使用各种工具和方法，例如版本控制、问题跟踪、代码审查等，以进一步提高项目效率和质量。

针对智能编队驾驶功能系统的开发，其 V 流程（图 5 - 12）主要包含以下部分：

1）系统需求分析：定义其功能所处的自动驾驶系统等级、适配车型、传感装置配装方案、目标应用场景等。

2）功能体系设计：涉及较为具体的感知融合方案定义、决策规划方案定义、执行控制方案定义等，用于后续软件开发的框架及功能定义。

3）软件单元设计：为感知系统、决策系统、执行系统等进行具体的软件设计。在智能编队驾驶方面，主要涉及感知端的摄像头、雷达识别与跟踪功能、V2X 通信功能等；决策端的路径规划、意图识别与预测等；执行端的纵向控制、横向控制等。

4）软件编写：进行具体的算法代码编写与迭代测试。

5）软件系统集成：将各子系统的软件集成为满足一定功能定义的软件系统。

6）模型软件在环（MIL/SIL）测试：控制器模型与控制对象的功能仿真，验证各组件的代码逻辑可行性。

7）硬件在环（HIL）测试：全部或部分接入真实的控制器硬件、执行器硬件、传感器硬件等，运行于虚拟的环境中，针对具体的硬件进行测试。

8）实车测试：真实的场地测试和道路测试。

下面，将针对智能编队驾驶系统开发中测试落地阶段的软件在环测试、硬件在环测试、实车测试三部分的内容进行说明并给出应用案例。

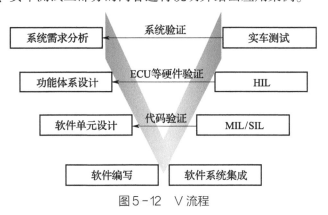

图 5 - 12　V 流程

5.4.1　智能汽车编队驾驶仿真测试

本节将对典型的智能汽车编队驾驶仿真软件进行介绍，包括传统的车辆动力学仿真软件及用于交通仿真的商业软件，并给出测试案例。

1. 智能汽车编队驾驶仿真软件

（1） TruckSim

Mechanical Simulation Corporation 开发了用于车辆动力学仿真的软件 TruckSim 以及相关的 CarSim、BikeSim，TruckSim 图形用户界面（Graphical User Interface，GUI）如图 5-13 所示。这些软件已被国际上众多的汽车制造商、零部件供应商所采用，并已成为汽车行业的标准软件，具有很高的声誉。

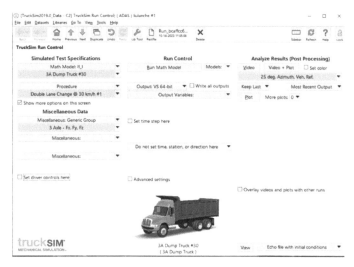

图 5-13　TruckSim 图形用户界面

TruckSim 专门针对多轴和双轮胎的中型、重型货车进行仿真，而 CarSim 则是针对四轮汽车、轻型货车进行仿真的软件。BikeSim 是针对两轮摩托车进行仿真的软件。

TruckSim 是一款专门针对货车动力学的仿真软件，其模型在计算机上运行的速度比实时快 3~6 倍。TruckSim 可以仿真车辆对驾驶员、路面及空气动力学输入的响应，模拟结果与真实车辆高度近似。TruckSim 主要用来预测和仿真汽车整车的操纵稳定性、制动性、平顺性、动力性和经济性，用户可以快速使用其内置的大量车辆数学模型，这些模型经过了丰富的经验调参。此外，TruckSim 自带标准的 MATLAB/Simulink 接口，可与 MATLAB/Simulink 方便地进行联合仿真，用于控制算法的开发与验证。

（2） CarMaker

CarMaker（图 5-14）以及相关的 TruckMaker、MotorcycleMaker 是由德国佩捷汽车设备有限公司开发的，用于进行车辆动力学仿真。这些软件提供了精确的整车模型，包括发动机、底盘、车身、传动和转向等关键组件。除此之外，CarMaker 还构建了一个包含车辆、驾驶员、道路和交通环境的完整闭环仿真系统。作为一款平台软件，CarMaker 能够与许多第三方软件进行集成，例如 ADAMS、AVL Cruise 和 rFpro 等，从而利用各软件的优势进行联合仿真。另外，与 CarMaker 配套的硬件提供了各种板卡接口，方便与 ECU 或传感器进行（Hardware-in-the-Loop，HIL）测试。

图 5-14　CarMaker

（3）PTV Vissim

Vissim 是由德国 PTV 公司开发的微观交通流仿真软件。利用该软件，可以构建各种复杂的交通环境，包括城市直道、城市交叉路口、城市弯道、高速直道、高速路口、乡村道路、大型环岛和停车场等。Vissim 可以分析各种交通条件下的城市交通和公共交通运行状况，如车道设置、交通构成、交通信号、公交站点等。Vissim 的仿真精度较高，包括微观的个体跟驰行为和变道行为，以及群体的合作和冲突。同时，Vissim 自带接口，支持与第三方软件（如 PreScan）进行联合仿真。Vissim 是评价交通工程设计和城市规划方案的有效工具。

（4）PreScan

PreScan 是由 TASS International 公司研发的，并于 2017 年 8 月被西门子收购的一款专门用于开发汽车高级驾驶辅助系统（ADAS）测试的仿真软件。该软件由 GUI、用于构建场景的专用预处理器以及用于执行场景的 3D 运行环境（VisViewer）组成。在 PreScan 中，由于主要接口采用标准 MATLAB/Simulink，因此所有技术和工程学科都可以实现无缝集成。用户可以在 MATLAB/Simulink 中创建算法，并通过 PreScan 与 MATLAB/Simulink 实时交互的方式完成算法测试，如图 5-15 所示。

此外，PreScan 还被广泛应用于从基于模拟的控制器设计到利用软件在环和硬件在环系统进行的实时测试。它是一个开放性的软件平台，其友好的设计界面允许用户与第三方动力学软件（如 CarSim）和第三方 HIL 模拟器（如 dSPACE）进行联合仿真。基于 PreScan 的开发过程一般分为以下四个步骤：场景配置、传感器模型设置、加载控制算法以及开展仿真试验。

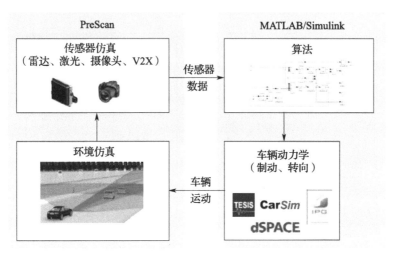

图 5-15　Prescan 与 MATLAB/Simulink 和 Carsim 联合仿真

2. 基于 TruckSim 和 MATLAB/Simulink 的货车编队控制应用案例

在本节中，采用了以下软件及其版本：TruckSim2019 版本以及 MATLAB 2021a 版本。

为验证编队行驶性能，在 TruckSim 中设置车辆模型，在 MATLAB/Simulink 中选取相应仿真模块，实现商用车编队的联合仿真。

（1）TruckSim 车辆模型设置

根据五自由度商用车模型进行 TruckSim 车辆模型搭建，车辆参数见表 5-3。

表 5-3　车辆参数

车辆参数	仿真数值	单位	车辆参数	仿真数值	单位
车身质量 m_i	18000	kg	车身横摆转动惯量 I_i^z	130421.8	kg·m²
质心与前轴距离 a_i	3.5	m	质心与后轴距离 b_i	1.5	m

如图 5-16 所示，在 TruckSim 中按表 5-3 中数值对商用车整车参数等进行设置，并将 TruckSim 输入输出设置为五自由度模型的输入输出。

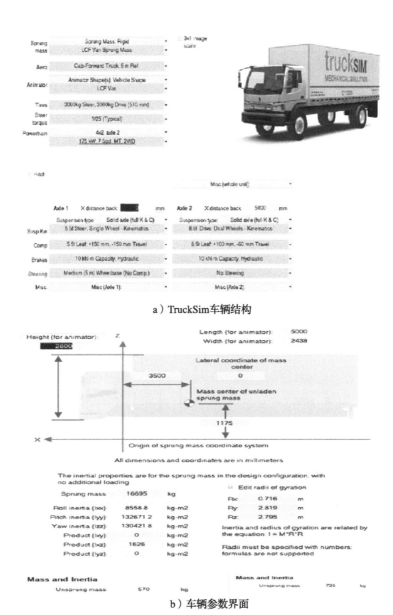

a）TruckSim车辆结构

b）车辆参数界面

图 5-16　TruckSim 车辆模型参数设置

（2）编队模型设置

考虑一个由四辆货车组成的商用车编队，即一辆领航车和三辆跟随车。构建 TruckSim 和 MATLAB/Simulink 联合仿真平台，其中 TruckSim 提供车辆动力学和道路环境信息，MATLAB/Simulink 用于控制器的设计，控制器采用第 3.3.1 节所介绍的方法。车辆初始位置信息见表 5-4。

表 5-4   车辆初始位置信息

车辆编号	初始纵向位置
领航车	64m
跟随车1	47m
跟随车2	30m
跟随车3	13m

（3）仿真验证

道路最大曲率为 0.01，路面附着系数为 0.85，领航车以 20m/s 的速度行驶，跟随车初始速度均为 21m/s，初始横向位置误差和航向角误差均为 0，仿真结果如图 5-17 所示。

从仿真结果中可以看出，此时队列中的跟随车仍然能够很好地跟踪领航车车速，且纵向位置跟踪误差最终收敛为 0。然而由图 5-17g 可以看出，当车队进入弯道时，跟随车产生的最大横向误差达到 0.8m，此时跟随车已经超出了道路边界，即此时的车辆编队存在行驶安全隐患。

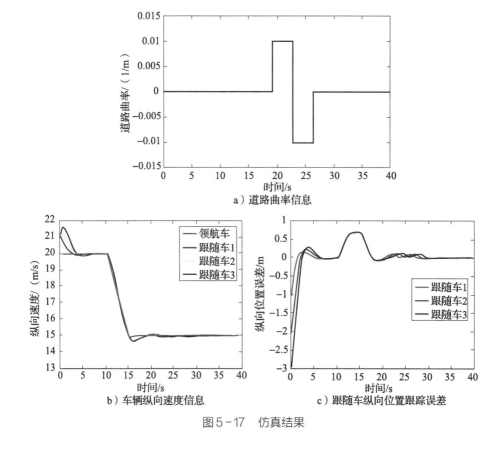

a）道路曲率信息

b）车辆纵向速度信息

c）跟随车纵向位置跟踪误差

图 5-17   仿真结果

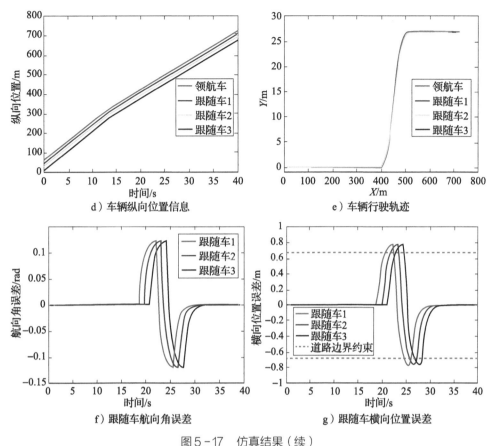

d）车辆纵向位置信息　　　　　　e）车辆行驶轨迹

f）跟随车航向角误差　　　　　　g）跟随车横向位置误差

图 5-17　仿真结果（续）

5.4.2　智能汽车编队驾驶硬件在环测试

硬件在环测试系统以实时处理器运行仿真模型来模拟受控对象的运行状态，通过 I/O 接口与被测的 ECU、执行器、传感器等实体硬件设备连接，对被测组件进行全方面的、系统的测试。从安全性、可行性和合理的成本上考虑，硬件在环测试已经成为汽车电子系统开发流程中非常重要的一环，减少了实车路试的次数，缩短开发时间和降低成本的同时，提高了被测部件的软件质量，降低了汽车厂的风险。

1. 硬件在环测试平台构成

智能汽车编队驾驶硬件在环测试平台构成及全景分别如图 5-18 和图 5-19所示。针对智能汽车编队驾驶系统开发的需求，我们设计并建立了智能编队驾驶模拟器集群系统[26]。该系统主要由一个带六自由度姿态反馈的 1 号主模拟器和 2、3、4 号副模拟器组成，其中，1 号主模拟器配备六自由度（Six-DOF）运动平台和180°环形投影屏幕，提供驾驶时的真实视－力－体综合感觉，为综合评估编队驾驶中的安全性和舒适性提供条件。此外，配置有中央控制平台，负责呈现虚拟交通场景并分配显示任务，其主要由主控制台、车辆动力学计算平台、通信中心组成：主控制台运行场景软件SCANeR，起到构建虚拟车辆和分配模拟器显示任务的作用；车辆动力学计算平台用于运行车辆动力学软件，用于对真实车辆控制输入做出反应，其目的是为模拟器实现驾驶过程中所需的体感和转向反馈提供基础；通信中心是传输信息的信息节点，如多模拟器运行信息、车辆状态信息、视频信息等。另外，为实现驾驶员的沉浸式驾驶，配备有场景投影和图像融合系统，用于在唤醒投影屏幕上呈现主模拟器的驾驶场景。

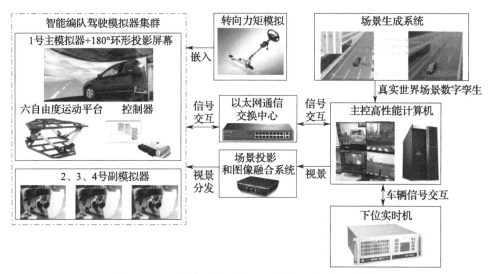

图5-18　智能汽车编队驾驶硬件在环测试平台构成

图5-19　智能汽车编队驾驶硬件在环测试平台全景

以下将对各部分的具体组成进行表述：

（1）1号主模拟器

由视景系统、真实车辆改装驾驶舱、转向路感反馈模拟、六自由度运动平台、计算平台和生理采集系统组成。具体内容如下：

1）视景系统。视景系统由 180°环形投影屏幕、3 台高清晰度激光投影机和环绕音箱组成。其作用是为驾驶员提供一个真实的驾驶环境。它接收图像融合系统输出的场景视频。

2）真实车辆改装驾驶舱。真实的驾驶舱根据东风标致 408 改装而来，具备真实的挡位、转向、制动和加速踏板等部件，以提供逼真的车内环境，确保通过模拟器获得的驾驶行为是有效的。此车主要做了以下两处修改：① 将实车切割为半车，卸下原有汽车的发动机和变速器，这样做的目的是减轻驾驶室的重量，以便运动平台更快更准地实现加速度模拟；② 更换原有的后视镜和中控计算机为电子显示屏，以便驾驶员观测周边虚拟车辆的状态。

3）路感反馈模拟。更换包含转角传感器和力矩传感器的转向盘组件。由于模拟器并没有真实的运动，没有转向负载，因此，需要基于线控转向的架构重新设计电机力矩控制策略，以提供真实的路感反馈。它将驾驶员的操作信息转换为数字信号，并发送至 CAN 网络中。同时，它接收测试控制决策的转角指令或者辅助转向力矩，实现智能驾驶功能。

4）六自由度运动平台。其最大额定载重为 1000kg，最大纵向位移为 ±400mm，最大侧向位移为 ±250mm，最大俯仰角为 ±21°，最大翻滚角为 ±21°，最大偏航角为 ±25°，最大角速度为 ±40°/s，最大速度为 500mm/s，最大角加速度为 500°/s²，最大加速度为 0.7g。它接收来自域控制器的车辆姿态信息，并通过电动缸实现，其目的是为驾驶员提供逼真的驾驶体感。

5）生理采集组件。包括皮肤表电采集器、呼吸率采集器、指温采集器、眼动仪和面部识别器等，考虑驾驶员各项生理心理参数在行车安全中的影响及作用，用以指导智能编队驾驶方案开发的人性化、可接受性目标。

（2）2、3、4 号副模拟器

与主模拟器类似，同样具备真实的挡位、转向、制动和加速踏板等部件，但是为了提高设备的地面利用率，将投影系统换成了显示器，取消了六自由度运动平台。主要用于智能编队驾驶中的后续跟随车。

（3）中央控制平台

主要由三部分组成，分别是通信中心、主控制台以及车辆动力学计算平台。首先，通信中心的作用是将主控制台的场景视频和车辆动力学计算平台的车辆状态传输给模拟器，以便在模拟器中的驾驶感知驾驶场景。同时，将模拟器的控制信息传输给车辆动力学计算平台，以计算车辆的状态。其次，主控制台安装了场景软件 SCANeR，它的作用是提供一个虚拟的场景，可以使虚拟汽车在一个虚拟驾驶环境中看见彼此。最后，车辆动力学计算平台为了保证计算的实时性，采用了 NI-RT 系统，其中运行了高精度动力模型，以便解算真确的车辆状态。它通过通信板卡将解算结果公布到通信中心上，以便其他部分获得车辆状态。

2. 智能编队驾驶硬件在环测试流程

（1）测试场景生成

根据测试需求，在场景软件中自定义场景中所存在的元素，主要包括：

1）Terrain 道路元素：进行道路静态元素的配置。根据测试需求，设定道路的车道数量、长度、路口位置、路面条件、道路坡度等，设定道路上的标志牌、数目、障碍物等。道路元素设计如图 5 - 20 所示。

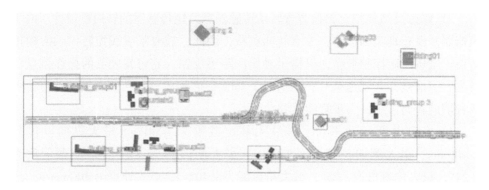

图 5 - 20　道路元素设计

2）Vehicle 车辆元素：进行车辆的性能配置，如图 5 - 21 所示。根据测试需求，按照实际应用对象车辆的参数进行配置，包含车辆的发动机构型及参数、转向器构型及参数、制动器构型及参数、悬架构型及参数等。

图 5 - 21　车辆性能配置

3）Scenario 交通场景元素：进行动态交通流的配置。根据测试需求，设定场景中的交通车运动状态，包含周围车辆的数量、蜂群半径配置、交通车的驾驶模式等，还需设定测试场景的天气状况和时间，进而能够对传感器特性进行更高逼真度的仿真。交通场景配置如图 5-22 所示。

图 5-22　交通场景配置

（2）测试部署

1）通信检查：检查四台车辆模拟器中操作部件的 CAN 通信与以太网通信是否正常，数值是否正常。

2）被测智能编队驾驶控制器接入：将编写好的算法通过自动代码生成的方式生成代码，刷写到被测 ECU 或快速原型控制系统中，通过 CAN 通信方式接入硬件在环测试平台。

3）动力学模型部署：将高精度动力学模型软件下载部署到实时系统中，以保证车辆姿态的高保真性；其姿态信息将通过 CAN 信号方式与 1 号主模拟器下的六自由度运动平台进行展现。

4）测试与记录：测试系统启动，进行被测控制器的测试。通过数据采集系统进行数据的采集与记录。

5.4.3　智能汽车编队驾驶实车测试

智能汽车编队驾驶实车测试旨在应用前述相关技术，搭建实车试验平台，在真实道路场景下进行对车辆控制算法有效性的验证。通常，在软件中进行的仿真测试配置较为理想，而真实环境中的路况复杂多变，因此，在相关功能正式量产实装前必须进行真实道路环境下的车辆编队控制实车试验，以判定相关算法的真实有效性、环境适应性、可靠性等。

1. 智能汽车编队驾驶实车平台

搭建智能网联环境下的实车平台，通过多源融合的传感系统实现环境感知，通过深度学习等技术预测周围物体运动轨迹，通过 V2X/高精度定位等实现车车互联进行编队驾驶。智能汽车编队驾驶实车测试如图 5-23 所示。

a）物流小车编队　　　　　　　　　b）自动驾驶轿车编队

图5-23　智能汽车编队驾驶实车测试

具体的硬件系统开发配置如下：

1）环境感知：基于激光雷达、毫米波雷达、双目摄像头、环视摄像头等不同传感器的数据进行各维度融合，准确感知周围环境；基于大数据、深度学习神经网络等技术，能准确识别目标轮廓、类别、位置，同时可对感知范围内交通参与者的运动轨迹进行准确预测。

2）融合定位与通信：多源融合感知定位，融合全球导航卫星系统（GNSS）、雷达、识别摄像头、IMU 等传感器数据，并与运行区域的高精度语义地图进行匹配，实现全天候、多场景下的精确定位；基于 IEEE 802.11p 的 V2X 通信模块实现车车/车路通信设备的软/硬件开发，实现车辆与车辆间的通信消息数据传输。

3）中央控制器：将 NVIDIA 的 Xavier 异构处理器模块作为计算平台，搭配 FPGA，集成了主流的深度学习计算能力，满足无人驾驶感知、定位、规划、控制的计算需求，并具备图像实时压缩及传输能力。提供多路摄像头、网络、CAN 及其他接口，可接入无人驾驶所需的多种传感器，并提供相应的同步信号，内置 GNSS、功率放大器，全方位满足 L4 级无人驾驶的接口需求、计算需求。

4）快速原型系统：使用 MATLAB/Simulink 设计控制算法，并使用 Simulink Real-Time 将实时应用程序部署到测试系统，可以在线实时修改控制模型，方便调试以实现快速迭代；配备 CAN、以太网等多种接口，能够与车辆信息网络和中央控制器信息网络连接。

2. 智能汽车编队驾驶实车测试

智能汽车编队驾驶的实车测试主要包含软件开发与迭代、硬件设备搭建、道路试验等。

（1）软件开发与迭代

测试实车的软件开发工作主要有差分 GPS 信息采集、车车通信开发、编队驾驶算法移植与部署等。环境感知算法运行于中央控制器中，编队驾驶算法运行于快速原型控制器中，方便实时修改调试。

（2）硬件设备搭建

在道路的侧围搭建路侧设备平台，路侧设备包括电源、差分 GPS 基站和 5G 基站等，如图 5-24 所示。

a）5G基站   b）差分GPS基站

图 5-24 路侧设备

（3）道路试验

按照被测功能的开发需求，选择合适大小的试验场地，设定编队车辆的初始位置、控制目标等，进行实际道路的测试。同济大学实车测试场如图 5-25 所示。

图 5-25 同济大学实车测试场

参考文献

[1] SEILER P, PANT A, HEDRICK K. Disturbance propagation in vehicle strings[J]. IEEE Transactions on Automatic Control, 2004, 49(10): 1835-1842.

[2] ZHENG Y, LI S E, WANG J, et al. Influence of information flow topology on closed-loop stability of vehicle platoon with rigid formation [C]//17th International IEEE Conference on Intelligent Transportation Systems (ITSC). New York: IEEE, 2014: 2094 – 2100.

[3] OROSZ G. Connected cruise control: Modelling, delay effects, and nonlinear behaviour[J]. Vehicle System Dynamics, 2016, 54(8): 1147 – 1176.

[4] WANG J, ZHENG Y, CHEN C, et al. Leading cruise control in mixed traffic flow: System modeling, controllability, and string stability[J]. IEEE Transactions on Intelligent Transportation Systems, 2022, 23(8): 12861 – 12876.

[5] SAIFUZZAMAN M, ZHENG Z. Incorporating human-factors in car-following models: A review of recent developments and research needs[J]. Transportation Research Part C: Emerging Technologies, 2014, 48: 379 – 403.

[6] GAZIS D C, HERMAN R, ROTHERY R W. Nonlinear follow-the-leader models of traffic flow[J]. Operations Research, 1961, 9(4): 545 – 567.

[7] CHANDLER R E, HERMAN R, MONTROLL E W. Traffic dynamics: studies in car following[J]. Operations Research, 1958, 6(2): 165 – 184.

[8] ESKANDARIAN A. Handbook of intelligent vehicles[M]. Berlin: Springer, 2012: 537 – 558.

[9] WIEDEMANN R. Simulation des strassenverkehrsflusses [D]. Karlsruhe: Universität Karlsruhe, 1974.

[10] MICHAELS R. Perceptual factors in car-following [C]//Proceedings of 2nd ISTTF. New York: Elsevier, 1963: 44 – 59.

[11] VON N J, MORGENSTERN O, RUBINSTEIN A. Theory of Games and Economic Behavior (60th Anniversary Commemorative Edition)[M]. Princeton: Princeton University Press, 1944.

[12] KAHNEMAN D, TVERSKY A. Prospect theory: An analysis of decision under risk[J]. Econometrica, 1979, 47(2): 263 – 291.

[13] HAMDAR S H, MAHMASSANI H S. From existing accident-free car-following models to colliding vehicles: Exploration and assessment[J]. Transportation Research Record, 2008. DOI: 10.3141/2088 – 06.

[14] HAMDAR S H, TREIBER M, MAHMASSANI H S, et al. Modeling driver behavior as sequential risk-taking task[J]. Transportation Research Record, 2008. DOI: 10.3141/2088 – 22.

[15] HAMDAR S H, MAHMASSANI H S, TREIBER M. From behavioral psychology to acceleration modeling: Calibration, validation, and exploration of drivers' cognitive and safety parameters in a risk-taking environment[J]. Transportation Research Part B: Methodological, 2015, 78: 32 – 53.

[16] YANG H H, PENG H. Development of an errorable car-following driver model[J]. Vehicle System Dynamics, 2010, 48(6): 751 – 773.

[17] VAN A B, VAN D C J G, VISSER R. The impact of cooperative adaptive cruise control on traffic-flow characteristics[J]. IEEE Transactions on Intelligent Transportation Systems, 2006, 7(4): 429 – 436.

[18] YANG S, SHLADOVER S E, LU X Y, et al. A first investigation of truck drivers' preferences and behaviors using a prototype cooperative adaptive cruise control system[J]. Transportation Research Record, 2018, 2672(34): 39 – 48.

[19] FARAH H, KOUTSOPOULOS H N, SAIFUZZAMAN M, et al. Evaluation of the effect of cooperative

infrastructure-to-vehicle systems on driver behavior[J]. Transportation Research Part C: Emerging Technologies, 2012, 21(1): 42 – 56.

[20] FARAH H, KOUTSOPOULOS H N. Do cooperative systems make drivers' car-following behavior safer? [J]. Transportation Research Part C: Emerging Technologies, 2014, 41: 61 – 72.

[21] RITCHIE H, ROSADO P, ROSER M. Emissions by sector[Z]. Our World in Data, 2023.

[22] ALAM A A, GATTAMI A, JOHANSSON K H. An experimental study on the fuel reduction potential of heavy duty vehicle platooning [C]//13th International IEEE Conference on Intelligent Transportation Systems. New York: IEEE, 2010: 306 – 311.

[23] MICHAELIAN M, BROWAND F. Quantifying platoon fuel savings: 1999 field experiments[J]. SAE Transactions, 2001, 110: 1401 – 1410.

[24] GOPHANE M, SALVI G, PRADEEP G P, et al. Effect of aerdynamic forces over the bus body and design of conceptual bus for enhanced perfomance [J]. International Journal of Engineering Trends and Technology (IJETT), 2014. DOI: 10.14445/22315381/IJETT-V11P231.

[25] TÖRNELL J. Aerodynamics of vehicle platooning[D]. Gothen burg: Chalmers University of Technology, 2023.

[26] MENG Q, BIN L, PAN W, et al. A novel test platform for automated vehicles considering the interactive behavior of multi-intelligence vehicles[Z]. 2023.

智能汽车编队驾驶总论

第6章
技术与产业发展态势
及技术预见

6.1 技术发展态势

智能编队驾驶的实现需要依赖于智能网联汽车，未来的发展也将围绕以下关键技术：

1）传感技术：通过搭载多种传感器（如雷达、摄像头、激光雷达等）实现对车辆周围环境的感知和识别，以及对驾驶员的生理和心理状态的监测。

2）通信技术：通过车联网技术实现车辆之间、车辆和道路设施之间、车辆和云端服务器之间的高效、实时的通信和数据交换。如何建立高效、稳定的通信系统，是智能编队驾驶需要解决的重要问题。

3）决策与控制技术：通过集成计算平台和算法实现编队车辆的智能化决策与控制，确保车辆之间的相对位置和速度的协调。同时，不同配置、不同品牌的车辆在编队行驶时，可能会遇到适配性问题，例如，动力配置相差悬殊的车辆编队行驶时，容易产生动力较低的车辆脱离编队的情况，影响整体运输效率，因此，也需要在决策控制系统中解决不同车辆之间的兼容性问题，保证编队行驶的协调性。此外，相比于单车智能驾驶，编队驾驶还涉及编队形成和解散、跟随和超车等场景的协调规划技术。

4）安全技术：通过车辆和网络安全技术，保障车辆和驾驶员的安全，包括防止车辆被黑客攻击和保护车内网络系统的安全等。

下面将分别对以上技术的发展态势进行总结。

6.1.1 传感技术发展态势

（1）低成本、高性能激光雷达

激光雷达利用激光对目标进行主动探测并实现高精度、高准确度的目标距离和轮廓信息实时感知。对比其他类型的车辆传感器，激光雷达的工作原理和激光的准直特点使其拥有探测距离远和测量精度高的优势，通过简单的数据解析即可获得准确的位置信息，能够很好地弥补其他车用传感器的缺陷。车规级激光雷达产品应用的共性难题主要体现在：可靠性不够，难以规模化量产；核心零部件国产化性能不足，无法完成系统级优化集成；产品总体成本较高等[1]。

随着多款激光雷达产品进入前装市场，激光雷达的价格持续下降。传统旋转式激光雷达的价格通常在数千至数万美元之间，而转镜扫描式和棱镜扫描式等半固态激光雷达由于其简单的光学结构和较少的激光收发元器件等特点，在保证性能的同时成本大幅降低[2]。目前，大部分激光雷达供应商推出的产品价格已经降至 1000 美元左右。随着激光雷达的国产化进程和广泛应用，激光雷达高成本导致的上车难问题正在得到显著改善，高性能、低成本的激光雷达将迅速占领前装市场，价格有望进一步降低。

目前，随着高性能、低成本的车载激光雷达传感器陆续量产，多家车企开始将半固态激光雷达应用于车辆上。例如，华为的 96 线半固态激光雷达已被选用搭载在北汽极狐车型上。该激光雷达采用转镜扫描式结构，配备多个激光发射器和接收器，能够实现较远的探测距离和广阔的视角范围。其有效探测距离可达 150m（在 10% 反射率下），水平视角达 120°，垂直视角达 25°，同时满足车辆行驶的规定要求。此外，小鹏 G9 搭载的速腾聚创 M1 激光雷达，理想 L9 搭载的禾赛科技激光雷达 AT128，蔚来 ET5、ET7、ES7 搭载的图达通猎鹰激光雷达，都是采用了半固态技术，并且这些主流方案以半固态中的微机电系统（MEMS）（微振镜）和转镜/棱镜方案为主。

进一步地，纯固态激光雷达技术也取得了重要突破，因其内部没有任何类似 MEMS、转镜、棱镜等运动部件，理论上可以拥有更小的体积、更高的可靠性、更灵活的集成方式、更易通过车规，同时也能大幅降低规模化成本。纯固态激光雷达方案主要有相控阵（OPA）和泛光面阵式（Flash）两大典型技术路线。其中，Flash 激光雷达主要优点有成像速度快、成本低、集成度高、非离散采集、能够改善感知系统对环境的空间理解能力等，被认为是激光雷达远期最主流的技术形态。2022 年 5 月 13 日，亮道智能正式向中国市场客户发布了纯固态 Flash 侧向激光雷达——LDSense Satellite。作为国内市场首款纯固态侧向激光雷达，该激光雷达采用了内部纯芯片化设计的电子扫描式 Flash 技术，拥有不低于 75° 的超大垂直视场角，能够覆盖近场盲区的最大范围，帮助车辆迅速应对各种场景。

未来，激光雷达的收发单元阵列化、核心零部件的芯片化、系统架构的集成化是发展的方向，同时激光雷达的性能会得到提升，生产和制造成本也会随之大大降低。

（2）4D 毫米波雷达成为趋势

《汽车雷达无线电管理暂行规定》于 2021 年 12 月发布，明确将 76~79GHz 频段规划为汽车雷达使用。该频段主要应用于自适应巡航控制、防撞、盲点探测、变道辅助等场景。根据规定，自 2022 年 3 月 1 日起，不再接受和批准 24.25~26.65GHz 频段车载雷达无线电发射设备型号的核准申请。已经使用的 24GHz UWB（24.25~26.65GHz）毫米波雷达在原则上可使用至报废。这一重新划定车用毫米波雷达频段的举措将进一步统一毫米波雷达技术路线，24GHz 毫米波雷达将逐渐退出历史舞台。

在技术方面，4D 毫米波雷达已经成为一种趋势。4D 毫米波雷达在原有距离、方位、速度的基础上增加了对目标的高度维数据解析，实现"3D + 速度"四个维度的信息感知，能够解算出目标的距离、速度、水平角信息，还能解算出目标的俯仰角信息，进而可以提供汽车周围的环境信息，能够避免井盖、路肩、减速带所产生的虚警现象，优秀的性能表现能够让 4D 毫米波成像雷达有效支持更高级别的智能驾驶。基于虚拟天线技术，4D 雷达在提高角分辨率、缩小体积等方面取得了突破。随着点云密度的增加，未来有望达到高线束激光雷达的效果[3]。2023 年我国乘用车市场前装 4D 毫米波成像雷达突破百万颗，到 2025 年 4D 毫米波成像雷达占全部前向毫米波雷达的比重有望超过 40%[4]。2023 年以来，包括吉利、红旗、长安、上汽、比亚迪、理想等多个品牌宣布定点或上车 4D 毫米波成像雷达，目前已确定搭载 4D 毫米波成像雷达的有飞凡 R7、F7、睿蓝 7、路特斯、深蓝 SL03 等车型。

（3）高精度定位

随着 2020 年北斗三号系统全球组网的完成，该系统在大部分功能指标上已达到世界领先水平。北斗三号系统不仅具备导航定位和通信数据传输的主要功能，还能提供全球短报文通信、区域短报文通信、高刷新率定位导航授时、国际搜救星基增强、地基增强、精密单点定位 7 类服务。因此，北斗三号系统是目前功能最强大、精度最高的全球卫星导航系统。

北斗三号系统在全球范围内的定位精度优于 10m、测速精度优于 0.2m/s、授时精度优于 20ns，服务可用性优于 99%。在亚太地区，北斗三号系统能够提供更卓越的性能和定位服务。

北斗三号系统共有 B1I、B1C、B2a、B2b、B3I 五个频点信号，并能够同时发送。与 GPS 的双频点技术相比，北斗三号系统拥有更多的民用定位频点，具有更强的时效性和准确性。多频点的性能提升进一步增强了北斗三号卫星系统的抗干扰能力，有效降低了卫星信号受到遮挡或多路径干扰时对定位精度的影响。同时，多频点也更好地保证了卫星信号的连续性，为 RTK/PPP-RTK 技术提供了持续稳定的信号输出，既提高了固定率，又缩短了收敛时间。

综上所述，北斗三号系统通过多频点输出，与全球其他卫星导航系统相比，能够为 RTK/PPP-RTK 技术提供更优的解算。因此，北斗三号系统更适合我国及周边地区的智能网联汽车使用。

目前，针对 L2 + 智能网联汽车，高精度组合导航定位单元主要采用 P-Box（GNSS + IMU 组合导航）和分离式（GNSS 模组 + IMU-Box）两种形态。

P-Box 形态在多元融合的自动驾驶方案中得到广泛应用，如 Waymo、Cruise、百度等自动驾驶方案商都在利用 P-Box 进行定位辅助。由于 P-Box 在后装市场的高价格限制，前装市场的应用量较小。直到小鹏汽车推出 P7 车型的智能导航辅助驾驶（Navigation Guided Pilot，NCP）功能后，P-Box 形态才迅速被广大用户接受。由于外接 P-Box 对现有整车电子电气架构的改动较小，因此许多主机厂开始采用这种方案，如比亚迪、长城、长安等。

作为一种易于集成的解决方案，短期内预计 P-Box 仍将被许多主机厂采用。主机厂通常会从 P-Box 开始使用，进行系统级自动驾驶整合。待对高精度定位应用特性有所掌握后，再逐步将硬件集成到域控制器中，如 ADAS 域控制器、座舱域控制器或 T-Box（V2X Box）中。因此，主机厂对车载高精度定位的需求将逐渐向模组化和小型化迭代发展。

此外，高精度地图也被引入作为定位的辅助感知，与车载传感器搜集到的数据相结合，对车辆进行精准定位，并提供相关信息[5]。同时，所有传感器都存在感知边界，车辆在自动驾驶状态下，如果遇到阴雨、大雾等恶劣天气，传感器的感知边界就会下降，车辆的可操控性、抗复杂环境干扰的能力也会迅速下降，在这种情况下，以高精度地图提供的静态数据为依据执行驾驶命令，以实现冗余计算，保证安全底线。

6.1.2　通信技术发展态势

（1）车联网通信技术

蜂窝车联网无线通信技术按演进阶段划分为 LTE-V2X 和 NR-V2X 两个阶

段，两种技术互为补充、长期并存，共同支持丰富的车联网业务应用。

LTE-V2X 技术主要面向基本道路安全类业务和部分更高级的 V2X 业务，例如辅助驾驶和低级别的编队行驶等。它包括支持低延时直连通信的 PC5 接口和支持蜂窝网通信的 Uu 接口。目前，LTE-V2X 的标准体系已经基本构建完成。

NR-V2X 则主要面向自动驾驶和演进的车联网需求。它支持高级别的车辆编队行驶、高级自动驾驶、扩展传感器数据共享和远程驾驶等业务。NR-V2X 从 Release16 开始开展 NR 直通链路的技术研究和标准化，目前正在进行 Release17 的工作。NR-V2X 技术将持续演进和增强，以满足车路协同和自动驾驶的更高传输速度、更低延时和更高可靠性的需求。

（2）车联网平台技术

车联网平台技术目前的发展方向涵盖云网融合、多层云控平台以及大数据、人工智能和云原生技术的结合。

云网融合无线通信网络是为了满足自动驾驶发展趋势所需的低延时、大带宽和灵活计算模式等特性。通过云 - 边 - 端结合的计算模式，边缘计算可以实时、短周期地分析数据，提供本地业务的实时智能化处理与执行；而云计算则可以聚焦非实时、长周期数据的大数据分析，适用于周期性维护和业务决策支持等领域。

多层云控平台由边缘云、区域云和中心云三个级别组成，形成逻辑协同、物理分散的云计算中心。边缘云主要为网联汽车提供增强行车安全的实时性和弱实时性的云控应用服务；区域云主要为交通运输和管理部门提供弱实时性或非实时性的交通监管和执法等应用服务，同时也为网联汽车提供提升行车效率和节能性的服务；中心云主要为交通决策部门、车辆设计与生产企业以及科研单位提供宏观交通数据分析和基础数据增值服务。这三个级别的服务实时性要求逐渐降低，但服务范围逐步扩大，以满足网联应用对实时性和服务范围的要求。

大数据、人工智能和云原生技术在车联网平台中的结合也是趋势。在自动驾驶和高级智能驾驶的需求驱动下，人工智能和大数据技术成为云端感知识别、感知融合、仿真测试和交通流数据处理等应用的基础能力。云原生技术除了发挥传统云计算技术上的优势，如微服务化、容器化、轻量化、持续集成和分布式协同等，还衍生出泛化协同、多级异构云集成和云网融合等智能网联特有的技术场景。云计算的弹性伸缩、更靠近需求端的计算和数据多级协同等优势在车联网中得到充分应用。

（3）车联网安全技术

密码学是解决信息安全问题的主要手段，通过密码算法和安全芯片等技术支撑，提供安全认证来保障车联网行业应用的安全性。

车联网证书认证体系采用基于公钥证书的 PKI 体系，其中 IEEE 1906.2 定义了车联网安全消息格式和处理过程，借鉴了传统 PKI 体系的结构，通过证书链实现车联网设备之间的互信。目前，美国、欧洲和中国的车联网认证体系都基于 IEEE 1906.2，根据各自的实际情况和管理需求设计了相应的车联网证书管理系统，例如美国的安全凭据管理系统（SCMS）和欧洲的 C-ITS 安全证书管理系统。

我国的车联网系统采用基于公钥密码的 PKI 机制，确保终端之间的安全认证和通信。通过数字签名和加密等技术手段，实现车联网终端之间消息的安全通信。车联网 C-V2X 安全证书管理系统包括注册 CA、假名 CA、应用 CA 和证书撤销等，是车联网安全通信的基础设施。

对于 C-V2X 应用场景，对于车辆消息的验签速度有很高的要求，主流的技术路线是使用专用安全芯片来完成验签操作。国外的安全芯片公司采用高级安全技术来防止篡改微控制器的汽车应用，用于管理密钥、认证、签名验证、加密/解密和安全记录，并提供独特的安全时间特性。

6.1.3 决策与控制技术发展态势

（1）智能决策技术

智能决策技术在编队驾驶中起到关键的作用，相当于编队驾驶的大脑，承上启下，连接感知和控制模块。智能决策模块基于多样化的感知信息，进行综合分析和决策，并向底层控制模块下达横纵向的控制指令。编队驾驶场景的复杂度是评估智能决策技术优劣的关键因素，智能决策技术越先进，车辆的自动驾驶等级就越高。

根据自动驾驶数据流的传输方向，智能决策模块包括轨迹预测、规划调度两个子模块。目前，轨迹预测技术已经分化为基于物理模型、基于意图分类和基于深度学习等主要研究类别，并向着多交通要素交互、群体行为建模和不确定估计等方向发展。

规划调度技术涉及车 - 车、车 - 车队、车队 - 车队等多个尺度的复杂调度问题。涉及的细分领域有编队形成与解散策略、动态路径规划与交通流优化、速度控制与车辆跟随、多车队协同调度策略等。解决智能编队驾驶中的调度问题，需要综合考虑车辆的动态特性、路况信息和编队的整体目标，采用合适的算法和策略进行优化。通过有效的调度，可以提高编队车辆的安全性、效率和舒适性，实现智能编队驾驶的优化控制。

此外，在实际道路环境中，存在着各种不确定性，如其他车辆的行为、路况变化等。如何准确地建模和处理这些不确定性是一个难点。未来的发展方向是研究如何在调度中引入不确定性建模，并采用适当的方法进行处理，以提高调度的鲁棒性和适应性。

（2）车辆域控技术

智能网联汽车相对于传统汽车软件和硬件直接集成，更加注重软硬件分离和软件深度集成控制技术。因此，在智能编队驾驶中，车辆需要以此为背景进行面向未来的研究与开发工作。

域控技术是一种将汽车内的传感器、中央处理器、电子/电气（E/E）分配系统和软件进行技术手段整合的方法。它将底盘、动力、车身以及座舱交互等功能模块转化为实际电源分配的物理布局、信号数据网络和能量管理。通过汽车中央网关整合不同总线和网络的数据进行跨总线数据交换，实现不同模块和功能之间的通信，使得功能模块之间的数据通信变得容易。

传统基于 ECU 的分布式结构存在一些问题。各 ECU 仅支持各自固定的功能，通过 CAN 总线和 CAN 网关交互有限的、必要的、固定的报文和信号。传统架构的缺点主要表现在线束重量较大与成本较高、算力协同性弱与功能重叠、检修复杂、无法 OTA 升级等方面。

为了解决传统汽车 E/E 架构的问题，通过将上百个 ECU 模块的软硬件解耦，将不同的软件功能分配到硬件中，并将软件注入集中式的计算单元。然后按照功能属性对 ECU 软件进行"域"的集成，将各种功能模块集中到少数计算能力强大的域控制器中。类似于将 IT 行业的软硬件架构应用于汽车 E/E 架构中。再通过中央控制网关实现跨功能连接和高速总线通信，形成一个由域主控硬件、操作系统、算法和应用软件等几部分组成的中央计算平台，即域控制器。域控制器类似于车内的服务器，它们以软件接口的方式将各种汽车零部件的控制权提供给车内或车外以太网的其他软件使用。

域概念的出现将逐步淘汰掉 ECU 中的软件模块。相较于传统汽车上万个零件的集成，智能汽车在软件和算法方面的集成逐步成为主机厂的竞争核心。这演变成了集成上亿行代码运行能力的竞争。集中式的 E/E 架构带来了通用化、平台化的软件开发流程。为了强化软硬件解耦和功能应用，主机厂需要建立 E/

E 架构，自研或与供应商合作形成软件开发能力，搭建适用的软件架构平台和车载操作系统。

（3）车辆线控技术

线控底盘技术是汽车智能化发展的必然趋势。目前，该技术正在快速发展并取得初步成果，国内外均处于研究成果转化落地阶段，未来，线控底盘技术也将必然是高度电气化与智能化的编队驾驶车辆的最佳载体。

线控底盘技术包括线控制动、线控转向、线控悬架、线控加速和线控换档五大子系统。为了整车的安全，这些子系统都考虑了全冗余设计。随着法规要求的逐步完善，机械备份部分将逐渐取消，以提高适应性。

目前，线控加速和线控换档技术相对成熟，并已广泛应用。线控悬架技术已经引入了空气悬架、主动稳定杆、自适应可调减振器等技术，并将在未来结合高精度路面识别技术进一步发展。

线控转向和制动是面向自动驾驶执行端的核心产品。线控制动技术的难度最大。目前，适用于高级别自动驾驶的稳定量产产品还较少。因此，主机厂和各大一级供应商（Tier1）都在争相布局这个赛道。

6.1.4　安全技术发展态势

（1）网络安全技术

智能编队驾驶汽车面向开放性和高速移动性的通信环境，这使得它不仅要应对一般的网络攻击，还要面对直接涉及驾驶人员生命安全和社会问题的攻击和安全威胁。举例来说，恶意节点或犯罪团伙可能向车辆或信号灯发送虚假消息，从而造成道路安全和交通堵塞等严重问题。此外，车辆节点的快速加入和退出会使得对攻击和虚假消息的检测与防御变得困难。

目前，智能网联汽车网络采取了一些安全措施来应对相关风险，这些措施包括终端和服务网络之间的双向认证、对网络中的数据进行加密传输、完整性校验和抗重放保护等。

在实际的对抗环境中，可以采用一些常用的网络安全防御技术来保障智能网联汽车的安全。例如，区块链和拟态安全防御、信任管理机制、身份认证互信互认、数据加密等技术都可以被用来应对安全威胁。这些技术可以提供更强大的安全保护，确保智能网联汽车系统的可靠性和安全性。

（2）功能安全技术

车辆功能安全技术是为了防止由电子电气系统故障或失效导致伤害事故发

生的安全保障技术。随着车辆智能化和网联化的发展，车辆的电子电气系统变得越来越复杂，面临的功能安全技术挑战也越来越多。

目前，主机厂主要根据 ISO 26262：2018 等标准和法规，按照 V 流程要求，开展智能网联汽车功能的安全开发。开发过程包括相关项定义、危害分析与风险评估、功能安全分析、功能安全设计、功能安全测试验证等活动，并对下游 Tier1 和芯片厂商等合作方提出相应要求。

对于智能网联系统而言，车辆功能安全、预期功能安全、信息安全、数据安全等问题相互交叠，各领域的安全理论相互交叉，使得自动驾驶系统的安全问题更加复杂。因此，需要从系统工程的角度出发，加强顶层设计，确保安全解决方案的系统性、完整性和实用性。通过消除危险或降低危害的事故风险水平，有意识地将安全性要求设计到系统中，将事故发生的可能性降低到可忽略的水平，以确保整车的安全性。建议可以从以下三个方面优化顶层设计：

1）研究和梳理安全体系流程，除了保障质量体系，还需研究安全流程要求，包括危险识别、评价、风险控制和危险跟踪等核心环节。同时，借鉴汽车软件过程改进和能力决定（ASPICE）、能力成熟度模型集成（CMMI）等要求，提高安全流程的可操作性。

2）细化安全分析要求，研究安全分析方法，如故障树分析（FTA）、故障模式与影响分析（FMEA）、危害与可操作性分析（HAZOP）、系统理论过程分析（STPA）等，并梳理安全分析场景，包括功能安全关键场景、预期功能安全危害场景以及场景的交叉影响等。

3）归纳整车安全测试验证要求，功能安全和预期功能安全要求都是确保整车功能能够安全执行的关键。从测试验证的角度来看，需要基于需求进行测试和基于模拟手段进行测试。

通过优化顶层设计，在车辆功能安全技术方面能够更好地应对挑战，确保车辆系统的安全性。

6.2　产业发展态势

智能编队驾驶是智能网联技术的关键应用场景之一，在物流、公共交通、个人交通等领域都有着巨大的商业潜力，它的实现需要先进的通信技术、传感器、自动化控制和人工智能等技术的高度融合，这种融合推动了智能网联驾驶技术的创新，并对相关产业链的发展起到推动作用。

6.2.1 法律法规发展态势

（1）法规制定加速

智能网联汽车的发展离不开良好的政策法规环境作为基础和保障。智能网联汽车涉及诸多问题，如车辆管理和交通管理等方面的挑战，同时也需要加快制定和修订相关法律法规，如地理测绘、网络安全、信息安全和基础设施等领域的法律法规。政府需要从政策层面给予指引，推动跨部门监管和跨产业融合，以支持智能网联汽车的电动化、智能化、网联化和共享化发展。

我国将智能网联汽车纳入国家发展战略，并在"十四五"规划中进一步加强了对智能网联汽车中长期发展的政策保障。各部委纷纷将发展智能网联汽车纳入"十四五"规划蓝图，并在相关规划中提出稳步推进自动驾驶、无人配送等应用。此外，国家顶层政策的引导下，地方政府也加强了对智能网联汽车产业的政策供给，聚焦技术研发、测试示范、产业生态等重点领域，积极营造良好的发展环境。

在智能网联汽车领域，网络安全和数据安全成为关注焦点。我国通过发布一系列顶层规划，持续加强网络安全和数据安全管理工作。工业和信息化部等部门印发了相关标准和指导意见，明确加强网络安全、数据安全、应用服务安全等领域的标准制定和管理。

测试示范是推动智能网联汽车技术发展和产业落地的重要手段。各部门加速政策创新，大力支持智能网联汽车的测试示范发展。工业和信息化部、公安部和交通运输部联合印发了《智能网联汽车道路测试与示范应用管理规范（试行）》，推动道路测试与示范应用发展，允许在指定道路开展智能编队测试。2023 年 12 月，交通运输部印发了《自动驾驶汽车运输安全服务指南（试行）》，规范了自动驾驶汽车试运行的一些基本行为，明确了自动驾驶事故认定责任，为未来自动驾驶应用，尤其是对自动驾驶出租车未来的试点进行了规范和约束，进一步推动了自动驾驶场景应用落地。此外，工业和信息化部、住房和城乡建设部联合组织开展智慧城市基础设施与智能网联汽车协同发展试点工作，支持大规模示范应用。

（2）创新监管方式

智能网联汽车与现行法律法规规范中的有人驾驶车辆存在明显差异，因此需要通过试点方式来摸索新的产业管理经验。为此，国家市场监管总局等五个部门于 2022 年 4 月联合发布了《关于试行汽车安全沙盒监管制度的通告》，启动了汽车安全沙盒监管试点工作。该通告明确了沙盒监管的对象，并鼓励企业在尚未完全掌握产品风险的情况下自愿进行进一步测试，以最大限度地防范产品应用风险。监管沙盒模式有效地平衡了技术创新和安全风险，为我国汽车产业的安全有序发展提供了新的监管思路。

我国对智能网联汽车的准入管理研究不断深化。目前，我国采取准入管理制度来管理机动车产品进入市场。工业和信息化部先后发布了《智能网联汽车生产企业及产品准入管理指南（试行）》和《关于加强智能网联汽车生产企业及产品准入管理的意见》，逐步探索智能网联汽车的准入管理机制。相关部门高度重视这一问题，强化各方资源力量的协调，鼓励企业增加技术研发创新力度，加快智能网联汽车准入管理的试点工作，积极推动产业化应用。

同时，我国不断加强对汽车远程升级（OTA）的管理。国家市场监管总局先后发布了《关于进一步加强汽车远程升级（OTA）技术召回监管的通知》和《关于汽车远程升级（OTA）技术召回备案的补充通知》，进一步规范了汽车OTA 召回备案和 OTA 升级管理。工业和信息化部装备工业发展中心于 2022 年 4月发布了《关于开展汽车软件在线升级备案的通知》，明确要求企业在实施OTA 活动时必须确保汽车产品符合国家法律法规、技术标准和技术规范等相关要求，以确保汽车产品的一致性。

在地方立法方面，智能网联汽车管理也出现了创新。2022 年 7 月，深圳经济特区发布了国内首部关于智能网联汽车管理的法规《深圳经济特区智能网联汽车管理条例》，从立法上为自动驾驶车辆的上路"解绑"。该条例首次设立了智能网联汽车的准入和管理办法，并明确了交通事故责任的划分。通过清晰的定义，该条例明确了 L3、L4、L5 级智能网联车辆的准入、管理和合法使用，并对道路测试、数据安全等进行了更为详细的管理制度规范。该条例的出台填补了我国智能网联汽车法律方面的空白，为智能网联汽车的创新发展提供了坚实的法律保障。

（3）示范先行，推动商业化进程

各地方在测试示范方面取得了显著进展。截至 2022 年 9 月，全国已经建设了 17 个测试示范区、4 个车联网先导区和 16 个"双智"试点城市，全国范围内的 30 多个城市已经发放了超过 1600 张道路测试牌照，累计开放道路测试里程超过 8500km。各地方正在加快相关测试管理规范的制定和修订，逐步放开载人/载物/高速测试，开展无安全员（远程监控）、自动驾驶混行等新的测试模式，为城市智能网联汽车的示范应用奠定了基础。

智能网联汽车的应用场景也在不断丰富。Robotaxi、自主代客泊车（AVP）和无人配送等典型应用场景的测试示范工作正在深入推进。Robotaxi作为L4级自动驾驶的重点应用领域，百度、小马智行、文远知行、AutoX等公司已经连续多年开展相关的示范运行工作。自主代客泊车有望成为最早实现商业化应用的L4级智能驾驶功能，许多主机厂和科技公司发布了AVP解决方案。功能型无人车在安防、配送、零售、环卫清扫等领域发挥了积极作用，并在各地取得了广泛的示范应用。此外，港口、矿山、码头等特定场景下的自动驾驶也受到了广泛关注，与车联网和自动驾驶产业的融合应用也在加速发展。

政策法规环境也在持续优化，为商业化探索提供支持。2022年8月，交通运输部运输服务司发布了《自动驾驶汽车运输安全服务指南（试行）》（征求意见稿），旨在适应自动驾驶技术发展的趋势，鼓励和规范自动驾驶汽车在运输服务领域的应用。2022年7月，北京进一步完善了政策先行区相关政策，并正式开放了无人化出行服务的商业化试点。2022年8月，上海市交通委发布了《上海市智能网联汽车示范运营实施细则（试行）》（征求意见稿），为商业化发展提供支持。各地方都在加强商业化试点的探索，重庆、武汉、长沙、阳泉、合肥等城市已经开始提供自动驾驶的商业化出行服务，并且应用规模不断扩大。

6.2.2 产业链发展态势

车辆编队行驶需要多个产业链的协同支持，以下是其中一些主要的产业链环节：

感知系统供应商：车辆编队行驶需要先进的传感器技术来获取周围环境信息，如激光雷达、高清摄像头、GPS等。

通信设备供应商：车辆编队行驶需要高速、低延时的通信设备来实现车辆之间的信息交互和协同驾驶。

高级驾驶辅助系统供应商：车辆编队行驶需要高级驾驶辅助系统来提高行驶安全性，如车道偏离预警、碰撞预警、盲区监测等技术。

车联网平台供应商：车辆编队行驶需要车联网平台来实现车辆之间的信息交互和协同，并进行数据处理和分析，提供应用服务。

软件开发供应商：车辆编队行驶需要高级算法和软件开发技术来实现编队控制、路径规划、协同驾驶等功能。

测试和验证服务供应商：车辆编队行驶需要进行多车协同和整体性能的测试和验证。

法律法规制定机构：车辆编队行驶需要符合相关法律法规的规定。

编队驾驶技术的开发推动了传感器技术、通信技术、高级驾驶辅助系统和软件开发等相关产业的发展，为整个智能交通和自动驾驶产业链带来了广阔的市场和众多商机。下面将从两个角度来介绍相关的宏观发展态势。

（1）车路云一体，加速布局基础设施建设

应对智能网联汽车产业化所面临的挑战，我国提出了以车路云融合为核心的"中国方案"。通过测试示范区、车联网先导区和"双智"试点等机会，我国积极推动道路智能化改造和基础设施投资，加快智能化和网联化的融合发展。

全国范围内也在大力推动智能化基础设施建设。工业和信息化部已经批复了江苏（无锡）、天津（西青区）、湖南（长沙）、重庆（两江新区）的国家级车联网先导区，积极推进车联网基础设施建设、互联互通验证和规模化试点示范等工作。同时，推动京沪高速公路车联网升级，打造国内首条车路协同的车联网先导性应用示范高速公路，为干线物流提供支持。住房和城乡建设部和工业和信息化部致力于推进 16 个智慧城市基础设施与智能网联汽车协同发展试点城市建设，探索汽车产业转型和城市建设转型的新路径。到目前为止，全国已经有 3500 多 km 的道路实现了智能化升级，并且部署了 4000 多台 RSU，加快推动城市道路和高速公路的车联网基础设施规模化部署建设。

多地还在推进基础设施标准化建设，加强标准引领的支撑作用。北京市高级别自动驾驶示范区率先实践并验证了"多杆合一、多感合一"的建设方案定义标准路口，并总结了建设经验和技术优势，加快推进相关标准的研制工作，助力形成可复制、可推广的北京样板。雄安新区、武汉市和无锡市分别发布了《雄安新区数字道路分级标准》《智能网联道路智能化建设标准（总则）》和《智能网联道路基础设施建设指南　第 1 部分：总则》等地方标准，进一步推动构建完备的智能网联道路建设标准体系。

（2）智能网联功能加速前装应用，推动产业链多维度升级

我国智能网联汽车市场的普及率正在迅速增长。截至 2022 年上半年，L2 级辅助驾驶乘用车的市场普及率已达到 32.4%，较去年同期增长了 12.7 个百分点。2022 年 1 月至 6 月，L2 级乘用车的保险数量累计达到了 288.09 万辆，同比增长了 46.2%，市场需求稳步扩大。在商用车领域，由于 AEB、LDW 等辅助驾驶功能对安全性的重要提升作用，我国正在加快推动在营运客车和营运货车上强制安装相关功能，预计年市场规模将达到百万辆。自主车企的高端品牌和新兴力量正在重点发展智能网联汽车领域，部分车型已经全系标配 L2 级智能驾

驶辅助功能，性能不断提升，接近 L3 级功能的水平。

经过多年的技术发展和产业推动，我国在 2021 年实现了 C-V2X 技术的市场化应用突破，许多车型已经配备了 C-V2X 终端。目前，一汽、北汽、上汽、广汽、长城、吉利、比亚迪、蔚来、华人运通等厂商已经开始量产或发布前装 C-V2X 车型，长安福特、上汽通用等合资企业也已实现了 C-V2X 前装应用。

6.3 技术预见

（1）宏观技术预见——人 – 车 – 路 – 网 – 云五维协同技术

对于高效率的智能编队驾驶技术的应用，存在大规模网联车辆与路侧设备的异构、多源、海量信息处理以及信息精度、时效保证等挑战，同时面向提高道路安全性、车辆智能性和交通运行效率等宏观需求，需实现人 – 车 – 路 – 网 – 云五维协同。它的具体内涵是：通过驾驶员或乘客与智能驾驶车辆的交互，驾驶员提供控制指令和监控车辆状态，智能驾驶车辆通过自动驾驶和传感器等技术实现自主感知、决策和控制，同时通过与道路基础设施的交互获取路况信息和交通规则，通过车辆之间和车辆与基础设施之间的通信网络实现车辆之间的信息交换和协同工作，同时利用云计算平台提供的数据存储、处理和分析等功能，实现集中优化和决策支持。

为实现以上目标，还需从以下几方面进行技术突破：

1）异构、多源、海量信息处理：处理大规模网联车辆和路侧设备产生的异构、多源、海量数据，实现高效的数据采集、传输、存储和处理。

2）信息精度与时效保证：确保信息的准确性和实时性，通过有效的数据过滤、融合和更新机制，提高信息的精度和时效性。

3）端 – 网 – 云协同架构：构建端设备（车辆）、网联通信网络和云平台之间的协同架构，实现数据的传输、处理和存储的协同工作，提高系统的整体性能和效率。

4）云控系统的通信协议与数据模型：设计和实现适合智能驾驶编队的云控系统的通信协议和数据模型，以实现车辆与云平台之间的有效通信和数据交换。

5）实时地图更新：研究局部动态地图技术，结合驾驶辅助与自动驾驶技术的特点，实现基于云控感知数据的实时地图更新，提供准确的地图信息供驾驶编队使用。

6）区域云上的车辆安全与高效运行协同决策技术：通过区域云上的车辆安

全与高效运行协同决策技术，实现集中优化与分布式求解，提升驾驶编队的安全性和效率。

7）云边端协作的多源信息融合计算技术：通过云边端协作的多源信息融合计算技术，实现对多源数据的融合和计算，提高驾驶编队系统的感知和决策能力。

8）自动驾驶车辆在信息交互场景下的运动演变规律研究：研究自动驾驶车辆在信息交互场景下的运动演变规律，解决自动驾驶车辆在受控环境下的典型场景问题，如车路协同优化控制、全域精准感知和车速引导调控等。

（2）中观技术预见——智能交通协同控制与服务技术

面向智能编队驾驶应用场景中编队车辆之间的协同与同步问题、实时交通信息获取与处理问题、交通流优化与拥堵缓解问题以及安全性保障与风险防范问题等核心痛点，需通过智能化和协同化的方式，开发智能交通协同控制与服务技术，对道路交通系统中的各参与方进行控制和服务，以提高交通的效率、安全性，提升用户体验。

为实现以上目标，还需从以下几方面进行技术突破：

1）多尺度预测与协同感知技术：需要研究如何通过深度学习和张量分解等方法，实现对道路交通运行状态的准确预测。同时，还需要探索如何通过智能驾驶汽车和智能路侧等感知节点的智能协作，实现对多尺度交通状态的协同感知。

2）边云协作的控制策略生成方法：需要研究如何在智能驾驶编队应用中，实现边缘端和云端资源的弹性调度。此外，还需要探索多控制节点的协同联动控制技术，包括车速与信号控制的双向优化、车辆队列通行交通控制、节点自组织的交叉口协同控制等。

3）编队出行需求辨识与匹配技术：需要建立准确的编队出行需求辨识和多出行个体需求撮合与匹配模型，以满足智能驾驶编队的需求。此外，还需要研究基于数据挖掘的编队出行和关键路径识别技术，以及运营车辆调度的多目标优化技术，以提高出行需求的响应速度和运营效率。

4）适配多智能终端的应用软件和智能服务系统：需要开发适配多智能终端的应用软件和智能共享出行服务系统，以提供全面的智能编队出行服务。这包括实现与智能驾驶编队相关的各项功能，例如路径规划、车辆调度、实时信息反馈等。

（3）微观技术预见——模块化智能编队驾驶车辆技术

更智能的编组成员，是一个更智能的编队的基础。通过将车辆编队中不同的模块组合和应用，可以使得编队更加智能化和协同化，从而更好地适应复杂的交通环境。同时，模块化设计也可以使得车辆更加开放和互联，有助于实现车与车、车与路、车与云之间的信息交流和协同控制，推动智能交通系统的发展和进步。

为实现以上目标，还需从以下几方面进行技术突破：

1）模块化设计理论与方法：研究智能驾驶汽车的模块化设计理论，以功能分解为基础提出模块化划分方法，将智能驾驶汽车划分为不同的功能模块，实现模块化的设计与开发。

2）环境感知与定位技术：研究环境中各类目标的准确、鲁棒、实时检测与跟踪技术，包括车辆、行人、车道线、交通标志等。同时，需要研究智能驾驶汽车的实时定位和定姿技术，确保车辆准确地知道自身位置和姿态。

3）路径规划与决策学习：研究智能汽车轨迹的预测技术，构建基于间接示教的决策学习算法框架，实现拟人驾驶决策。通过学习驾驶员的驾驶行为和决策思路，使智能驾驶车辆能够做出符合人类驾驶习惯和安全规则的决策。

4）驾驶场景理解与安全保障：构建驾驶态势图，对多维、变尺度的自动泊车、十字路口等局部场景进行理解，研究基于目标运动行为表示及目标危险行为的预判技术。同时，以预期功能安全为核心，通过驾驶场景的定性与定量分析、安全熵的估计、案例验证等手段保证自动驾驶的安全性。

参考文献

[1] 中国汽车工程学会，国家智能网联汽车创新中心. 中国智能网联汽车产业发展报告（2022）[M]. 北京：社会科学文献出版社，2023.

[2] 翁文祥，黄瑞，杨爱喜，等. 5G + 智能网联汽车：新基建浪潮下的汽车产业革命[M]. 北京：中国友谊出版公司，2021.

[3] 中国汽车工程学会，国家智能网联汽车创新中心. 中国智能网联汽车产业发展报告（2021）[M]. 北京：社会科学文献出版社，2022.

[4] 高工智能汽车研究院. 车载毫米波雷达行业发展蓝皮书（2021 – 2025）[R]. 深圳：高工智能汽车研究院，2023.

[5] 段续庭，郝威，周建山，等. 智能网联汽车信息和异构网络融合技术[M]. 北京：人民交通出版社，2021.